底部攻坚：农村小规模学校的振兴

主　编　刘胡权

北京理工大学出版社
BEIJING INSTITUTE OF TECHNOLOGY PRESS

图书在版编目（CIP）数据

底部攻坚：农村小规模学校的振兴/刘胡权主编．—北京：北京理工大学出版社，2015.4

（21世纪教育书系）

ISBN 978-7-5682-0301-2

Ⅰ.①底…　Ⅱ.①刘…　Ⅲ.①农村学校-中小学-发展-研究-中国　Ⅳ.①G639.21

中国版本图书馆CIP数据核字（2015）第068360号

出版发行／北京理工大学出版社有限责任公司
社　　址／北京市海淀区中关村南大街5号
邮　　编／100081
电　　话／（010）68914775（总编室）
　　　　　82562903（教材售后服务热线）
　　　　　68948351（其他图书服务热线）
网　　址／http：//www.bitpress.com.cn
经　　销／全国各地新华书店
印　　刷／北京通州皇家印刷厂
开　　本／710毫米×1000毫米　1/16
印　　张／12.5
字　　数／234千字
版　　次／2015年4月第1版　2015年4月第1次印刷
定　　价／69.00元

责任编辑／洪晓英
文案编辑／洪晓英
责任校对／周瑞红
责任印制／边心超

序　言

从“小而弱”到“小而优”

杨东平

在我国近十年快速城市化的进程中，农村教育发生了千古未有之大变局。主要可归纳为三个“大”：一是学龄人口大幅减少。全国普通小学的在校生数，在过去十年减少了四分之一，而且这是个长期趋势。二是大规模人口流动，2011年全国流动人口超过2.2亿人，以往城乡分治的“二元结构”正在为城、乡和流动人口的“三元结构”所取代，这也是一个长期趋势。三是大规模的农村中小学撤并。持续十年的“撤点并校”、“学校进城”，导致许多农村出现新的“上学远、上学贵、上学难”问题，出现新的流失辍学，这一政策已于2012年9月被国务院叫停。

在这个过程中，出现了两个新的教育边缘化群体。进城务工的农民工的随迁子女，被称为“流动儿童”。他们留在农村的子女，则被称为“留守儿童”。据2010年第六次全国人口普查数据，全国17岁以下流动儿童的规模为3,581万人，农村留守儿童6,102.55万人，占农村儿童的37.7%。这两个群体总数约1亿人。他们的教育权利、教育机会，成为当前最突出的教育公平问题。

在农村地区，乡镇的中心学校得到明显的充实和改善；与此同时，出现了三类特别值得关注的学校。一是城镇地带的大班额、大规模学校。大量农村学生进城上学，出现“城满、乡弱、村空”的局面，城镇学校人满为患。二是农村寄宿制学校。部分学校条件简陋，缺乏必要的生活设施，儿童的健康、安全、情感、学业成就等方面均存在问题。三是我们所说的小规模学校。在边远农村、山区、牧区，仍然有许多学生人数很少的村小和教学点，许多教学点只有一个老师、一二十个学生，支撑着无法进城上学、农村后20%的弱势人群子女的教育。

所谓教育公平，最浅显的概念，就是优先改善处于社会最不利地位者的生存状态。因此，当前的农村教育，需要特别关注被忽视的“底层”：农村的留守儿童，沉淀在农村最偏远的角落的薄弱村小和教学点，开展“底部攻坚”。与城镇学校和寄宿制学校相比，农村小规模学校应当如何改善和振兴，难度最大，没有什么一抓就灵的简单办法，现已成为农村教育最艰巨的挑战。

应当看到，由于地理环境的限制和学龄人口减少，小规模学校是一种不会消失的现实。许多有几百名学生的乡镇中心学校，也面临着学生减少的困境。放开眼界，世界各国都存在这种小规模学校，包括只有一名老师的学校。在日本、中国台湾地区，农村小规模学校的比重都相当高。还需要认识的是，“小”并不等于“差”。在教育现代化的坐标上，小规模学校其实是学校发展的一个趋势。西方流行的名言是“小的是美好的”。在不少发达国家，小学的规模也就二百人左右。在后工业社会，教育正在告别以效率和规模取胜的“教育工厂”，重新回归人的尺度。因为只有小规模学校，才能实行善待儿童的人性化管理，才能真正关注每一个学生，有效地提高教育品质。“实行小班小校”成为20世纪90年代中国台湾教育改革运动的重要诉求。由于采取了有效措施，他们的农村学校虽然小，但是小而优、小而美，各具特色，充满活力。

近年来，国家层面已经采取了一些措施，如教育部要求小规模学校的经费拨付，不足100名学生按100人计算；村小、教学点实行数字化教育资源全覆盖。不久前国务院出台政策，计划三至五年内改善贫困地区义务教育薄弱学校基本办学条件。各地因地制宜地恢复、改善农村小规模学校，已经进行了许多卓有成效的探索。在本书中，我们汇集了一些农村小规模学校建设改善的案例，希望以此为起点，构筑一个学习交流的平台。21世纪教育研究院致力于促进教育公平，促进教育创新，我们希望与地方政府、广大校长和教师共同探讨小规模学校的改善和振兴之路，使我国农村的小规模学校也成为小而优、小而美的现代教育的美丽风景。

（作者是21世纪教育研究院院长，国家教育咨询委员会委员）

目 录

第1章　农村小规模学校的由来及其发展概况

通过工业化与城市化转移农村的剩余劳动力——变农民为市民——是世界各国实现现代化发展的基本道路。自20世纪60年代以来，随着产业化飞速发展、城市化进程快速推进，由此带来的直接影响便是大量农村人口流入城市，附着于人口流动的学龄儿童也被裹挟入城，造成城市学龄人口激增、城市学校规模扩大，农村学龄儿童减少、农村学校规模缩减。由此使越来越多的学校成为“小规模学校”。

在教育逐步向规模化、效率化发展的过程中，小规模学校因与该时代潮流相背离而受到经济理性主义的质疑，被推入教育发展的边缘地带，成为教育政策扶持的盲点之一。小规模学校在我国主要集聚于农村地区，农村小规模学校便成为我国小规模学校的代名词。农村小规模学校（small rural school）是适应于偏远农村地区、基于适龄学生人数较少的客观事实而设置的规模较小的学校，具体的学校规模（学生人数）因国家或地区不同而有所差异。[①] 对农村小规模学校采取的集中化管理模式在初步实现义务教育均衡发展、合理布局农村学校与逐步规范学校管理方面成效显著，但也不可避免地带来了一些负面效应，诸如并未显著提高农村教育质量、引发了一系列学生安全问题、教育费用骤增、助长了新一轮辍学潮态势、造成教育资源浪费、农村文化成锐减趋势，等等。[②] 环顾全球，许多国家已经经历或正在经历着农村小规模学校发展难题，由一开始强调撤并农村小规模学校到适当保留农村小规模学校是农村教育发展的普遍路径。农村小规模学校作为在农村地域广泛存在的一种特殊教育形式，加大对农村小规模学校的扶持力度、恢复与重建部分农村小规模学校对于促进我国农村教育发展意义重大。

一、农村小规模学校的界定

从世界范围来看，小规模学校主要分布于农村地区，受地理因素、人口分布、区域经济发展水平等因素影响深刻。国内外学者对农村小规模学校产生了浓

---

① Sigsworth, A. Solstad, K. J. Making Small Schools Work: A Handbook for Teachers in Small Rural Schools [M]. UNESCO International Institute for Capacity Building in Africa, 2001, 11, 13.

② 张旭．简评“撤点并校”政策［J］．郑州师范教育，2014（4）：6－10.

厚的兴趣，尝试从多维度对小规模学校进行界定，虽然学界对小规模学校的界定仍存在差异，但学生人数少是小规模学校的共同特点。

鉴于各国经济社会发展水平和教育发展程度不一，小规模学校的“规模”在各国的界定标准也不尽相同，例如①，兰伯特（Lambert）对美国亚拉巴马州的小规模学校进行调查指出：“学校规模各异，但如果一所学校的每个年级只有两个或更少的班级，就称作小规模学校。”麦卡伊（Mulcahy）对加拿大农村小规模学校的研究表明：“大部分小规模学校的学生入学人数小于100人，甚至很多学校只有10~20名学生。”马克伦（Marklund）将瑞典农村小规模学校界定为：“坐落在小型村落的入学人数小于50人，且学生年龄在6~13岁的小型学校。”劳伦斯（Laurence）和诺玛（Norma）针对发展中国家小规模学校的研究指出：“小规模学校普遍存在于偏远农村，如斯里兰卡全国10,120所小学中，有1,250所学校的教师数量少于3人；越南有2,162所小规模学校，这些学校地处偏远，是教育系统内最容易被忽视的部分。”印度小规模学校的认定标准是：“学生不足100人、教师不足3人，或者只有不到两间常规教室的学校。”在实际操作中，印度主要采用3个标准（1~25人、26~50人、51~100人）对农村小规模学校在校生人数进行分类统计；芬兰判定小规模学校的临界值是50人；韩国是60人；英国以不足100人作为小规模学校认定标准，50人以下为超小学校。② 以学生规模标准来看，各国对小规模学校的界定不尽相同。

在我国，一般把学生人数少于100人的学校称为小规模学校。③ 我国学者也经常将教学点纳入小规模学校领域对其进行研究，但对教学点的认识在我国并未达成共识：官方文件将“教学点”定义为“为方便学龄儿童就近入学，在小学校本部以外设置的教学单位（含巡回点和下伸点）”；④ 在学术界部分学者将“教学点”解释为“对不同年级的孩子实施复式教学的‘一师一校’式的微型学校”⑤。据2005—2010年《中国教育统计年鉴》统计数据显示：2005年农村小学教学点占全国小学校总数的25.37%，2010年农村小学教学点占全国小学校总数的25.43%，农村小学教学点占全国小学校总数的百分比最高出现在2007年，为25.97%；2005年农村小学教学点占全国小学教学点总数的98.30%，2010年农村小学教学点占全国小学教学点总数的97.77%，比例最高出现在2005年；2005年农村小学教学点占农村小学校总数的29.32%，2010年农村小学教学点占农村

① 赵丹，范先佐．国外农村小规模学校研究综述［J］．外国教育研究，2012（2）．

② 张雪艳．农村小规模学校发展政策研究［D］．武汉：华中师范大学，2012.

③ 雷万鹏，张雪艳．论农村小规模学校的分类发展政策［J］．教育研究与实验，2011（6）．

④ http：//www.ahjytj.gov.cn/show20101115.asp？1077.

⑤ 邬志辉．中国农村学校布局调整标准问题探讨［J］．东北师大学报（哲学社会科学版），2010（5）．

小学校总数的 31.03%，比例最高出现在 2010 年（见表 1）。

表 1 我国农村小学教学点（小规模学校）数量及其相关比例（2005—2010 年）

项目＼年份	2005	2006	2007	2008	2009	2010
全国小学校总数/所	366, 213	341, 639	320, 061	300, 854	280, 194	257, 410
全国小学教学点数/所	94, 500	89, 287	84, 992	79, 088	72, 483	66, 941
全国农村小学校总数/所	316, 791	295, 052	271, 584	253, 041	234, 157	210, 894
全国农村小学教学点总数/所	92, 894	87, 590	83, 118	77, 519	70, 954	65, 447
农村小学教学点占全国小学校总数的百分比/%	25. 37	25. 64	25. 97	25. 77	25. 32	25. 43
农村小学教学点占全国小学教学点的百分比/%	98. 30	98. 10	97. 80	98. 02	97. 89	97. 77
农村小学教学点占农村小学校的百分比/%	29. 32	29. 69	30. 60	30. 63	30. 30	31. 03

资料来源：2005—2010 年《中国教育统计年鉴》。

结合国内外学者对农村小规模学校进行的研究，笔者尝试着对农村小规模学校进行定义，笔者认为：小规模学校一般指学生规模少于 100 名的学校，同时在我国因教学点等“一师一校”式学校大量存在，在推动我国农村小规模学校发展的过程中，应侧重对占我国小学总数比例 25% 的农村小学教学点的关注，以推动教育均衡发展，实现教育公平。

二、农村小规模学校存在的必然性

从世界范围来看，农村承担着全球人口的粮食生产供应功能，就此意义而言农村不会消失，满足农村地区发展的教育需求的农村小规模学校因其内在合理性也必然不会消亡。世界的发展离不开农村，而农村又是穷、困、弱的集聚地，如何促进农村发展成为世界难题。就教育而言，在社会制约教育发展的同时，教育会反过来推动社会进步，教育可促进农村发展已是不争之事实。为此安吉拉（Angela）等人从扩大贫困地区学生受教育机会维度论述了农村小规模学校的作用：“小规模复式学校对于扩大教育机会、实现让所有儿童接受教育的目标方面具有极其重要的作用。据估计，全世界有 1, 500 万 ~ 2, 500 万的儿童没有接受过教育，这些儿童大多居住在偏远落后地区。因此，经济社会发展落后地区的教育普及急需小规模学校的设立。”[①] 这既是实现教育公平的重要途径，又是充分体

① Angela, W. L. Learning and Teaching in Multigrade Settings [R]. Paper prepared for the UNESCO EFA Monitoring Report, 2005, 8.

现人性平等的重要基石。

很多国家与地区教育出现了学龄人口减少、班级规模日渐缩小、教师有效供给不足等情况，这些都要求开办小规模学校。从地理因素来看，小规模学校多分布在人口分散、交通不便的偏远农村。如印度尼西亚、马尔代夫、菲律宾等国的小规模学校多位于偏远海岛；巴基斯坦、不丹等国的小规模学校多位于偏远山区；越南、新几内亚的小规模学校多位于热带丛林。从经济社会角度来看，小规模学校所处的偏远地区在社会、文化、政治等方面都处于弱势地位，这些地区往往除了一所学校外，没有任何其他公共服务设施。本特松（Bengtsson）、埃斯科（Esko）等针对瑞典和芬兰的农村小规模学校的背景进行了研究并指出：欧洲各国仍有10%～30%的人口居住在小型村庄，为满足这些人口的教育需求，在小型村庄建立复式学校成为必然。如瑞典30%的人口居住在人口低密度区（5人/平方公里①），当地的小规模学校十分普遍；芬兰的小学生数量到2010年减少了10%，人口流动也继续加速，偏远农村学校规模越来越小。基于偏远农村的特殊环境，各国政府采取保留小规模学校的政策措施，这是农村小规模学校所处的政策背景。艾蒂安（Etienne）等通过对一些国家小规模学校的数量进行统计，表明了下述事实：直到21世纪初，全球少于3个班级的小规模学校仍占学校总数的30%，其中大部分小规模学校是复式教学。法国、秘鲁、老挝等国家的小规模学校数量都占有相当大的比例，它们的存在和发展受到农村地理、经济因素的影响，是必要的教育模式。从农村自身发展来看，农村小规模学校存在的必然性主要体现在两方面：一方面是撤并农村小规模学校带来了一系列问题；另一方面是小规模学校在推动教育发展的过程中具有重要的教育价值。

（一）撤并农村小规模学校带来了一系列教育问题

撤并农村小规模学校对于农村教育发展而言是把双刃剑，一方面通过“撤点并校”可促进农村教育发展，另一方面又因在“撤点并校”过程中，对相关因素忽视或者处理不当，引发了一系列问题，主要表现为通过“撤点并校”并未实现提高农村教育质量的既定目标，同时“撤点并校”诱发的学生安全欠保障、家庭教育负担加重、新辍学潮出现、教育资源闲置、农村文化锐减等问题也为社会所诟病。

第一，是否提高农村教育质量值得商榷。凯思琳·科顿（Kathleen Cotton）在研究了大规模学校与小规模学校在课程质量、学业成就、学生态度、课外活动的参与度、学生出席率、辍学率及教师态度等方面的差异后认为，学校规模与学

① 1平方公里=1平方千米。

生的学习成绩并无明显的相关性。[①] 与此同时，东梅等运用 DID 方法就陕西省“撤点并校”对学生学习成绩的影响进行了实证分析，结果显示：合并学校与未合并学校学生成绩的差异并不显著，如果成绩可以作为衡量教育质量的指标之一的话，那么这说明我们没有充分证据证明“撤点并校”一定能够提高农村的教育质量。[②] 再者，“撤点并校”带来学校人数激增致使大量“巨无霸班级”出现。据心理学家研究，因为过大的班级规模限制了师生交往和学生参加课堂活动的机会，阻碍了课堂教学的个性化，致使出现“班级规模越大，学生的平均成绩便越差”的结果，同时班级规模过大还有可能导致较多的纪律问题。[③]

第二，引发一系列学生安全问题。“撤点并校”后由于当地没有村小或教学点，学生通常需要到离家较远的地方上学，由此学生由先前在家门口的步行上学转变为坐校车上学，这在客观上对学生人身安全构成了一定的威胁。因“撤点并校”引发的校车事故不胜枚举，例如：2006 年 11 月 21 日，黑龙江双城市周家镇中心小学 50 名学生上学途中，由于校车速度过快，方向盘失灵，导致车辆侧翻，从距水面约 3 米高的桥上坠下，造成 8 名学生死亡，39 名孩子受伤；2010 年 12 月 27 日，湖南衡南县松江镇一辆由东塘村开往因果村的三轮车运送 20 名小学生，在驶到因果桥时，发生交通意外，整车坠入河中，事故致 14 名学生死亡；2012 年 12 月 24 日，江西省贵溪市滨江镇洪塘村一载有 15 名幼儿园学生的面包车侧翻坠入水塘，导致 3 名幼儿当场死亡、8 名幼儿经抢救无效死亡。学校作为社会机体的一部分，最基本的是要保障学生的生存权利不受侵犯，“撤点并校”增加了学生发生事故的不稳定因素，在保障学生安全的前提下开展“撤点并校”成为我们不得不考虑的问题之一。

第三，教育费用骤增，家长负担加重。2001 年出台的《国务院关于基础教育改革与发展的决定》明确指出，农村小学和教学点“要在方便学生就近入学的前提下适当合并”，但在政策实际执行过程中出现了偏离。“撤点并校”后，由于家校相距甚远，学生不得不在校寄宿或乘车上学，由此造成住宿费、伙食费、生活费、交通费等项支出急剧攀升，实际费用比就近上学高出几倍甚至十几倍之多。此外，由于担心学生年龄太小不会照顾自己，有的家长选择到学校附近租房陪读，因而又多了房租等费用，既耽误家里农活，又加重了家庭负担。

第四，引发新一轮辍学潮。义务教育的普及作为提升我国国民整体素质的重要手段，在我国整个教育体系中占有重要地位，然而频频出现的辍学问题严重阻

---

① 范铭，郝文武．对农村学校布局调整三个目的的反思——以陕西为例［J］．北京大学教育评论，2011（2）：178－187.

② 东梅，常芳，白媛媛．农村小学布局调整对学生成绩影响的实证分析——以陕西为例［J］．南方经济，2008（9）：42－49.

③ 皮连生．学与教的心理学［M］．上海：华东师范大学出版社，2003：408－409.

碍了义务教育的普及。“撤点并校”十余年来，我国中小学辍学率不但没有下降，反而有上升趋势，以小学为例：我国小学辍学率在20世纪的后10年间基本得到控制，但21世纪初的10年再次回升！到2011年已上升至8.22%，上升幅度超过37%，倒退到了2000年以前的水平，这意味着每年有80万~90万农村小学生辍学。①

第五，教育资源闲置、浪费。通过对部分教学点和中小学进行撤并，使原本是学校载体的校舍失去其价值内涵，但作为物质载体的校舍却不会因“撤点并校”在物理意义上消失。经过“撤点并校”大部分校舍处于闲置或半闲置状态，一间间宽敞明亮的教室或被用来堆放杂物，或被教师们当作偶尔派得上用场的会议室和接待室。② 如何解决“撤点并校”诱发的这一问题，使教育资源能够被充分使用、不被浪费，成为摆在完善“撤点并校”政策面前必须解决的问题。

第六，农村文化成锐减趋势。“撤点并校”的开展大大加速了村落的空心化进程。③ 在我国农村地区，本村学校多是该村的文化中心，农村文化的存在依赖于村小的存在。在开展“撤点并校”前，每到上课时间总能听见琅琅的书声，如今伴随着“撤点并校”的开展，原来的村小被撤并，琅琅的书声成了永久的回忆。“撤点并校”对农村文化建设造成的破坏，会使当地居民产生强烈的心理感受：认为是该地区生命周期的一个阶段或一段时期的结束。④ 农村文化锐减与建设社会主义新农村，坚持农民既富脑袋又富口袋的愿景相背离，极易造成农村“文化沙漠”的再现。

（二）农村小规模学校具有特殊的教育价值

与追求大规模学校相比，小规模学校在提高教育质量方面成效显著，小规模学校师生交往密切，更有利于增进师生感情和对学生性格的培养，有利于实施参与式教学与个性化教育。农村小规模学校在解决农村地区学生就近入学、降低家庭教育成本等方面也发挥着不可替代的作用，具体表现在小规模学校有利于学校人性化管理，有利于提高教育质量，有利于提高学生出勤率，有利于构建和谐的教育环境，有利于提高社会成本效率，有利于传承与发扬农村文明，等等。

第一，有利于学校人性化管理。小规模学校的行政结构比较简单，在教学开

① 胡荣．“撤点并校”十年历程是与非［J］．生活教育，2013（1）：5-8.

② 陶青，卢俊勇．农村小班化教学：促进城乡教育均衡发展的有效途径——“撤点并校”十年后的调查［J］．教育理论与实践，2011（10）：24-26.

③ 杨爽，王海英．撤点并校遭遇村落传统文化的存续——以日本富山县立山小学为例［J］．湖南师范大学教育科学学报，2013（4）：25-29.

④ 刘复兴．教育政策的价值分析［M］．北京：教育科学出版社，2003：45.

展过程中不会像大规模学校那样出现学校组织管理的官僚化、制度化、严密化以及学校管理秩序僵化等问题。小规模学校由于人数少，教师可以完全照顾到所有学生，便于教师根据不同学生的不同特征进行分别教学，促进学生朝着个性化方向发展。同时小规模学校为师生提供了更为安全的学习环境：一方面学生具有较强的归属感，能够获得更多的关注，不容易被忽略或边缘化，这就有利于减少甚至消除学生之间的疏离感，并且能够积极地影响学生的自尊、自信、自我控制能力并能增强学生的责任感；另一方面，学生、教师以及管理者之间的关系也更为融洽。①

第二，有利于提高教育质量。李·斯密思采用多层线性模型探索高中学校规模与学生学习之间的关系，发现小规模学校有利于促进学生学习的平等性。②凯思琳·科顿（Kathleen Cotton）在研究了大规模学校与小规模学校在课程质量、学生出勤率、辍学率、教师态度等方面的差异后得出结论：学校规模与学生的成绩并无明显的相关性，小规模学校的学生反而更容易获得较好的学业成就。③ 除此之外，小规模学校还可以促进学习平等化，提高学生学习成绩。科尔皮宁（Korpinen）、佩尔托宁（Peltonen）、韦伯（Webb）④ 等人经过研究，证实了农村小型学校有利于培养学生的自学能力与合作能力，有利于促进教学形式的多样化，促进教学法从以教师为中心向以学生为中心转变，可加强学生的自主意识，提高教育质量。艾蒂安等对包括中国在内的几个亚洲发展中国家小规模学校进行的研究指出，小规模学校有利于促进学生学习，更能够保持较高的教育质量。

第三，有利于提高学生出勤率。从大规模学校转学到小规模学校的学生，通常表现出高出勤率，同时参与课程的积极性也更高。尽管大规模学校能够提供一系列多样化的课程与课外活动，但是大规模学校的学生更容易出现两极分化，一部分学生积极参与课外活动，另外大部分学生则不参加任何课外活动，或者仅在活动中充当配角。而在小规模学校，很少出现有学生不参加任何课外活动的情况，并且小规模学校的学生更容易从课外活动的参与中获得满足感。事实上，小规模学校能更为丰富地、更大程度地参与辅助课程，这是在有关学校规模研究中最为有益的发现。⑤

第四，有利于构建和谐的教育环境。首先，小规模学校的学生人数较少，师生关系更容易紧密，教师有机会关注到每一名学生，对于强化学生的责任感、帮助学生养成良好的习惯等有积极意义。其次，学生间较多的交往过程有利于促进学生的社会化发展，增强学生的自信、自尊和自强信念；同时有助于减少甚至消

①② 王娟娟．当代美国农村中小学合并研究［D］．西南大学，2013.

③ 范铭，郝文武．对农村学校布局调整三个目的的反思——以陕西为例［J］．北京大学教育评论，2011（2）：178－187.

④ 赵丹，范先佐．国外农村小规模学校研究综述［J］．外国教育研究，2012（2）．

⑤ 王娟娟．当代美国农村中小学合并研究［D］．西南大学，2013.

除学生的疏离感，增强学生对学校的归属感，在降低学生辍学率方面也提供了可能。再次，农村小规模学校一般坐落于生活空间相对狭窄的农村地区，生活范围较小，为教师有更多机会与学生家长联系提供了可能，也便于教师与家长就学生教育问题进行交流与探讨，从而构建更有利于学生学习、教师教学、家长助学的和谐教育环境。

第五，有利于提高社会成本效率。小规模学校通过降低辍学率来降低社会成本。根据经济学中的规模经济理论：大规模学校要比小规模学校运行得更有效率，小规模学校更容易造成生均成本的上升。但实证研究表明，小规模学校虽生均教育成本有所提升，但若以社会成本考量之，小规模学校因其辍学率较低而表现出较高的社会成本利用率。小规模学校有利于提高社会成本效率具体表现为，小规模学校通过就近入学原则避免了更多学生由于经费、交通、安全等问题导致的辍学，国内学者研究表明，学生辍学会在一定程度上影响到他们今后的收入水平、就业机会以及对社会的依赖程度，以此关照社会成本，农村小规模学校社会成本的效率优势明显。①

第六，有利于传承与发扬农村文明。米勒（Miller）等人指出："农村小规模学校作为一种教学组织形式，在很多方面具有高度的复杂性，它们在当地社区发挥着重要的凝聚和中心作用，它们主宰着偏远农村地区的教育。"帕特丽夏（Patricia）等对澳大利亚农村小规模学校在社区中的作用进行系统研究后指出："从广义上讲，教育对发展和保持社区文化认同发挥着重要作用，农村小规模学校对当地居民来说是一种文化的象征，它会产生一种无形的凝聚力来维持社区的稳定。"②

三、农村小规模学校发展面临的困境

尽管农村小规模学校在应然角度上具有许多特殊的教育价值，但是在实然层面上却面临着诸多发展困境。艾蒂安等认为世界范围内小规模学校的发展困境集中表现为："小规模学校不能得到政府的认可，从而缺乏强有力的政策支持；偏远地区工作环境恶劣，有经验的教师不愿意到这些学校任教；教育资源短缺，如教学设备、教具、方法指南、辅导书等的匮乏，导致小规模学校的教学质量下滑。"③麦卡伊对加拿大农村小规模学校面临的困境进行研究后指出："20世纪加拿大教育当局实行学校合并政策，导致了越来越多的学生要搭乘公交车去更远的大规模学校上学，校车并不能解决学校关闭后学生的交通问题。"美国学者通过

---

① 于海英，秦玉友．城乡教育一体化视域下农村小规模学校问题研究［J］．现代教育管理，2012（11）．

②③ 赵丹，范先佐．国外农村小规模学校研究综述［J］．外国教育研究，2012（2）．

研究表明：大约20%的校车需要在未铺平的崎岖小道上行驶，坐校车上下学的儿童会比在外玩耍的儿童多呼吸5～15倍的烟尘颗粒。因此，学生长时间乘坐校车，吸入的柴油废气与二氧化碳等有害气体可能会对学生正在生长发育的身体造成生理危害。尤恩（Ewan）以拉丁美洲的哥伦比亚、危地马拉及智利为例论述了农村小规模学校的处境："拉丁美洲的贫困儿童都在当地的小规模学校上学，很难接受到同等质量的规模教育。"鲁瓦（Lungwangwa）、艾克曼（Aikman）和哈格里夫斯（Hargreaves）分别对亚洲、非洲和拉丁美洲的农村小规模学校进行了研究并指出：农村小规模学校的发展困境主要在于缺乏师资。

农村小规模学校作为我国现阶段"农村中小学布局调整"的主要形式，我们认为其发展困境主要在于功利主义价值取向下对"农村中小学布局调整"认识不深刻，城乡二元教育政策的限制，学校撤并程序不规范，没有协调好政策、资金、师资三者之间的关系，学校办学条件落后、硬件设备不齐全等几方面。

（一）功利主义价值取向下对"农村中小学布局调整"认识不深刻

首先，教育政策的价值选择是教育政策制定者在自身价值判断基础上所作出的一种集体选择或政府选择。① 当"农村中小学布局调整"成为一种国家战略，并给予各种政策性支持的时候，一些地方政府无形之中就产生了撤并的冲动，在少花钱、好管理的逻辑下，把撤点并校当成了唯一目的，甚至是政绩指标，从而导致这一政策的多方面偏差。② 在这种功利主义价值观主导下做出的选择，将我国"农村中小学布局调整"的良好初衷引向迷途。其次，雷万鹏等通过对我国"农村中小学布局调整"相关政策文本进行分析得出，近90%的政策文本将"学校规模"、"服务人口"和"服务半径"视为学校撤并核心指标。③ 这表明我国相当多的地方政府对"农村中小学布局调整"政策的认识停留在非理性的层面，把"农村中小学布局调整"等同于"撤并"或"收缩"，忽视了当地农村义务教育的健康发展。④ 为此，我们要实事求是地看待农村教育问题，在解决农村教育问题时，要摒弃片面的、非理性的做法，深刻认识农村教育问题的实质，理清农村教育问题错综复杂的关系，实事求是地解决农村教育问题，实现我国教育的内涵式发展。对农村中小学进行布局调整，不仅仅包括撤并学校，同时也包括新建、扩建农村中小学。

---

① 刘复兴．教育政策的价值分析［M］．北京：教育科学出版社，2003：45.

② 李向东．"后撤点并校时代"的应对路径［J］．教育评论，2013（5）：6－8.

③ 雷万鹏，张婧梅．学校布局调整应回归教育本位——对学校撤并标准的实证分析［J］．教育研究与实验，2010（3）：6－10.

④ 庞丽娟，韩小雨．农村中小学布局调整的问题、原因及对策［J］．教育学报，2005（4）：90－96.

（二）城乡二元教育政策的限制

长期以来，我国一直实行城乡二元教育政策，二元化的教育制度成为导致城乡教育发展失衡的根本原因。① 在该制度的影响下，我国形成了一种“以城市为中心”的价值取向，导致出现城乡义务教育非均衡发展——农村学生到城镇地区择校借读——农村小学生源减少——部分农村小学被关闭——农村小学数量减少的恶性循环。② 加之地方政府草率对农村中小学进行撤并，更是助长了“学校进城”的气焰，造成农村出现“文化沙漠”。为此，我们要打破城乡二元结构。城乡二元结构作为计划经济时代的产物，在市场经济的今天已弊端日显，打破城乡二元结构，实现城乡一体化，可以有效防止“城市中心”的滋生。在城乡一体化中，应扩大对农村的扶持力度，从而实现农村经济、政治、文化、教育大发展，让农村儿童在家门口就能接受到优质教育。

（三）学校撤并程序不规范

我国农村地区“农村中小学布局调整”活动的开展，主要依靠当地政府的行政权力。当地政府由于对“农村中小学布局调整”认识不深刻，极易将“农村中小学布局调整”作为政绩工程开展，导致许多地方政府在没有综合考虑学生上下学安全及寄宿生等相关因素下就贸然对农村中小学进行撤并。为此，地方政府必须严格履行撤并方案的制定、论证、公示、报批等程序，要统筹考虑学生上下学交通安全、寄宿生学习生活设施等条件保障，并通过举行听证会等多种有效途径，广泛听取学生家长、学校师生、村民自治组织和乡镇人民政府的意见。同时，学校撤并应先建后撤，保证平稳过渡，坚决制止盲目撤并农村中小学。

（四）没有协调好政策、资金、师资三者之间的关系

“农村中小学布局调整”的初衷是实现我国城乡教育均衡发展，政策、资金、师资作为实现教育均衡发展的三辆马车，协调三者的关系对于实现义务教育均衡发展举足轻重。但是，十年“农村中小学布局调整”史表明，“农村中小学布局调整”主要体现为“政策型调整”。③实现教育均衡发展是政策、资金、师资三者之间协调发展的过程，在我国当前的“农村中小学布局调整”进程中，片面强调政策的主导作用，对资金投入、师资水平在“农村中小学布局调整”中的重要作用存在不同程度的忽视，这将难以保障教育均衡发展的顺利实现。为

① 聂鹏．我国城乡教育均衡发展的现状、归因与机制构建［J］．黑龙江高教研究，2011（9）：28－31.

②③ 雷万鹏．义务教育学校布局：影响因素与政策选择［J］．华中师范大学学报（人文社会科学版），2010（5）：155－160.

此，我们要协调政策、投入、师资三者之间的关系，颁布相关政策为投入资金发挥最大效用、教师发挥最大潜能提供制度保障，加大资金投入为实现教育均衡发展提供强而有力的物质保障，提高师资水平为实现教育均衡发展提供人才保障，三者之间的有机结合将有效推动我国教育均衡发展的实现。

（五）学校办学条件落后、硬件设备不齐全

虽然在我国提出普及九年义务教育的政策要求后，绝大多数农村义务教育学校先后完成了“普九”验收，办学条件基本达到了国家和地方规定的标准，但是随着教育的发展，办学标准要求已经从“有学上”提高到“上好学”，而小规模学校自身获得的教育经费有限，并且许多地区对农村小规模学校的存在价值认识不统一，许多小规模学校长期处于存留的边际而缺少相关部门的关注，再加上学校运行过程中教学设施不断地老化，教育资源短缺，如教学设备、教具、方法指南、辅导书等的匮乏，导致小规模学校的教学质量下滑，学校的办学条件已经越来越不能满足学校发展的需要了。

四、各国或地区建设和发展农村小规模学校的策略及实践探索

如何促进农村小规模学校的发展是近年来的研究热点。威森（Winsome）等承担的联合国教科文组织项目对澳大利亚、玻利维亚、韩国等 14 个国家的农村小规模学校进行了调查研究，提出：“世界各国都拥有大量的农村小规模学校，尽管其数量在逐渐减少，但它们能满足偏远地区学生的教育需求，在未来一定会继续存在。”凯思琳·科顿（Kathleen Cotton）在研究了大规模学校与小规模学校在课程质量、学生出勤率、辍学率、教师态度等方面的差异后得出结论：学校规模与学校的成绩并无明显的相关性，小规模学校的学生反而更容易获得较好的学业成就。[①] 尼科尔（Nicole）等对印度小规模学校发展提出了建议：“长期来看，要对小规模学校的成本—收益进行评估，以确定印度哪些小规模学校需要撤销或保留，对保留的学校要给予长期的财政支持，改变农村地区学生在经济、社会方面的弱势地位；课程设置要适应偏远农村的实际情况，加强教师培训，促进社区居民与学校之间的相互联系等。”

此类研究不胜枚举，以下简单枚举美国、英国、日本、澳大利亚、泰国和中国台湾等国家和地区在农村小规模学校建设过程中采取的积极举措，以期科学合理地反映各地建设和发展农村小规模学校的策略及实践探索，为我国小规模学校建设提供积极借鉴。

---

① 范铭，郝文武．对农村学校布局调整三个目的的反思——以陕西为例［J］．北京大学教育评论，2011（2）：178－187.

（一）美国建设小规模学校的重要举措①

（1）在进行财政投入时对学生进行加权，分担小规模学校花费的较高成本。例如，美国犹他州使用为小规模学校提供额外收入的公式模型，这种公式反映的理念是：既然在学生较少的学校存在着额外单位学生成本，那么为了给那些学生提供充分的教育，就应该为他们提供比正常规模学校更多的资源。美国犹他州为小规模学校提供额外收入的公式模型，为小规模学校和偏远地区学生提供了充足的教育资源。事实上，根据《不让一个孩子掉队》法案，每个州都在考虑如何为那些不能达到所要求的成绩标准的儿童补充一个加权因素。因此，美国犹他州为小规模学校提供额外收入的公式模型也是美国其他各州竞相模仿的榜样。

（2）给予特殊的资金补助，满足小规模学校的特殊需要。自2002年起，联邦政府开始累计拨款4.98亿美元，以资助和推进小规模学校的发展。美国佛罗里达州立法机关2000年通过《小规模学校需求》法案，该法案要求缩小学校规模，并要求学区教育设施新建计划和五年内学区设施建设计划都是关于小规模学校的。2001年2月，马里兰州一份法案要求10%的财政拨款用于“优先资助地区”的学校建设，以满足特殊的学校规模限制；已经存在的并满足特殊需要的学校同样可以得到资助，用来修缮、更新和改造。

（3）采取特殊措施对教师进行奖励，吸引优秀年轻教师到小规模学校任教。在教师资格认证方面：2004年3月，教育部规定在某些情况下，延长农村教师资格条件的期限，允许农村学区教师在三年内达到任职要求。在资金补助和奖励方面：一是减免到贫困地区任教大学生贷款；二是对在偏远农村学校从事教育教学工作的教师给予物质奖励，包括提高工资待遇、发放奖金、提供安家补助与住房贷款、免费住房、减免税收等。一些州为在职进修新教师减免学费，为提高学历后去农村学校的教师额外加薪，如阿肯色州和密西西比州。根据美国全国专业教学委员会制定的标准，已有32个州为获得该委员会认证的新教师加薪，有300多个学区在本州加薪幅度外追加经济奖励，加利福尼亚州和佛罗里达州对获得该委员会认证并在师资短缺或其他薄弱学校任教的新教师予以额外的加薪和补贴。

（二）英国建设小规模学校的重要举措

（1）采取农村小规模学校的非正式合作模式。“集群”（Clusters）是英国农村小规模学校常用的非正式合作方式。“集群”是指3~8个学校的校长和教师自愿（或由地方命令）在共享资源或设施以及在实施广泛的课程计划方面进行合作，“集群”中的每个学校仍然保留自己的校长和管理机构，学校间没有正式的

---

① 内容详见本书附录1。

或具有法律约束力的协议，参加“集群”的学校的距离通常是 3 ~ 10 英里①。高尔顿（Galton，M.）和哈格里斯夫（Hargreaves，L.）把“集群”的发展分为开始阶段（Initiation）、巩固阶段（Consolidation）和再定位阶段（Reorientation）。随着“集群”的发展，教师的思想和对国家课程教授的自信也有所提高。参加“集群”的学校可以共享教学资源以及参与共同计划，不同学校的学生也可以随时合作，这样可降低小规模学校的隔离水平。

（2）采取农村小规模学校的正式合作模式。“正式合作”指以正式的纸质协议或以法律为基础而开展的合作方式。潘尼（Penny，T.）和约翰（John，H.）等人把正式合作的方式分为 3 种：共用员工（sharing staff）（例如，学校业务管理者）、行政领导（executive headship）、共同管理（sharing governance）。首先，共用员工。学校共用员工最常采用的方法是把员工借给同伴学校，一个教师可以同时在两个学校工作；联合聘用外部专家也是共用员工的一种方式。其次，行政领导。即共用一个校长（sharing a headteacher），指两个或两个以上的学校由一个校长领导。行政领导的合作方式解决了招聘小规模学校校长的难题，提高了任命有合适才干校长的可能性。行政领导可以带来经济上的利益，几个学校共用一个校长，对校长薪水的发放会有所减少，节省的资金可以用来再投资，有利于提高学校的管理和教育质量。最后，共同管理。共同管理也可以说是联盟，联盟也是英国学校布局中经常用到的一种方式。联盟包括“软联盟”（soft federation）和“硬联盟”（hard federation）。“软联盟”指两个或两个以上的学校由一个共同的管理委员会来管理。在“软联盟”中，每个学校可以有自己的管理机构；“硬联盟”指两个或两个以上的学校只有一个管理机构。合作学校的校长只需要在一个管理机构工作，这样可以节省大量的时间和精力，同一个管理机构管理几所学校可以确保学校在行政方面进行合作，也可以简化决策制定的程序，从而提高工作效率。“集群”是小规模学校间进行的一种松散的联合，是一种非正式的合作方式，而共用员工、行政领导和共同管理是正式的合作方式，特别是联盟的合作方式，使学校间的合作更加正式、持久、稳定。

（三）日本建设小规模学校的重要举措②

日本在建设小规模学校方面主要采取复式学级教学法。教师如何在一节课上进行两种模式，对两个年级的学生同时进行指导呢？日本复式教学将高、低两个年级的整个教育过程分别分成四个阶段（图 1），一部分是教师指导，一部分是学生自主学习的，教师穿梭在两个年级之间进行错开式指导和跨学年直接指导。

---

① 1 英里≈1.609 千米。

② 内容详见本书附录 2。

例如，老师在把新的课题和如何进行自我学习的知识介绍给一年级学生以后，会直接来给二年级学生介绍新的课题，这个过程中一年级学生会进行自我学习，老师是活动在两个年级之间的。总体而言，通过复式学级的学生一起学习鼓励高年级学生帮助照顾低年级学生，通过任命自主学习带头人培养学生的互助精神和领袖意识，在传授学习内容的同时促进学生自主学习。

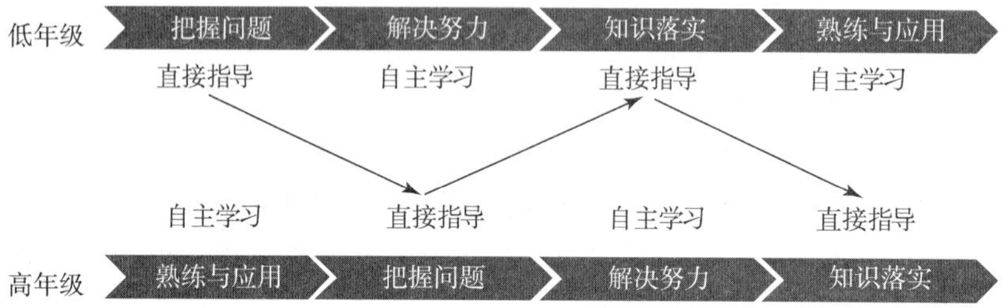

图 1　两个年级同时指导法

资料来源：士别市中士别小学编（2007）。

除课堂教学以外，日本复式教学学校还经常组织多年级一起参加的活动，让学生得到更多社交机会，并经常和一些社区居民进行合作，比如学习一些地方传统的音乐技能、参加社区安全监督等活动，并通过和其他学校学生交流来扩大学生的社交范围。

（四）澳大利亚建设小规模学校的重要举措①

北澳地区是澳大利亚的一个特殊地区。为了加强边远地区的教育管理，北澳教育厅成立了边远地区教育管理处，直接管理北澳中等函授学校、凯瑟琳广播电视函授学校（或称空中学校）和艾丽斯普林斯空中学校，为学前和小学、中学的学生提供教学。

（1）小学。小学设 4 ~ 5 岁学前班。6 岁后进入小学接受 1 ~ 7 年初等教育。小学里设有严格的留级制度，以年龄划分年级。学生对这个年级的某门功课感到难以理解时，可以到另外的年级学习。

（2）函授中学。主要进行 8 ~ 12 年级的教育，教学手段主要是录音带、录像带、无线广播、电话、文字课本或采取由教师乘小飞机去各点巡回面授、定期返校辅导的方式教学。

（3）凯瑟琳广播电视学校。该校提供幼儿园和小学（6 ~ 11 岁）两个层次的教育。采用录音、录像、广播、电话、无线对讲及课本、教学资料、分发教学信息等手段进行教学。

① 内容详见本书附录 3。

（五）泰国建设小规模学校的重要举措①

（1）“为学生出借课本计划”。泰国每在新的大纲实行之后，就有大量的新教科书、教师手册和教学图书、资料问世。为了解决边远山区、农村缺乏教科书，有的孩子买不起教科书的问题，泰国由国家投入巨额资金，开展了一项“为学生出借课本计划”，为全国的4,000多万个联校中心提供了各种教科书、教学参考书、教师手册、教学用图片资料及其他教学设备，供每个联校群的各个成员学校共同使用。与之相适应，有的学校也购置了一些教科书，借给特别困难的学生使用，每个学期结束时，学生将课本交返学校，再借用下学期所需的课本，有时课本不够，两三个学生合借一本的情况也有。

（2）“为边远地区小学生出借自行车计划”。泰国边远山区有一部分学校只能提供四年级教育。如要继续学习，学生就得步行很远的路去上学。为了使更多的孩子能完成小学六年教育，泰国北部的匹查努洛克府率先发起了“出借自行车计划”，受到社会大众支持，也得到了泰国政府的专款扶持，扩大了其受益面。

（六）我国台湾地区建设小规模学校的重要举措②

（1）“偏乡学生学习支持系统”。它的建置包括行政管理的层级，如怎样建构理念、给予经费补助、进行人员培训和督导执行等；评量检核的层级，以及教学辅导运作的层级，如在学校怎么规划教育方案、安置学生、进行有效的教学和评估成效等。

（2）“偏远地区教育机会与质量提升计划”。其内容包括学习诊断（了解学生识读能力与学习问题，进行分级、分组教学规划）、研发材料（编写补救教学学习辅导教材、发展数字化教材）、支持系统整合（发展学校、家庭、小区伙伴合作关系，构建完整的支持系统）、学习成效评估和追踪辅导（评估学生学习成效，持续追踪辅导学生的升学发展）。

（3）“学校全面改进计划”。借助民间教育基金会投入的3年经费来做教材研发（其中重点是语文视读能力的提升和数学部分），然后申请相关部门经费、民间经费将教材进行试用，再来推广。

（4）构建大学跟中小学及社区的伙伴合作体系。政府资助学校，推动学校层面和班级层面的教学改进、课业辅导、自我评估和发展，民间基金会的资金也可以直接投入社区，补助社会福利机构，以加强亲职教育、社区网络，进行资源整合，这样通过各方共同努力来把弱势学生带起来。

---

① 内容详见本书附录3。

② 内容详见本书附录4。

第 2 章　我国农村小规模学校政策调整及各地的恢复、调整情况

农村小规模学校这一议题是在农村学校布局调整过程中因大规模“撤点并校”而凸显出来的，有关农村小规模学校发展的相关政策也一直隐含于农村学校布局调整政策之中，分析农村小规模学校发展的政策背景，必须把它放到农村学校布局调整政策演变的历程中。农村小规模学校作为一个专有名词，在农村学校发展序列的政策文本里一直未被启用，“村小”“教学点”“薄弱学校”“农村边远山区、交通不便地区中小学校”或者“自然环境不利的地区小学低年级”等成为农村小规模学校的具体化指称，本章的分析中大部分是基于这些指称对教育政策开展研究。从农村教育研究现状来看：农村小规模学校尚未形成一个单独的农村教育政策议题，分析农村小规模学校所在的教育政策群对它的定位与态度，将能勾勒出农村小规模学校发展相关政策的态势图，也可为“后撤点并校时代”农村小规模学校发展奠定政策基础。

一、中央的布局调整政策

自 2001 年新一轮学校布局调整开始至今，布局调整政策对农村小规模学校的态度发生了几次较为明显的转变。2001—2005 年，中央政策强调撤并小规模学校的合理性，可称为“以撤并小规模学校导向为主”的阶段；自 2006 年以来强调布局调整要遵循“实事求是、稳步推进、方便入学”的原则，进入“以适度保留、建设小规模学校导向为主”阶段。2012 年 9 月国务院办公厅《关于规范农村义务教育学校布局调整的意见》提出“办好村小学和教学点”，标志着政策开始保护农村小规模学校。十余年间中央的布局调整政策具体情况如表 2 所示。

表 2　中央布局调整政策统计

态度	时间	文件名称
以撤并导向为主	2001. 3	《关于报送中小学布局调整规划的通知》
	2001. 5	《国务院关于基础教育改革与发展的决定》
	2003. 6	《中小学布局调整专项资金管理办法》
	2005. 5	《教育部关于进一步推进义务教育均衡发展的若干意见》

续表

态度	时间	文件名称
以适度保留、建设导向为主	2006. 6	《教育部办公厅关于切实解决农村边远山区交通不便地区中小学生上学远问题有关事项的通知》
	2006. 6	《教育部关于实事求是地做好农村中小学布局调整工作的通知》
	2009. 4	《教育部关于当前加强中小学管理规范办学行为的指导意见》
	2010. 1	《中共中央、国务院关于加大统筹城乡发展力度、进一步夯实农业农村发展基础的若干意见》
	2010. 1	《教育部关于贯彻科学发展观进一步推进义务教育均衡发展的意见》
	2010. 7	《国家中长期教育改革和发展规划纲要（2010—2020）》
以保护、建设为主	2012. 9	《国务院办公厅关于规范农村义务教育学校布局调整的意见》
	2012. 11	《教育部关于全面启动实施“教学点数字教育资源全覆盖”项目的通知》
	2012. 12	《教育部关于进一步做好村小学和教学点经费保障工作的通知》

（一）以撤并农村小规模学校导向为主的政策发展阶段

1. 撤并导向出现

2001 年 3 月，教育部、财政部发出《关于报送中小学布局调整规划的通知》（以下简称《通知》），这是实施分税制财政管理体制改革以来首次吹响农村学校布局调整号角的中央文件。《通知》中非常明确地提出了中小学布局调整是“提高办学效益的重要措施”，以此确立了中小学布局调整的工具性地位，其路径非常清晰，即“减少中小学校数量、扩大校均规模”。中小学布局调整的具体要求是：“小学布局调整要在坚持学生就近入学的前提下，重点调整村小和教学点。要打破村村办学的‘小而全’的办学方式，除交通十分不便的地区继续保留必要的低年级教学点外，有计划、有步骤地撤并一些村小和教学点，积极推动村与村联办完全小学，发展乡镇示范性中心小学。平原和交通方便的地区，要尽可能扩大小学的规模。山区和其他交通不便的地区要积极创造条件，在考虑群众经济承受能力的前提下，举办小学高年级寄宿制学校。初中布局调整要充分考虑城镇化进程，以满足城镇人口增长对初中办学的需求。原则上一个乡镇举办一所初中，人口特别多的地方可增办一所，人口稀少的地方由县统筹布点，也可举办九年制学校。要有计划、有步骤地撤并规模小、质量低、效益差的初中，扩大乡镇所在地的初中办学规模；交通不便地区的农村初中要积极创造条件，实行寄宿制。”

《通知》将村小与教学点及规模小的初中推到了被撤并的风口浪尖上。两个月以后，即2001年5月《国务院关于基础教育改革与发展的决定》（以下简称《决定》）出台，提出“因地制宜调整农村义务教育学校布局”，同时确定了农村义务教育学校布局基本原则并强调提出合并农村小学和教学点，这进一步加强了对地方教育行政部门“撤点并校”行为的政策期许：“按照小学就近入学、初中相对集中、优化教育资源配置的原则，合理规划和调整学校布局。农村小学和教学点要在方便学生就近入学的前提下适当合并，在交通不便的地区仍需保留必要的教学点，防止因布局调整造成学生辍学。学校布局调整要与危房改造、规范学制、城镇化发展、移民搬迁等统筹规划。调整后的校舍等资产要保证用于发展教育事业。在有需要又有条件的地方，可举办寄宿制学校。”《决定》的实施快速推进了农村中小学布局调整工作的开展。在撤点并校运动中，规模小、条件差、质量低的薄弱学校成为被调整的主要对象。

尽管《决定》提出了“保留必要的教学点”的要求，但它在狂热地追求规模效益的地方决策者那里几乎被忽略。2001年7月发布的《全国教育事业第十个五年计划》中，小学就近入学、初中相对集中、优化教育资源配置的原则再次被强调，可以被视为《决定》中追求规模效益态度的延续。

2. 撤并导向被加强

农村学校新一轮布局调整正式启动后，接收校扩容能力有限、建设步伐缓慢等问题一度阻碍了学校的快速撤并，财力不足也抑制着地方政府撤并学校的意愿。为刺激地方政府加快布局调整步伐、规范布局调整中经费的使用，中央财政于2003年6月出台《中小学布局调整专项资金管理办法》，由中央财政划拨专项资金保障中心地带、较大规模学校建设，文件要求：“布局调整专项资金主要用于支持标准化、具有示范效应的中小学校的改扩建和教学用图书、仪器设备的购置。项目学校必须具有较强的辐射能力和示范作用。撤并规模小、办学条件差的学校和教学点，扩大办学规模，提高项目学校的规模。”同时，小规模学校的撤并也进入中央对农村地区“两基”工作的检查项目，2004年《教育部财政部关于进一步加强农村地区“两基”巩固提高工作的意见》提出，要重视教学点在防止辍学、控制失学上的作用，但“中央财政仍视各地中小学布局调整工作的开展情况，给予适当的奖励和支持”。

经费手段与行政督导相结合，有力地推动了农村学校布局调整工作的进行，也进一步加强了农村学校布局调整过程中撤并农村小规模学校的导向。在追求规模效益的经济理性主义支配下，撤并农村小规模学校已经成了不二选择，而此时公平议题的被关注并未相应引起政策对农村小规模学校的应有支持。比如：城乡义务教育均衡发展逐渐受到重视，但在布局调整中仍未意识到小规模学校对发展农村教育的重要意义；相反，将撤并小规模学校作为提高农村教育发展水平的一种途径。2005年《教育部关于进一步推进义务教育均衡发展的若干意见》提出“坚持实事求是，因地制宜”进行布局调整的原则，并要求“在新建、扩建和改建学校时，适当调整和撤销一批生源不足、办学条件差、教育质量低的薄弱学校”。截至2005年年底，小规模学校在政策文本中一直以“条件差、质量低、效益差”的形象出现，成为“适当合并”或“有计划、有步骤地撤并”的对象，“撤并小规模学校”成为文件释放的主要信号。在中央政策的鼓励或默许下，基层政府在布局调整工作中简单化和“一刀切”情况非常普遍，短短几年内因过度撤点并校产生“上学难”“大班额”“农民负担增加”等问题，引起社会各界和中央决策层的重视。

（二）以适度保留、建设农村小规模学校为导向的政策发展阶段

2006年3月，国家第十一个五年规划纲要出台，“加快发展农村义务教育”成为建设社会主义新农村的重要措施；2007年党的十七大报告中明确提出“加快推进以改善民生为重点的社会建设”，优先发展教育、办好人民满意的教育、使全体人民学有所教，成为社会建设的一项重点任务。这都要求农村学校布局调整政策必须关注民生问题，回应民众需求。在布局调整中，过多、过快地撤并农村学校尤其是撤并农村小规模学校，诱发诸多教育问题与社会问题，引起了社会各界的广泛关注。为遏制地方“一刀切”地撤点并校，2006年6月起教育部多次发文强调立足本地实际、以人为本、以人民群众的需求为主并对偏远地区农村小学和教学点的调整做出明确要求：要求各地改变“大撤大并”的过激方式，“方便入学”再次作为布局调整的重要目标被强调。这一阶段的政策不再用“进一步推进”和“进一步加强”作为政策的名称，“保留必要的教学点”、“撤点并校要慎重”、“防止过度调整造成学生上学难”等更多关涉适度保留小规模学校的内容出现在政策中。

2006年6月7日，教育部办公厅发布《关于切实解决农村边远山区交通不便地区中小学生上学远问题有关事项的通知》（以下简称《通知》），“要求各地教育行政部门在保证学生就近入学的前提下进行农村中小学布局调整，在交通不便的地区仍须保留必要的小学和教学点”，以切实解决农村边远山区、交通不便地区中小学生上学远问题。《通知》中提出解决上学远问题的原则，即“要实事求是、因地制宜、坚持寄宿制学校建设和低年级学生就近入学并举的原则”，同时强调：“要坚持以人为本、以学生为本、以方便和满足学生和家长的需求为出发点，合理规划、统筹安排学校的布局和建设。要切实担负起责任，为每一个孩子提供就近入学的便利。原则上低年级学生应就近入学。对于低学龄儿童上学道路偏远、交通不便的，要保留、改建一批小学或教学点。对于学龄儿童少、学生居住相对分散的，要采取合校分班、走教送教和普及推广教学光盘等方法，为低

年级学生创造学习条件。”同时，该《通知》还对农村小规模学校师资建设和远程教育等问题提出了解决措施，即“充分发挥农村中小学现代远程教育工程的作用：各地教育行政部门要在农村边远山区、交通不便地区的小学和教学点，大力推行以光盘教学为主、教师教学为辅、光盘教学与教师教学相结合的教学方式来弥补教师的不足，保证当地基本的教学质量；组织具备接收卫星资源条件的农村中小学，将接收的教学资源下载下来并刻录成光盘，通过走教送教等各种途径分送给农村边远山区、交通不便地区的小学和教学点。”

2006 年 6 月 9 日，教育部发布《关于实事求是地做好农村中小学布局调整工作的通知》（以下简称《通知》），提出，“按照‘以人为本’的要求、立足本地实际，充分考虑教育发展状况、人口变动状况和人民群众的承受能力，按照实事求是、稳步推进、方便就学的原则实施农村中小学布局调整，确保适龄儿童、少年顺利完成九年义务教育”。同时，《通知》对如何进行农村中小学布局调整工作提出了要求“各地教育行政部门要会同当地发展改革、建设、财政等部门，将农村中小学布局调整纳入当地教育发展规划，充分论证、统筹安排、稳妥实施。”“县级教育行政部门要合理确定小学生的就学路程并做出明确规定；对确因布局调整造成学生入学难、群众反映强烈，而寄宿制学校建设不能满足需求的，要采取切实措施予以解决。”“正处于初中适龄人口高峰期的地方，要本着‘先建设、后撤并’的原则，实施初中布局调整，避免出现由于布局调整造成学校班额过大、教育教学资源和条件全面紧张等问题，条件不具备的地方可暂不调整。”“要严格防止以布局调整为名减少教育投入。”该《通知》明确表明了适度保留农村小规模学校的态度：“农村小学和教学点的调整要在保证学生就近入学的前提下进行，在交通不便的地区仍须保留必要的小学和教学点，防止因过度调整造成学生失学、辍学和上学难问题，并积极运用现代远程教育手段，满足教育教学的需求。”

2009 年 4 月，《教育部关于当前加强中小学管理规范办学行为的指导意见》中又再次强调“避免简单撤点并校”，要“在优先方便学生就近入学、不加重农民负担的前提下，根据学龄人口变化，合理布局农村义务教育阶段学校，因地制宜地科学配置教育资源。撤点并校要十分慎重，坚持一切从实际出发，防止‘一刀切’和‘一哄而起’”。

2010 年，《教育部关于贯彻科学发展观进一步推进义务教育均衡发展的意见》对农村学校布局调整中小规模学校的撤并办法和程序以及建设问题给出了指导性意见，要求对部分小规模学校“暂不撤并”，并对必须保留的小学和教学点加强建设：“地方各级教育行政部门在调整中小学布局时，要统筹考虑城乡经济社会发展状况、未来人口变动状况和人民群众的现实需要，坚持实事求是、科学规划，既要保证教育质量，又要方便低龄学生入学，避免盲目调整和简单化操作；对条件尚不成熟的农村地区，要暂缓实施布局调整，自然环境不利的地区小学低年级原则上暂不撤并；对必须保留的小学和教学点，要加强师资配备，并充分利用现代远程教育手段传送优质教育资源，保证教育教学质量；对已经完成布局调整的学校，要改善办学条件特别是寄宿条件，保障学生的学习生活；要进一步规范学校布局调整的程序，撤并学校必须充分听取人民群众意见，避免因布局调整引发新的矛盾。”

2010 年，《国家中长期教育改革和发展规划纲要（2010—2020 年）》颁布实施，其中明确提出要“适应城乡发展需要，合理规划学校布局，办好必要的教学点，方便学生就近入学”。

这一时期的政策突出了对必要的小规模学校予以保留并加强建设的要求，但由于对“必要”的内涵界定模糊，撤并农村小规模学校的政策执行惯性并未被遏制；而农村小规模学校的师资、经费保障也受制于地方财力及配置标准等无法实现“加强建设”的政策预期。

（三）以保护、建设农村小规模学校导向为主的政策发展阶段

2012 年以来，教育政策中对农村小规模学校的定位逐渐清晰，对于农村学校布局调整中如何对待小规模学校的保留、撤并与恢复也做了较为明确的要求，并从提高远程教育资源、经费、师资等方面的保障来加强农村小规模学校的建设。

1. 明确对农村小规模学校的保护和建设

2012 年 9 月，国务院办公厅发布了《关于规范农村义务教育学校布局调整的意见》（以下简称《意见》），重新审视了新一轮布局调整并提出了农村义务教育学校布局的总体要求，要求地方政府“科学制定农村义务教育学校布局规划”，“县级人民政府要制定农村义务教育学校布局专项规划，合理确定县域内教学点、村小学、中心小学、初中学校布局，以及寄宿制学校和非寄宿制学校的比例，保障学校布局与村镇建设和学龄人口居住分布相适应”。这一要求确立了教学点、村小学等小规模学校在县域内学校布局中应有的地位，明确了小规模学校保障就近入学原则的重要作用。该《意见》还提出了小规模学校的具体布局要求：“人口相对集中的村寨要设置村小学或教学点，人口稀少、地处偏远、交通不便的地方应保留或设置教学点。”对于小规模学校的撤并，《意见》也提出了严格的撤并程序：“多数学生家长反对或听证会多数代表反对，学校撤并后学生上学交通安全得不到保障，并入学校住宿和就餐条件不能满足需要，以及撤并后将造成学校超大规模或‘大班额’问题突出的，均不得强行撤并现有学校或教学点。已经撤并的学校或教学点，确有必要的由当地人民政府进行规划、按程序予以恢复。”

非常关键的是，《意见》对如何办好村小学与教学点等小规模学校进行了较为全面的规定，从经费保障、师资保障、教育信息化建设和学校管理等方面提出，“对保留和恢复的村小学和教学点要采取多种措施改善办学条件、着力提高教学质量，提高村小学和教学点的生均公用经费标准，对学生规模不足100人的村小学和教学点按100人核定公用经费保证其正常运转；研究完善符合村小学和教学点实际的职称评定标准，职称晋升和绩效工资分配向村小学和教学点专任教师倾斜，鼓励各地采取在绩效工资中设立岗位津贴等有效政策措施支持优秀教师到村小学和教学点工作；加快推进农村教育信息化建设，为村小学和教学点配置数字化优质课程教学资源；中心学校要发挥管理和指导作用，统筹安排课程、组织巡回教学、开展连片教研、推动教学资源共享，提高村小学和教学点教学质量”。《意见》的发布，标志着农村义务教育学校布局调整政策对待农村小规模学校的态度已经较为成熟，此后又发布的系列文件提出了更为具体和有力的小规模学校建设保障措施。

2. 提高农村小规模学校的信息化建设水平

2012年11月，教育部发布了《关于全面启动实施“教学点数字教育资源全覆盖”项目的通知》（以下简称《通知》），提出：“在2012年、2013年两年，为农村义务教育学校布局调整中确需保留和恢复的教学点配备数字教育资源接收和播放设备、配送优质数字教育资源，并以县域为单位、发挥中心校作用，组织教学点应用资源开展教学，利用信息技术帮助教学点开好国家规定课程，提高教育质量、促进义务教育均衡发展、更好地服务农村边远地区适龄儿童就近接受良好教育的需要。”为确保“教学点数字教育资源全覆盖”项目的有效实施，《通知》明确表示从中央财政拨款以确保各地启动教学点建设，“有条件的地区可增加配置或采用更高级的技术和应用方案，经费缺口由地方财政配套补足”。《通知》还要求：“要组织开发和整合适应本地教学点教材版本和课堂教学需求的数字教育资源，按需配送给各教学点。要配合‘教学点数字教育资源全覆盖’建设进度，同步组织开展教学点教师应用能力培训，确保各教学点能够使用设备和资源开展教学，保证国家财政投入的效益；要加强指导和检查，及时发现和解决教学点建设和应用中出现的各种问题，确保项目建设按进度要求推进实施。”

3. 提高农村小规模学校经费和师资保障水平

2013年12月17日发布的《教育部关于进一步做好村小学和教学点经费保障工作的通知》要求，“长期保留并办好一定数量的村小学和教学点，保证适龄儿童、少年就近入学……各地要按照农村义务教育经费保障机制的要求，切实落实投入责任、加强省级统筹、督促市县落实分担资金。对于特殊困难地区，应按照省拿大头的原则由省级财政按照国家确定的公用经费补助标准承担地方分担部分”。“各地要统筹有关资金，努力改善村小学和教学点办学条件；要逐步提高用于校舍维修改造方面资金的比例，并优先满足村小学和教学点需求；薄弱学校改造计划等相关义务教育项目资金，要优先用于解决村小学和教学点的办学困难。”“对学生规模不足100人的村小学和教学点按100人核定公用经费，并切实落实。春、秋季学期开学前，县级教育行政部门要及时告知中心学校（指负责组织指导乡镇区域内教育教学活动的学校）及村小学和教学点公用经费预算安排额度，并提前拨付部分公用经费，保证村小学和教学点正常运转。”“各县在编制年度预算核定学校公用经费时……适度向规模较小的村小学校倾斜，提高这些学校经费保障水平，切实保证其日常需要。对办学条件已满足需要的小规模教学点，县级在安排公用经费时可按实际需求拨付，避免浪费；其余资金可以统筹用于其他规模较小的村小学，但不能滞留在县和乡镇中心学校。”“各地要建立健全财务信息公开制度，督促中心学校阳光理财，每学期按照当地财政部门财务信息公开工作统一要求，公示中心学校本部、村小学和教学点财务收支状况，年初和年底分别公示预、决算数据，并在县级教育行政部门网页上保留，主动接受社会监督。各地要探索建立经费监测机制，实时掌握村小学和教学点经费运转水平、支出结构等信息，为调整经费保障政策提供科学依据。”

2013年12月，教育部、国家发展改革委和财政部发布了《关于全面改善贫困地区义务教育薄弱学校基本办学条件的意见》，将“办好必要的教学点”纳入到薄弱学校基本办学条件的改善中，要求：“对确需保留的教学点要配备必要设施，满足教学和生活基本需求；中心学校统筹教学点课程和教师安排，保障教学点教学质量；优先安排免费师范生和特岗教师到教学点任教；职称晋升和绩效工资分配向教学点专任教师倾斜；农村教师周转宿舍建设和使用要优先考虑教学点教师需要；要为确需保留的村小学和教学点配置数字教育资源接收和播放设备，配送优质数字教育资源；要落实对在连片特困地区的乡、村学校和教学点工作的教师给予生活补助的政策。”

2006年以来，小规模学校在中央布局调整政策中的形象发生改变，小规模学校的“必要性”被多次强调，在“条件尚不成熟的农村地区”、“自然条件不利的地区”和“交通不便的地区”，小规模学校被要求“暂不撤并”，甚至“必须保留”；2010年以来，中央又提出“办好”必要的小规模学校。中央政策从强调“差”到明确“必要”，从要求“撤并”到“保留”到“办好”的态度转变，只是在政策制定范畴内给小规模学校逐渐松绑，农村小规模学校能否生存并获得一定发展，最终取决于对农村小规模学校的资源保障以及政策执行效果。

二、地方政府布局调整政策的执行过程

中央颁布的农村学校布局调整文件直接决定了地方政府对农村小规模学校的

态度和立场，但由于地方政府在政策执行中的自由裁量空间以及受自身财政能力束缚，农村小规模学校在布局调整政策执行中所受对待与中央政策期许显然存在较明显的落差。2001 年以来，在新一轮布局调整政策出台之后，各省纷纷制定本省布局调整工作的指导意见和具体办法。本部分以湖北省各级地方文件为主要分析对象。

（一）农村小规模学校处于地方布局调整政策的边缘

2002 年，中共湖北省委办公厅、湖北省人民政府办公厅联合颁布的《关于调整优化农村中小学布局结构的意见》（以下简称《意见》）成为湖北省农村中小学布局调整中最重要的文件。《意见》中明确提出了“逐步将中小学布点向人口密集地区和中心城镇收缩”的要求，文件规定：“坚持因地制宜、科学规划、讲求效益、积极稳妥的原则……今后国家和省下达的有关教育专款和其他渠道筹措的建设经费，一般应用于规划中长期保留的学校……平原和丘陵地区规模在 6 个班 150 人以下的小学应实行联村办完小或高小，使一所小学服务区域人口逐步达到 5,000 人以上……布局调整后的学校要办在现有条件较好、人口相对集中、交通比较方便的地方。”小规模学校中无法达到服务人口、办学条件、地理环境等标准的学校成为该文件中被“收缩”的对象；同时暗示暂时保留的小规模学校将不会得到各种渠道筹措的建设经费，成为基层政府中断向小规模学校的建设经费投入的合法性依据。

在简单化、“一刀切”地追求减少学校数量的布局调整做法被中央政策明令禁止后，各地方政府布局调整规划发生了相应变化，省级文件中开始出现“以方便和满足群众的需求为出发点”、“立足实际”、“保留、改建一批小学和教学点”等字眼。然而，减少学校数量的要求依然强烈，削弱小规模学校发展能力或者撤并大部分小规模学校仍成为省级政府对布局调整的要求。

2010 年，湖北省教育厅、省发展和改革委员会出台《关于切实做好义务教育学校布局调整、稳步实施学校标准化建设计划的指导意见》，要求各地在规划义务教育学校布局时，“明确永久性保留学校、过渡性保留学校和撤并学校……结合布局调整进度，按照统一标准、均衡配置的要求，统筹规划保留学校建设”。同年的《湖北省教育厅工作要点》对保留学校建设同样予以强调，永久保留学校成为改善农村学校办学条件的首要目标群体。

中央和省级政策的态度转变并未得到市、县级层面的深刻认同。对比来看，2006 年以来越低层一级的政府所制定的布局调整方案对小规模学校的存留与发展越不利，而他们却是布局调整工作的直接实施者。湖北省某市在 2008 年《关于切实做好全市义务教育阶段学校布局调整工作的通知》中要求，按照“减少数量、增加容量、提高质量、形成规模”的总体要求，依据“实事求是、相对集中、方便入学和改善办学条件”的原则开展布局调整工作，“150人以上的小学保留为完全小学；100～150人的实行联村合并办完全小学；100人以下的改为无经济核算权的教学点或撤销；对居住相对分散的地方可酌情适当调整。小学校均服务半径达2.5公里①以上……农村小学和教学点必须在方便学生就近入学的前提下适当合并……办学条件差、危房多、规模小的学校并入办学条件较好、方便多数孩子上学的学校”。

县（市、区）级政府更为明显地追求本地布局调整工作中的量化目标。湖北省A县在《2008—2010年布局调整方案》中提出，“70%的初中学生进城、70%的小学生进城、70%的教师进城”，在迁建可容纳12,500人的“教育城”之后，将规模较小的农村学校设置为教学部或教学点；并计划将全县农村小学数量由2008年秋季的“完全小学115所、初小44所和教学点60所”转变至2010年秋季的“完全小学31所、初小91所和教学点69所”。B县在2011年秋季制定的“义务教育阶段学校布局调整规划统计表”和明细表显示，农村中小学校数量将在2011—2015年减少46所，以撤并教学点和初级小学、调整完全小学降级为初级小学和教学点为主。

事实上，市、县布局调整规划方案是在省级教育管理部门的授意或默许下形成的，省级政策中减少学校数量的要求虽已隐身，但在审批下级呈报方案时，这一要求仍发挥着极大威力。以B县为例，由于“地理环境复杂、村组交通路网不够完善、学校撤并阻力大”，该县布局调整规划以保留和改变办学形态为主，据此制定的方案在2011年两次报送省教育厅时皆被退回，B县时任教育局长说，教育厅“嫌我们学校保留得太多了，撤并力度不够”。既要满足省级对削减数量的要求，节约财政支出，又不能与中央政策精神正面冲突，两难境地中，基层政府选择改变小规模学校的办学形式，任由他们自然消失。他们的主要做法是：抽走小规模学校的较高年级，将原来独立的学校设为教学点，撤销它们独立的人事管理权和经济核算权，进一步削减向现有教学点的投入甚至抽离原有资源等任由其消亡，最终必将带来小规模学校数量的大幅减少。

（二）农村小规模学校布局调整在地方层面被扭曲执行

各级出台的布局调整政策文本从最开始就从两个方面对农村学校布局调整进行规制：一是撤并哪些学校；二是建设哪些学校。从对中央政策和地方政策的梳理中我们可以清晰地看到：小规模学校一直处于被撤并的风口浪尖，而规模大、地处中心位置的学校则不断得到专项经费的倾斜投入。这两类学校命运的差别经历了十余年的政策演变依然鲜明。目前看来，不同层级布局调整政策重心有所不

① 1公里=1千米。

同：层级越高的政府越强调农村小规模学校的必要性及建设策略；层级越低的政府越突出小规模学校的减少和学校向中心地带的聚拢。下一级政府出台的文件既是整个布局调整政策重要的组成部分，同时也是在文本层面对上一级政策精神的执行，不同层级政策的重心错位体现出政策内部的不协调。

从不同政策文本出台时间与标题看，中央的布局调整相关政策在 2006 年以后几乎不再有任何鼓励学校撤并的文本表述，而省级和市县级布局调整文件在 2011 年以后仍在一定程度上鼓励学校撤并。在中央的政策焦点转移之后，省级政府相对快速地进行政策调整，但市县级政府往往拘于前一任务仍在进行而无法戛然而止。这反映出在布局调整政策从制定到实施的过程中，中央政策对政策执行预期比实际所需时间要短。在前一项政策尚未被充分执行时新的政策已经发布，基层政府应接不暇在所难免。当前后两项政策出现冲突，如从要求撤并小规模学校向强调尽量保留转变后，政策的实际执行者还将感到无所适从。掌握最终决定权的县级教育部门对既有布局调整方案不会因上级简单的一句“叫停”而做出大的改变，改变小规模学校办学形式的隐性调整成为必然。

2002 年，中共湖北省委办公厅、湖北省人民政府办公厅发布的《关于调整优化农村中小学布局结构的意见》对省级及以下各级政府在布局调整工作中的责任予以了明确划分（如表 3）。

表 3　省级及以下政府的布局调整工作职责分工

政府层级	职　责
省级	制定指导性意见，对工作进行分类指导，并进行督促检查
市、州、直管市、神农架林区	根据省里制定的意见，对辖区内各县（市、区）中小学调整优化布局工作进行指导，具体制定辖区内普通高中调整优化布局结构方案，并对各县（市、区）调整优化布局方案进行审核，审批普通高中的调整
县（市、区）	负主要责任，将调整优化中小学布局结构规划纳入经济社会发展的统一规划；在此基础上制定调整优化布局结构的工作方案；县（市、区）制定的规划和方案要具体到学校、年级和班，严格按人口出生率变化控制年级数、班组数和班额；审批管理范围内初中、小学的设置和调整

对于县（市、区）以下层级的政府部门和机构，文件中仅提到“要明确有关部门和乡、村的责任”，具体职责语焉不详。同时要求，“调整优化中小学布局要适应乡（镇）、村改革的需要，原则上调整优化学校布局工作要放在乡（镇）、村调整合并后实施”。职责分工的规定将农村义务教育学校布局调整的权力交给了县政府和教育局。

事实上，县级决策者从节约办学成本的角度出发倾向于撤并农村小规模学校，撤并而非保留农村小规模学校有利于减轻地方财政负担。学校的大量减少可降低管理成本，学校规模增大产生的规模效益又能大量节约办学经费成本，可量化的布局调整效果又迎合了上级对该项工作督促检查的标准要求，可谓一石三鸟。A 县教育局对布局调整前学校改造升级的增量投入测算表明：每所学校至少需要投入 500 万元，全县共需资金 9.2 亿元；而投资 4 亿元建设教育新城以及建设调整后保留的学校，不仅节约了近 5 亿元，农村中小学“六室一场”、“班班通”、标准化实验室等的覆盖率和实现水平上也在全省排名前列。然而，以撤并小规模学校为主导方式的农村学校布局调整同样需要县级财政支付一定的布局调整成本，比如扩容保留校、改善寄宿条件等。在县级财政能力非常薄弱的地区小规模学校大量存在并非县级决策者不愿意撤并，而是无力承受撤并后的学校改扩建负担。B 县学校布局密度较大、单位学校服务人口较少，面对省教育厅明确提出加大小规模学校撤并力度的要求，B 县教育局表示“心有余而力不足”，“一下子拿不出那么多的钱进行中心学校和寄宿学校的建设，只能分批来，一年搞一点”。在类似地区小规模学校仍将大量存在，但只能“自生自灭”地低水平生存。

地方教育决策者在制定具体工作方案时，通常会受到教育系统内外既有政策执行效果的影响，也有高层教育决策者的影响，信息错位导致“上有政策”对地方现实情况的针对性不足，而地方受实际限制不得不“下有对策”，这在布局调整政策的执行实践中有鲜明体现，农村小规模学校只能在政策的扭曲执行中被撤并或艰难生存。

三、地方的恢复、调整情况

2012 年 9 月，国务院办公厅发布《关于规范农村义务教育学校布局调整的意见》（以下简称《意见》），明确要求坚决禁止盲目撤并农村义务教育学校、科学制定农村义务教育学校布局规划、改变盲目追求“学校进城”的规划，按照“小学就近入学、初中以乡镇为中心适当集中”的概念，合理确定以县域内教学点、村小、中心小学、初中学校布局，以及寄宿制学校和非寄宿制学校的比例。与此同时，该项政策要求各地对于“已经撤并的学校或教学点，确有必要的由当地人民政府进行规划，按程序予以恢复”。新政出台前后，已有不少地方政府、社会组织等意识到盲目撤点并校带来的弊端，随着国家“叫停”盲目撤点并校以及《意见》的出台和逐步实施，解决农村撤点并校过程中的突出问题成为当务之急。各地相继开展了重新审视前阶段布局调整问题的反思和总结工作，并开始着手恢复和重建具有存在必要性和紧迫性的村小和教学点。根据恢复和建设农村小规模学校的主导力量的不同，我们将调研案例按照政府主导模式、社会组织介入模式和村民自发模式，对后撤点并校时代农村小规模学校的恢复和调整的情况进行总览。

（一）政府主导模式

《意见》出台后各地政府积极响应，开始“纠偏”行动。为解决“撤点并校”后农村学生上学远问题，各地政府采取了许多重要措施合理布局农村学校。政府主导的优势在于能够在较大的地域覆盖范围内、较短时间内解决农村小规模学校存续的问题。此外，政府因为拥有资源优势，因而在恢复和建设小规模学校的过程中，能在校园环境、教学条件、师资配备等方面提供相对有效的补充。在农村学校布局调整的进程中，一些地方政府根据当地实际因地制宜地进行改革实践探索，将学校布局调整带来的负面影响尽可能减少，较好地处理了就近入学和提升教育质量的矛盾。

1. 新疆维吾尔自治区

新疆于2012年年初开始恢复和振兴农牧区、边远地区小规模学校的行动。自治区教育厅于2012年2月发文，要求优化农村中小学校点布局，明确服务半径，控制办学规模。2012年3月，新疆维吾尔自治区下发了《关于进一步优化农村中小学校点布局的通知》（以下简称《通知》），对新疆地区农村中小学布局重新进行审视并调整，《通知》要求：“教学点的服务半径一般不超过3公里，小学低年级学生走读单程不超过30分钟，高年级学生走读单程不超过45分钟。”同时还提出，“办好农村较小规模学校，启动实施《自治区农村小规模学校‘十二五’建设规划》，结合农村义务教育薄弱学校改造计划，对保留的规模较小的学校和教学点加大经费投入和经费保障水平，改善办学条件，加强教学管理，使较小规模学校达到标准化学校的基本要求，保证教育教学质量”。目前，新疆各地正在根据实际情况积极恢复已经撤掉的教学点，同时加大农牧区教学点建设的投入力度，确保农牧区孩子能够就近入学。如新源县在2012年的布局调整中有3个教学点被撤掉，造成了部分农牧民孩子上下学不方便；2013年该县决定将已经撤并的3个农牧区教学点予以恢复；同时县财政为每个教学点投入50万元进行标准化建设，配备合格师资，确保这3个教学点的学生在家门口就能享受优质的教育资源。为改善边远农牧区学校教师长期紧缺的情况，2012年新疆还发布了《自治区为边远地区农村学校中小学定向招聘教师的实施意见》和《自治区关于解决已离岗农村代课教师问题的实施意见》，为在岗和离岗的代课教师待遇问题提供了解决之道。自治区使用人才储备编制，定向招聘农村在岗代课教师，对被招聘人员实施教学能力、学生和家长认可程度等因素进行综合考虑，将符合条件的农村在岗代课教师吸纳进正式教师队伍；此外，自治区还采取经济补偿、多渠道救助、纳入养老保险及城乡低保等措施，解决好已离岗农村代课教师的待遇问题。

2. 江苏省徐州市

2012 年年初，江苏省徐州市重新研究完善农村中小学布局规划调整方案，决定新建一批农村中小学，恢复部分被撤销的学校布点，并改善一批薄弱农村中小学的办学条件。进而，徐州启动农村中小学布局优化工程，逐步解决农村地区学校布局不合理、农村学生上学距离远的状况。徐州计划用 3 ~4 年时间、预计投入 19.5 亿元，新建、改扩建农村中小学 213 所，全面消除覆盖范围 5 公里以上的义务教学区，满足学生就近入学的需求。根据徐州市各县（市、区）报送的计划，2012 年该市预计投入约 5.7 亿元，新建和改扩建学校 121 所，已解决 12,987 名家校距离 5 公里以上学生的上学远问题。据了解，2012 年徐州市共投入 5 亿元恢复、新建 119 个教学点，1.3 万名农村学生实现了“就近入学”。除了新建、改扩建农村校点，徐州还大力发展农村公交，以方便学生上下学；同时还通过增设学校食宿设施、建设寄宿制学校的办法，从另一途径解决路途较远学生的上学问题。

睢宁县是徐州的一个县，睢宁县政府批拨经费 1,264 万元专项用于恢复农村 13 个小学教学点，以解决家校 5 公里以上 1,000 余名学生就近入学问题。恢复的 13 个教学点将新增小学教学班 44 个、幼儿班 23 个，新增校园面积 26 亩①、新建标准教室 93 个（总面积为 6,973 平方米，全部达 8 级抗震要求），同时启动围墙改造、地面硬化工程及操场、冲水厕所等附属设施的建设。另外，为确保农村学校师资力量，县政府出台系列政策，在偏远地区建教师公租房、安居房，给偏远地区工作的教师提供住房保障；选派优秀干部、教师赴国外及国内发达地区学习，财政补贴食宿费用；鼓励教师参加研究生培训学习；县财政为1,500 名教师配备电脑，人均补贴 1,000 元，等等。

3. 河南省灵宝市

河南省灵宝市在学校布局调整中注意处理好提高质量与方便学生就近入学的关系，因地制宜、实事求是地保留并办好必要的村小学和教学点。2008 年以来灵宝市累计投入 2.2 亿元完成了 105 所学校的扩建任务，其中 85% 的资金投向了山区。灵宝市下属阳店镇中心校纸窝教学点 2007 年被撤，该校位于峭山深处，不少低年级的家长不愿意让自己的孩子走 10 多公里的山路到镇上上学，所以仍然将其送到教学点。在多名低年级学生家长的坚持下，当地教育部门经调查和征求群众意见，决定将该教学点予以恢复，原有的教师继续留校任教，接收 10 多名学生，开设了复式班。2010 年 3 月，教育部门投入 30 万元异地新建校舍，目前，纸窝小学有二、五两个年级共 20 个学生，分别由两位老师“包班教学”。另

① 1 亩≈666.667 平方米。

外一所芋园小学原拟撤并，但当地群众不同意，市教育局经研究不仅未撤校，还投资了70多万元新建了学校。又如当地的两岔河小学，虽然只有28名学生，但教育部门在该小学的基础设施建设方面就投入了70万元，配备了6名教师。

4. 湖北省红安县

2010年，湖北省红安县政府将加强农村教学点建设列入八件实事之一，每年要新建或改建30所教学点。县教育局结合全县布局调整方案和各乡镇中心学校上报情况进行详细调研，确立了建设布点等工作。相关职能部门为教学点建设提供了土地划拨、质量监管等优惠政策；乡镇党委政府提供了良好的建设环境；村委会无偿提供所需土地，有些地方还做到了“三通一平”（通电、通水、通公路，场地平整），并切实协调好周边关系，保证了建设的有序推进。据悉，该县2010年共兴建农村教学点35所（其中新建6所、改扩建29所），投入资金379.9万元，平均每所学校建设费用为10.85万元，目前已全部完工投入使用。县教育局在恢复建设时充分考虑服务范围和生源，适当确立建设规模。同时，教育局尽力为教学点配备年轻教师，各教学点建了宿舍、厨房、厕所、浴室，安装了太阳能、自来水，购置了床铺、电视、电脑，绿化、美化了环境，教学点像一个偏远的小庄园，力求教师安于教学点工作。教学点建成后，红安县进行教学点管理模式改革，实行了“九年一贯制、校点一体化”，将教学点作为寄宿制完小的一个班或几个年级进行统一管理、统一分配教学任务、统一配备师资力量。中青年教师轮流任教，短缺学科教师实行走教，建立经费保障和教师激励机制，确保教学点的师资力量，提高教学点的办学水平。

5. 湖北省房县

2013年，湖北省房县教育局宣布恢复重建2005年停办的13个农村教学点，根据实际需要逐步对其他停办的部分村小学恢复办学。例如，房县中村和小裕教学点分别投入经费50万元用于教学点全面维修、购置桌椅等教学设备，保证春季按时开学。房县还对13个教学点进行了恢复，解放了189位陪读妈妈，338名学前班学生和小学低年级学生告别了长年寄读生活，每天可以回到父母或其他亲人身边。

6. 湖北省丹江口市

2012年5月28日，湖北省丹江口市教育局恢复已经撤并的财神庙村小学。该小学原有学生700多名，2007年“布局调整”后，该校学生全部集中在六里坪镇小学，导致镇小学学生突破1,800人大关，给学校教育教学、基础设施建设、学生管理等方面带来了前所未有的压力，学生安全隐患增大。为缓解六里坪镇小的招生压力，从学校合理布局和学生就近入学的实际需要，有效地遏制校园安全事件的发生，更好地推进义务教育均衡发展，教育局决定恢复财神庙村小学，2012年秋计划招生300多名学生。

7. 湖北省襄阳市

2007年，湖北省襄阳老河口市薛集镇徐营村教学点因为生源少被撤销，周边7个村的孩子只能到附近的秦集小学入学。随着近几年乡村教育受到关注，城市入学成本增大，一些家长开始把小孩送回老家，恢复村教学点的呼声越来越高，因此该学校于2012年秋恢复招生，该校目前招收了学前班和一、二年级的113个学生。老河口市除薛集镇徐营村教学点外，还恢复了孟楼镇曹坡村教学点，老河口市提出要根据规划在最近几年恢复2所小学和9个教学点。同时为确保教学点的教学质量，教育局出台政策措施加大城乡师资流动，为在乡村教学点任教与教师评优、职称评比等加分，且给予每个老师每个月500元补助等。

8. 陕西省榆林市

陕西省榆林市榆阳区牛家梁镇直到2011年8月才在上级部门的指示和要求下，对该镇范围内的农村学校进行调整，学校数量由原来的12所变为两所（一所九年制学校和一所明德小学）。一刀切的合并令全镇一千多名学生不得不离家住校，给学生、家长、老师带来了很多不便。撤并仅一年，教育部、国务院即叫停“撤点并校”，2012年8月该镇恢复了8个农村教学点。但由于时间仓促，该镇只是将一、二年级学生送回原校，重新恢复的学校由原来的村小变成了教学点，只有低年级和幼儿班。政府只是对教学点原来的校舍进行了简单修葺，每个教学点由一至两名老师负责学生所有课程，教学点的教师除正常工资外没有其他额外补贴。

（二）社会组织的介入模式

不少社会组织与地方政府合作开展了恢复和振兴农村小规模学校的有效尝试。社会组织介入的优势在于社会组织有一定的社会影响力，能为当地学校引入一定的教育资源，从而可避免因条件差、资源缺乏等撤并本应存在的小规模学校。社会组织还能够与地方政府沟通协调影响地方学校布局调整的相关政策。

1. 中国滋根乡村教育与发展促进会

中国滋根乡村教育与发展促进会（简称“滋根”）成立于1988年，一直致力于改善农村孩子上学环境及帮助山区贫困儿童健康成长。在滋根资助的多所贫困山区学校中，转角村小学较为典型。转角村位于陕西省吕梁山西麓且临近黄河，当地自然条件艰苦、经济环境恶劣，人民生活十分贫苦。2005年，滋根的工作人员经过辛苦跋涉来到转角村，被转角小学的拮据状况所震撼，又被村支书办学的努力和孩子们对读书的渴望所感动。滋根便开始对转角村小学进行资助，一直持续至今且收效良好。滋根对转角村小学进行的资助体现在多个方面：①修缮校舍。滋根和石楼县教体局合作拨款9万多元为该校兴建了四间漂亮的教室，维修了原有教室和学生住宿的危房。②增加老师。转角小学在滋根的帮助下增加了3名教师，重建了五年级，学生数量增加了一倍。③新建图书馆。滋根为转角小学、田家岔小学、毛坪小学等学校建立起图书馆（图书角），改善了这些乡村学校图书陈旧与缺乏的情况以及图书室开放不足等问题，为当地的孩子们提供了通过课外阅读开阔视野的机会。④改善村小师生营养状况。滋根根据实际情况为山村小学提供鸡蛋、蔬菜、干净的饮水等，如每天为转角小学等多个偏远的山村小学的师生每人一个鸡蛋。⑤助学金助梦山村学童。滋根向转角村小学等多个学校的贫困学童提供奖、助学金，帮助他们实现读书上学的梦想。滋根年报显示：用于学校教育项目的款项中，48.20%用在了助学金上，仅2010年受资助的学生人数就达2,672人之多。滋根的乡村教育行动，使本会被撤并的学校得以保留。

2. 香港乐施会

自2001年“集中资源办学政策”出台以来，乐施会在农村社区发展的工作中发现，集中资源办学政策在某些贫困地区被“一刀切”地执行，造成了新的辍学失学现象，给两基的实现和巩固带来了压力，使边远、弱势的少数民族群体更加边缘化。贵州晴隆县江兴社区是一个布依族村，该村距离中心校10公里，168名适龄儿童中有70%（116名）的人失学辍学。其中因为家庭困难失学、辍学的有61名，占失学、辍学儿童总数的53%；因为路远失学、辍学的有55名，占总数的47%。在青龙苗寨村校相距7公里，7～12岁的120名适龄儿童中有60%（72人）的人因学校距离较远辍学。为此，乐施会一方面与当地政府教育部门取得共识，援建了这两所学校，教育局也积极为学校配备了教师，次年当地孩子实现了就近入学，入学率达100%；另一方面积极寻找关注该问题的合作伙伴，通过在多省区同时开展调研工作，聆听各相关利益群体的声音，以了解这种影响是否具有普遍性，并寻找可能的解决办法。

2004—2011年，乐施会与地方政府合作对撤并校点的社区进行基础服务支持，探索解决山区学校的辐射能力受地理条件制约的办法，尝试以“一校多点”的模式兼顾中心地区与边远地区，既改善生源集中区的学校建设又采取补点的方式在边远山区建立教学网点，保证边缘区的适龄儿童能分享教育资源，同时推动政府对边远校点进行公共资源投入。除因灾救援的学校外，援建38所村校修建教学楼或学生食堂，其中：学生不足百人的村校有8所，占援建学校的21.05%；100～200人的为17所，占援建学校的44.74%；200～300人的为6所，占援建学校的15.79%；300～400人的为5所，占援建学校的13.16%；400～500人的为2所，占援建学校的5.26%。受益人群普遍反馈良好。

（三）村民自发模式

撤点并校使得学生上学路途变得遥远并由此增加了学生上学路途中的安全隐患。有的孩子因为上学太远不得不寄宿，这无形中增加了家长的负担，使他们不愿意接受村小被撤并的现实。他们有的向上级提出恢复诉求，有的干脆自发行动起来，自己出资修建学校、聘请代课教师。部分地方的自主恢复行为被媒体广泛报道，迫使地方政府不得不重新考虑村小的撤并事宜。

1. 黑龙江碱北小学的撤并与恢复

碱北村——长白山支脉老爷岭深处的一个偏远村庄，这里距离最近的县城约85公里，距离最近的镇17公里，地势偏远，四面环山，然而撤点并校的浪潮却并未被山峦阻隔。为整合教育资源，2006年朱家镇建立教育中心，各村的师生被分流到镇里，2007年村里的“完小”——碱北小学被撤并。在村民要求下，仍作为教学点留存，但是村里人还是习惯郑重其事地叫它“碱北小学”。一位被挽留的在编老教师，两名5年前被清退却被村民用每生每月100元学费劝留的“80后”代课教师，还有25个孩子，就是这里的主角。碱北小学被撤并后带来了一系列问题，首先是教育费用骤增，家长负担加重。虽然朱家镇小学免收学杂费，但一个孩子寄读的花费每月都在300元左右，不算寒暑假一年单单这项支出就要2400元左右。按照碱北村人的计算，这就相当于5亩地的玉米白种了。此外，由于担心学生年龄太小不会照顾自己，有的家长选择到学校附近租房陪读，因而又多了房租等费用，既耽误家里农活又加重了家庭负担，于是一些农民干脆劝孩子退学，在家务农或外出打工。其次是交通工具欠缺，安全隐患凸显。放学后当地孩子挤乘一辆18座的破旧中巴车回家，如同插玉米棒子般挤着。一辆18座的中巴车就是碱北村50多个孩子的“校车”，这样的“校车”穿梭山间，颠簸在坑坑洼洼的水泥路上，其中的交通安全隐患不容忽视。最后是决策不够民主，干群矛盾增多。一些地区不合理的布局调整所带来的农村学生求学困难与广大农民对子女教育的强烈愿望之间产生了矛盾，经济、生活负担的加重使这些地区的农民群众对农村中小学布局调整产生怀疑。碱北村村民为了让村里低年级的孩子少遭罪，家长们聚到一起商量，主动按照每个孩子每月100元的标准交学费给孙恩权小两口儿，让他们继续留在村里给孩子们上课。碱北村放弃免收学费的镇小学，用土办法留下了学校：宁肯每月交100元，把孩子放在村教学点上学。他们在用这种办法表达对撤点并校的不同意见。

碱北小学在经历撤并风波之后，又重新得以恢复，其中碱北村的村民在其中发挥着莫大的作用。首先，碱北小学的撤并给碱北村村民生活带来了一定的不便，撤并碱北小学没有降低农民负担反而造成农民教育经济负担的增加。其次，由于朱家镇经济发展水平一般，在为学生提供校车安全方面能力有限。简而言之，撤并碱北小学给地处大山深处的碱北村村民造成了经济与家庭双重负担，这为碱北小学的恢复提供了主观愿景。在碱北小学的恢复过程中，当地教师继续留校任教与当地政府为碱北小学提供校舍与取暖举措等为碱北小学的恢复提供了客观条件。碱北小学在村民的主观愿景与村民通过努力创造的客观条件的共同作用下得以恢复。

2. 山东聊城莘县西王庄小学的恢复重建

山东省莘县大王寨乡西王庄是个大村，约有 700 户共 2, 600 人。2005 年以前，西王庄小学是一所村级完全小学，200 多名学生，10 多名老师。该小学被撤并之后，村委会及村民之所以要恢复西王庄小学，主要是出于对路况、学生安全等方面考虑。村民们表示并校后每年都有学生受伤，大家都希望能把村小学复原。于是不断有村民去找村支书李丁聚，“想把孩子要回来”。在村委会的努力下，2008 年李丁聚四处筹资凑了 8 万元，盖了两排砖瓦房，正式从明德小学要回了一、二年级；同时还在村里聘请代课老师，每个月给 800 元工资，给孩子上课。从此时起，西王庄小学成了明德小学的“附小”，村里孩子在这里上到二年级或三年级，再到明德小学去接着上。2012 年村委会又贷款 12 万元，新建了一排砖瓦房，老师们有了办公室，学生们也搬进了更大更亮的教室。村委乃至村民想得很简单，当初村里是因为校舍条件问题才撤并学校的，现在我们就把学校建好，再要求教育局逐年恢复。“2012 年新建的教室就是为了先留下三年级学生，然后再逐步恢复高年级，最终恢复并校前的完全小学。”村支书李丁聚说。

西王庄村曾给莘县教育部门提交了一份《申请书》——恳请上级恢复村的完全小学，使孩子不出村就能上学，避免上学途中发生事故。莘县教育局有关人士表示，西王庄小学由于生源和校舍、师资等多方面不足，已经撤销完全小学，只保留一年级和二年级教学点。目前该校一年级共 41 名学生，二年级一个班 18 人，三年级 7 人；一、二年级已经分别配备一名教师，三年级由于不符合建立规定，无法为其配备教师，建议该年级学生转到明德小学上学。莘县教育局工作人员表示，小学建设和教学点的布点是经过全县统一规划，根据村落和人口规模以及校舍和师资力量等多方面综合因素决定的，无法根据个别小学未经审批自主建设而增加教师。如果重新恢复村小学，除了政策，还要考虑师资、校舍和学生等综合因素。目前该小学的师资不足，教学管理较差，课堂处于“托管式”。若要进一步恢复，难点不仅在于师资不足，更在于农村人口的外流。李书记估摸有三分之一的家庭青壮年外出打工了，近则聊城、济南，远则北京、上海。孩子则由爷爷奶奶带着，待孩子稍长，父母就带孩子去外地上学。村里有点“背景”的家庭，会将孩子送到20多公里外的县城去读书，有的家长还会在县城租房全职“陪读”。还有一些孩子，被家长送到了附近乡镇的中心小学。村里的孩子一年比一年少。

义务教育法明确规定小学生实行“就近入学”，但撤点并校政策推行之后，“就近入学”的法律意识很大程度上被“规模效益”的思维模式所取代。聊城莘县大王寨乡的西王庄村小学是一个过去因政策而撤、现在应群众要求恢复重建的典型案例。作为一所“被撤了一半”的村小，村民的意愿和撤并的力量，正恰如其分地拉扯着。也许从这所村小中可以窥见“撤点并校”的两难。这“两难”考验的是无数乡镇村庄的教育工作者和决策者。

3. 河北省保定涞源峨头教学点的恢复重建

涞源县位于河北省保定市西北部，涞源县大规模的合校并点近年来搞过三次，力度非常之大，超过了大多数平原县市。1998年小点（教学点）往大点合并；2005年大点向中心校合并；2009年有中学的将四、五、六年级并入，建立寄宿制学校，没有中学的大的教学点并入中心校。在涞源县城大规模合校并点后出现了另一种“繁荣”，几所中小学附近的房租价格高涨、私立学校火爆，与其他地方不同的是，这里上私立学校的孩子中以贫苦山民的孩子居多。上庄乡中心小学梁校长介绍，全乡现有小学（或教学点）6所。上庄乡总面积192平方公里，辖18个行政村共36个自然庄，这意味着绝大多数村庄的孩子不能就近入学。

峨头村教学点位于河北涞源县上庄乡峨头村。2009年9月峨头村教学点被撤并，12名学生在原峨头小学被撤并后遗留的教室读书。教学点撤并后，山民们自发聘请老师、筹集费用，建成了山村“私塾小学”。上庄乡峨头村村民认为这样有十几个学生的村庄，政府完全可以派一个老师来。如果有了公家的老师，还会有许多在外艰难求学的孩子会回来。“我们请的私塾老师教得不错，其实政府替我们支付她代课的工资，将学校纳入统一管理就可以了。”一位学生家长建议说。家长们介绍，教材是通过一个村里在上庄中心小学工作的人购买的，尽管国家规定教材是免费提供的，但他们的孩子因为没有学籍，依然要自己掏钱。

2009年10月13日，《燕赵都市报》以《山区小学撤并无奈催生私塾》为题，报道了涞源县“一刀切”式的教学网点大规模撤并给当地贫困孩子就学带来的一系列困难，引起社会广泛反响。涞源县高度重视并迅速做出整改决定：根据当地的实际情况，峨头“私塾”小学暂时恢复为公立教学点，为所有就学的一二年级学生办理学籍，退还此前村民为雇佣私塾教师支付的全部费用。涞源县教育局做出决定：暂时恢复峨头教学点，委派一名教师到该村任教，确保学生正常学习；现在峨头“私塾”教书的毕艳芬留任，担负幼儿园的课程，她的工资和此前村民自行出资雇用老师的费用由上庄中心小学负担，村民所出资金由上庄中心小学代为全部返还。

河北省涞源县是贫困的深山区，人口从农村向县城流动迅速，一些农村的年轻家长都选择在涞源县城买房居住，也会将孩子送进教学质量较好的县城学校就读。现在留在农村的大部分是空巢老人和无力在县城居住的家庭。涞源县很多乡镇的低年级学生在教学点就读，高年级的学生集中在中心校就读。这就需要各级政府加大对贫困住宿生的补贴额度，扩大补贴范围，保障所有的孩子都不会因为教学点调整而上不了学，对一些低年级学生比较集中、小学生走读或住宿有困难的村庄，小的教学点应当适当恢复和保留。在保留的同时，政府应加大对村小或教学点的支持力度，保障孩子们能够和城市孩子一样享受同等的受教育权利。

撤销容易恢复难，部分地区的教育主管部门对于中央叫停“撤点并校”以及对已撤并学校和教学点进行恢复的指导性政策持观望态度。对于像碱北村、西王庄村、涞源娥头村等这种群众自发的“复校”行动，如果没有政府的支持，虽能解一时之急，但前景不容乐观。这样的教学点办学条件差，现有师资水平低，勉强恢复的学校终将无法提升质量，村民们为了孩子的受教育问题不得不重新选择学校。

四、农村学校的资源配置

（一）农村小规模学校的资源供给方式

1. 中央和省级政府承担主要责任

根据我国义务教育管理体制，农村小规模学校所需的经费和师资资源供给责任由四级政府共同承担。2001 年《国务院关于基础教育改革与发展的决定》确立了“国务院领导下，由地方政府负责、分级管理、以县为主”的农村义务教育管理体制，要求进一步落实《中华人民共和国教师法》对中小学教师的管理权限，加强中小学教师编制管理。“以县为主”实质上是将对义务教育的投入责任以及重要人事管理责任由乡级政府移交给县级政府，经费主要由地方财政在中央核定的财力范围内自主安排，中央财政通过“以财力性转移支付制度为主，以专项转移支付制度为辅”的转移支付制度，履行支持义务教育事业发展的职能①。

2005 年国务院《关于深化农村义务教育经费保障机制改革的通知》和 2006

① 范先佐．构建“以省为主”的农村义务教育财政体制［J］．华中师范大学学报（人文社会科学版），2006（2）．

年修订后的《中华人民共和国义务教育法》进一步将义务教育经费保障责任上移，由省级人民政府负责统筹落实义务教育的经费投入，而中央和省级政府设立专项资金向农村学校直接补充教师的做法也全面铺开。需要说明的是，2009 年以后更多的省份成为“省直管县”改革试点，省、市、县三级地方政府间关系逐渐向省—县直通的行政关系转变，市一级政府在义务教育资源供给中的职责也越来越少地出现在上一级文件中。根据中央和省级文件规定，“以县为主”管理体制下，农村义务教育经费和师资供给责任在各级政府的分工如表 4 所示。

表 4　“以县为主”管理体制下各级政府教育经费和师资供给责任的分工

项目	中央	省级	县级
经费	制定学校的学生人均公用经费基本标准和义务教育经费保障的具体办法；规范财政转移支付制度；设立扶持农村地区、民族地区义务教育的专项资金；对中西部及东部部分地区农村中小学教师工资经费给予支持	负责统筹落实义务教育经费投入；在财政预算中将义务教育经费单列；定期对学校校舍安全进行检查、维修、改造；均衡各县财力，逐县核定并加大对财政困难县的转移支付力度，向财力薄弱地区进行工资性转移支付	编制预算；均衡安排义务教育经费；确保将上级人民政府的义务教育转移支付资金按照规定用于义务教育；湖北省非贫困县市财政按学生年平均不低于 15 元的标准给予公用经费补助
师资	建立义务教育教师资格制度、教师职务制度、教师聘任制度；推行城市教师、大学毕业生到农村支教制度；监测各地教师补充工作情况，作为教育质量评价的重要指标	掌握省内中小学教师编制需求情况，统筹协调、及时满足教师补充需求；统一组织教师公开招聘考试；指导、检查和监督各地中小学教师补充工作	严格按照教师资格申请条件和认定程序，认定义务教育教师资格，通过公开招聘补充教师；解决教师队伍结构性矛盾

注：本表主要依据《中华人民共和国义务教育法》《国务院关于基础教育改革与发展的决定》《国务院关于深化农村义务教育经费保障机制改革的通知》《教育部关于进一步做好中小学教师补充工作的通知》和《湖北省财政厅、省教育厅关于核定义务教育阶段中小学公用经费标准和生均公用经费财政拨款标准的通知》等文件整理而成。

2. 省级配置经费与师资的具体方式

“新机制”框架内，中央和地方各级政府的经费责任进一步细分，中央政府对东中西部农村义务教育经费的分担比例有所不同，而各省对本行政区域内义务教育经费的承担比例也有差异，如湖北省，具体情况见表 5。

表 5 湖北省农村义务教育经费保障机制关于经费责任分担的具体规定

1. 免学杂费补助资金，中央与地方的分担比例，比照实施西部大开发政策的 36 个县（市）为 8∶2，其他县（市、区）及带农村的市辖区分担比例为 6∶4。地方承担的免学杂费经费，全部由省级财政承担。 2. 向农村义务教育阶段学生免费提供国家课程教科书所需经费由中央财政承担，免费提供地方课程教科书所需资金由省财政承担。 3. 向农村义务教育阶段贫困寄宿生生活费补助资金由中央和地方按 5∶5 比例分担，地方财政应承担的部分，全部由省级财政承担。地方调高补助标准所需资金，由本级财政承担。 4. 农村义务教育阶段中小学公用经费补助资金由中央和地方共同承担，与免学杂费补助资金分担比例相同。由地方承担部分，比照实施西部大开发政策的 36 个县（市）和神农架林区，由省级财政承担；其他县（市、区），由省与县（市、区）按 5∶5 比例分担；带农村的市辖区，由省与市、区按 2∶5∶3 比例分担。 5. 农村义务教育阶段中小学校舍维修改造所需资金由中央与地方按 5∶5 比例分担。由地方承担部分，按公用经费补助资金分担比例执行。 6. 中央对中西部及东部部分地区农村中小学教师工资经费给予支持，省级人民政府对本行政区域内财力薄弱地区中小学教师工资进行转移支付
注：本表根据湖北省 2008 年 2 月下发的《省财政厅、省教育厅关于调整完善农村义务教育经费保障机制改革有关政策的通知》整理而成。

“新机制”实施以来，农村义务教育经费保障水平明显提高，中央和地方政府也加快了义务教育学校教师补充机制的创新步伐。2006 年以来，中央和地方政府为农村教师补充制定了专门办法。中央政府颁布的《农村义务教育阶段学校教师特设岗位计划》（以下简称“特岗计划”）和湖北省实施的《农村教师资助行动计划》，都是由中央或省级政府直接支付所招募教师的工资，通过合同管理方式赋以他们临时性编制，不占用各县市教师编制；而 2007 年发布的《国务院办公厅转发教育部等部门关于教育部直属师范大学师范生免费教育实施办法（试行）的通知》（以下简称“免费师范生”），以及 2010 年发布的《教育部直属师范大学免费师范毕业生就业实施办法》，要求省级政府统筹负责免费师范生就业的编制和经费保障。由中央和省级直接供给的师资指标逐年增加，仅 2006—2010 年发放的特岗教师指标已超过 30 万名，湖北省也已投放省级招录师资指标近 4 万名。

2009 年 3 月，教育部发布《关于进一步做好中小学教师补充工作的通知》，要求按照“总量调控、城乡统筹、结构调整、有增有减”的原则，适当考虑对特殊地区的增编因素，及时为中小学教师补充合格教师，重点做好农村中小学教师的补充工作，新任教师的补充实行公开招聘、凡进必考制度。2012 年 3 月，湖北省人民政府发布《省人民政府关于创新农村中小学教师队伍建设机制的意见》（简称《教师建设新机制》），提出“从 2012 年起，全省农村义务教育学校新进教师，实行全省统招统派、经费省级负担、县级教育行政部门负责管理、农村学校使用的补充新机制”。在两个个案县，通过接收支教生、特岗教师并在他们期满后考试录用而补充的新教师已经成为教师补充的主体。这再次表明，师资供给责任主要由省级政府承担。

（二）资源标准化配置与农村小规模学校独特需求的矛盾

小规模学校实际的资源获得与需求明显错位，表明资源供给标准与配置方式在设计上存在缺陷。统一的资源配置标准以满足大多数人的需求为出发点，必然会牺牲弱势群体、少数人的利益。由于供给者与使用者距离增加，标准形态学校的一般化需求成为供给标准的首要考量，学生数成为衡量一般化需求的核心指标。以物资资源配置为例，在生均标准下，学生数成为学校获得经费的唯一指标，不仅公用经费的核拨如此，农村中小学危房改造资金的转移支付额度也如此。在测算危房改造面积时，要求以校舍生均标准面积（小学 4.5 平方米，初中 6 平方米）计算标准校舍，然后根据使用年限、单位校舍改造成本等来确定资金数额。

教师编制分配也以学生数为主要参考。2001 年，中央编办、教育部、财政部发布《关于制定中小学教职工编制标准的意见》，要求按照学生数的一定比例核定中小学教职工编制。同年，湖北省出台《湖北省中小学机构编制管理暂行规定》，对中小学教职工编制标准并未区分城乡，基本取国家的平均值（见表 6）。这一标准也被上级政府用来监测、控制下一级行政区域内教师超缺编情况，只有教师数量整体缺编时才能获得上一级新招录教师指标。

表 6　中小学教职工编制与学生比

项目		初中	小学
全国	城市	1:13.5	1:19
	县镇	1:16	1:22
	农村	1:18	1:23
湖北省		1:16.8	1:21.6
注：国家标准中要求专业教师所占比例，初中一般不低于 85%、小学一般不低于 91%。			

过度加大学生数在资源配置中的权重，极容易导致小规模学校的资源匮乏。现有政策试图通过例外性规定改变这一局面，但效果甚微。比如，要求公用经费拨付时兼顾不同规模学校和教学点的需求，自 2010 年元月起实行“不足 100 人的学校按照 100 人标准拨付公用经费”；但这一政策对小规模学校的覆盖比例非常低。中央政策要求适当增加小规模学校的教师编制，如按照从严从紧的原则对教学点较多的地区适当增加编制；湖北省也要求对山区、湖区等偏远地区的小学“从实际出发，适当增配教职工编制”，但《教师建设新机制》文件中对教师编制仍然“根据教师自然减员数量和学生数变化情况……空编的情况统筹安排”，

这些规定只是将小规模学校现有教师超编予以合理化，而对小规模学校新教师补充并无任何实质改善。

资源供给层级提高以后资源保障方式的不合理，是小规模学校资源供需矛盾的源头所在。当前，农村师资以中央和省级的空降式补充为主要方式，不同县市、不同学校对教师的个性化需求在逐级向上汇总中被简化成一个单薄的数字，造成体育专业毕业生教语文、英语专业毕业生教数学等专业错位现象。事实上，空降到农村学校的教师职前培训过短，初期履职能力有限，缺乏固定编制又让他们感觉“前途未卜、心不安定”，实际供给效力有限，即使少数教师到小规模学校任教，所发挥的实质影响也不太明显。

专项转移支付手段在教育经费从高层向基层的拨付中更易获得供给者的青睐，它的针对性强，执行效率也高于一般性转移支付。“新机制”改革实施后，中央和省级政府通过加大专项转移支付规模成功提高了农村义务教育经费保障水平，但专项经费严格要求“专款专用”，导致一些农村学校里“厕所比教师住房漂亮”；而大部分要求地方配套的项目经费，在为较大规模学校锦上添花的同时，故意冷落了地处边缘的小规模学校。

五、对农村小规模学校发展政策的反思

检索 30 年来国家颁布的教育政策文本可以发现，农村小规模学校始终未能成为政策关注的重要对象。正如小规模学校的设点与布局，总是远离政府所在地、远离交通干线、远离闹市一样，在教育政策体系中小规模学校基本上是附着于其他的政策议题被“顺便提及”。扫描 10 多年来农村教育发展政策的文本可发现，这种“顺便提及”的状况也只存在于有限的几份文件中，大多数权威性甚强的教育政策中难觅小规模学校的身影。

已有以小规模学校为直接对象的政策文本正逐渐与农村学校政策序列对接，但无论从教育管理还是资源保障上，这种对接都还略显不足，促进小规模学校发展的政策不易“落地生根”。比如，“兼顾不同规模学校运转的实际情况，保证较小规模学校和教学点的基本需求”，“向规模较小、薄弱学校倾斜”等说法都很正确，但如何保证？如何倾斜？如何督导评价？因缺乏可操作性规定，这给一线执行者留下了过大的自主空间，也为地方政府行政裁量权的滥用和误用提供了可乘之机。

政策目标可反映问题的被识别、被重视程度。小规模学校相关政策重短期轻长远、重保留轻发展的一元化目标，固然与小规模学校政策尚未独立成为一个政策系列有关，也是小规模学校发展问题尚未被识别为政策领域“真问题”的表现。在农村教育发展的现实中，小规模学校在实践中已成为一个突出的真问题。从新一轮布局调整实施以来大众媒体对小规模学校相关问题的持续报道和不断升

温的关注来看，这一真问题显然没有因政策的顺带性提及而得到改善，将之纳入政策议程变为真正的政策问题已迫在眉睫。因为“要想成功地解决问题，就必须对正确的问题找到正确的答案。我们经历失败常常更多的是因为解决了错误的问题，而不是因为我们为正确的问题找到了错误的答案”①，而“应当解决正确的问题时，却解决了错误的问题”② 是政策最致命的错误。

公共政策的制定、执行到落实“是一个充满着连续不断的交易、谈判和政治互动的复杂过程”③，而政策的执行环节更是充斥着各利益主体的持续博弈，政策本身的质量因素、政策执行主体的因素、政策执行权力配置的因素、政策执行监督的影响以及社会关系网络④都有可能改变预设的政策效果，这通常被称为政策失真或政策的扭曲执行。尽管中央政策已叫停“一刀切”地撤并小规模学校，小规模学校的薄弱发展状态却未得到实质性的改变。倾斜性提供的公用经费难以到达小规模学校，这表明小规模学校政策存在着严重的被扭曲执行现象，政策组内部新老政策的不一致尚未被调和，大政策与小政策抵触。小规模学校相关政策处于教育政策的边缘地带，缺乏明晰性和系统性，政策执行主体的利益冲突以及权责利的纵向划分缺乏规范，使得原本狭窄的政策目标无法达成。

政策执行主体的因素是造成政策扭曲执行的关键。不同政策执行主体的利益冲突和博弈能力一定程度上决定了政策的执行效果。一定时间段内，保留小规模学校或给予其倾斜性资源配置必将削弱其他学校利益，这样的结果对县级教育行政部门这一最主要的执行主体来说，能否保护自己的最大利益并不明确。为了在执行小规模学校相关政策要求中谋取自己的利益最大化，地方政府通过重新定义、趋利避害的方式，在未明确规定的政策中找到灰色地带。比如，地方政府对上级政策文本中的“保留必要”、“倾斜投入”等重要话语进行再定义，软化原本并不强烈的政策约束力，为自己的行为找到合法性借口；又如，选择性执行政策要求，可为且可获益的就坚决贯彻执行，不符合自己利益的就敷衍塞责或置之不理。

政策执行所需的资源丰富且成本分担合理，则政策的有效执行较易出现；资源不足、成本过高或分担不合理，则政策执行效果将受影响。中央政府和省级政府近年来向下一级的教育财政转移支付出现“以奖代补”的新趋势，实现布局调整、师资补充、标准化办学等政策目标的成本先由下一级财政负责，任务完成

---

① ［美］Russel L. Ackoff. Reading the Future：A System Approach to Social Problem. New York：Willey，1974. 转引自陈庆云．公共政策分析［M］．北京：北京大学出版社，2006：93.

② ［美］威廉·N·邓恩．公共政策分析导论（第二版）［M］．北京：中国人民大学出版社，2002：197.

③ ［英］米切尔·黑尧．现代国家的政策过程［M］．赵成根，译．北京：中国青年出版社，2004：129.

④ 金太军，等．公共政策执行梗阻与消解［M］．广州：广东人民出版社，2005：170.

得好则获得经费奖励作为成本补偿，而不能按要求完成任务者将不能得到任何补偿。这种分担方式有助于避免经费投入中的挤出效应或“上进下退”，但对于财力缺乏的地方政府，政策执行的成本所带来的压力则过大。毋庸置疑，保留和建设小规模学校是一件花钱的事情，现有政策缺乏相应的经费保障与分担机制设计，在节约开支的动机驱动下，上层设计的小规模学校相关政策不易得到地方政府的认同和执行。

政策对于不同的人来说意味着不同的事物。不仅仅参与者和观察者具有不同的视角，处于各种位置的行动者也会以不同的方式看待相同的情景。[①] 政策又被视为对社会价值的权威性分配，公共政策的最终目标是推进构成“良好社会”的实质性价值[②]。实质性价值包括效率、公平、人的尊严，等等。对于义务教育政策来说，作为公平的正义应当成为其首要价值。[③] 在已有政策及外部环境各种力量的影响下，小规模学校发展状况及反映出来的实践问题，正是中国农村教育政策迫切需要解决的问题。这些问题也正反映了原有政策的解释力和包容力相对不足，需要在现有政策的基础上进行深刻变革。

① ［英］H·K·科尔巴奇. 政策［M］. 张毅，韩志明，译. 长春：吉林人民出版社，2005：5.

② ［美］戴维·L·韦默，等. 政策分析——理论与实践［M］. 戴星翼，等，译. 上海：上海译文出版社，2004：138.

③ 霍翠芳. 教育公平作为国家基本教育政策的意义解读——制度正义的视角［J］. 现代教育管理，2011（3）.

第3章　我国农村小规模学校的现状及困境

2012年，国务院下发了《关于规范农村义务教育学校布局调整的意见》，暂停进行了十余年的“撤点并校”工作，针对农村学校锐减问题予以调整。“撤点并校”的暂停，为农村偏远地区小学的恢复工作提供了政策支持。为了解我国农村小规模学校的现状，21世纪教育研究院开展了“百所村小”调研活动，对全国26个省、市、自治区的113所农村小学进行了调研。[①] 调研共收回82份调查问卷，80份调研报告，覆盖24个省区，82所小学，具体分布情况见图2。其中东部地区19所，占比23.2%；西部地区30所，占比36.6%；中部地区33所，占比40.2%。具体如图2所示。问卷部分的统计分析所用的软件为SPSS 17.0。

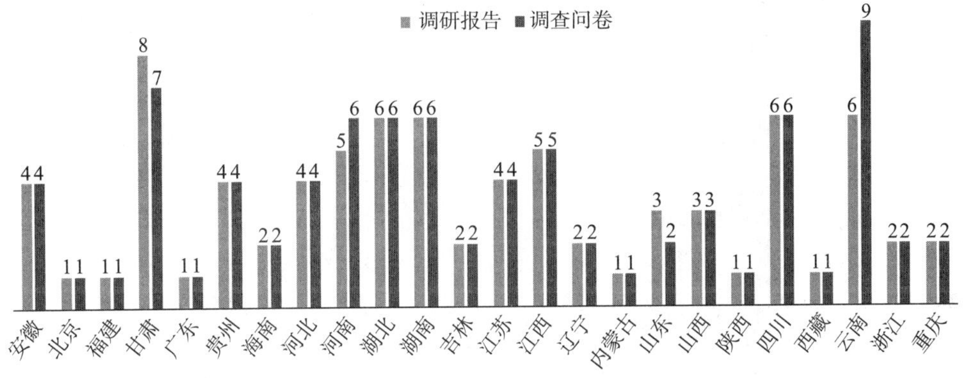

图2　全国农村小学调研省市分布

一、“百所村小”基本情况

调查显示，仅有26.8%的学校设有附属幼儿园，61%的学校设有学前班；85.4%的学校为非寄宿制学校，14.6%的学校为寄宿制学校；34.1%的学校曾被撤并过。统计显示，完小的比例为67.1%，只剩一个年级的小学占比为2.4%。

① 感谢阿什卡E基金、腾讯教育对本次调查活动的支持！感谢79位志愿者在本次调查中的辛苦劳动！

（一）学校基本情况

学校离乡镇及县城的距离。学校距离县城最近的为 1.5 公里，最远的为 239 公里，平均距离为 39 公里；学校距离乡镇最近的为 1 公里，最远的为 60 公里，平均距离为 10 公里。可见，就近入学基本上不太可能。即使在暂停撤并的背景下，学生仍面临上学远等问题。

学校学生规模。从学校人数规模来看，100 ~ 200 人规模的学校 27 所，占比 32.6%；100 人以下的学校 23 所，占比 28%；200 ~ 300 人规模的学校 11 所，占比 13.4%；这三项合计占比近 70%。10 人以下的极小规模校为 3 所，占比 3.7%，1,000 人以上的学校 2 所，占比 2.4%。具体如图 3 所示。农村教学点、村小的学生规模基本为 100 ~ 200 人，符合国际上对小规模学校的界定。

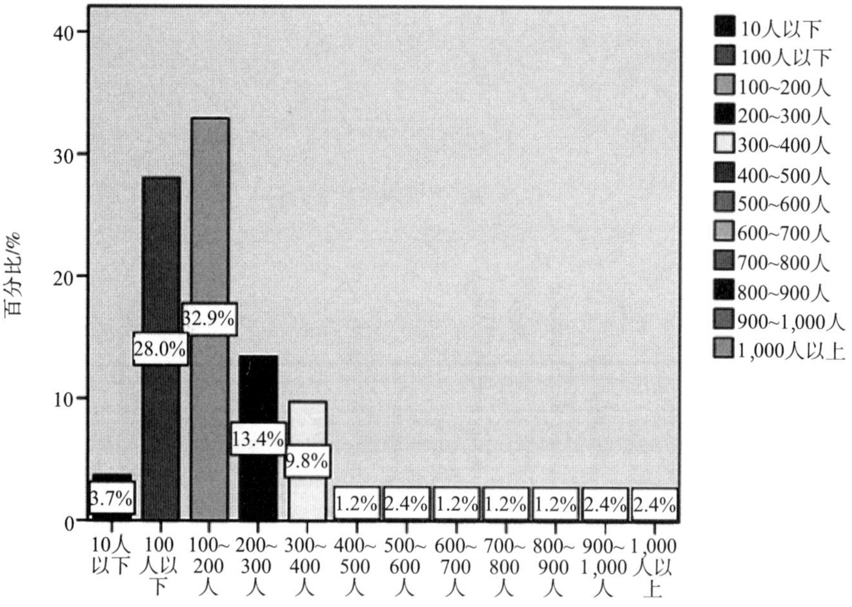

图 3　学校学生规模

学校硬件设施情况。第一，教学楼情况。调查显示，学校房屋间数少至 1 间，多至 182 间，均数为 23.4 间。学校建设情况：12.8% 的小学建于 1949—1976 年，17.9% 的小学建于 1977—1990 年，32.1% 的小学建于 1990—2000 年，16.7% 的小学建于 2001—2007 年，20.5% 的小学建于 2008 年以后。具体如图 4 所示。教学楼的安全情况：72% 的小学教学楼安全，22% 的小学教学楼不太安全，6% 的小学教学楼属于危房。教学楼条件：13.4% 的小学教学楼条件很差，19.5% 的小学教学楼条件较差，39.1% 的小学教学楼条件一般，28.0% 的小学教学楼条件较好。

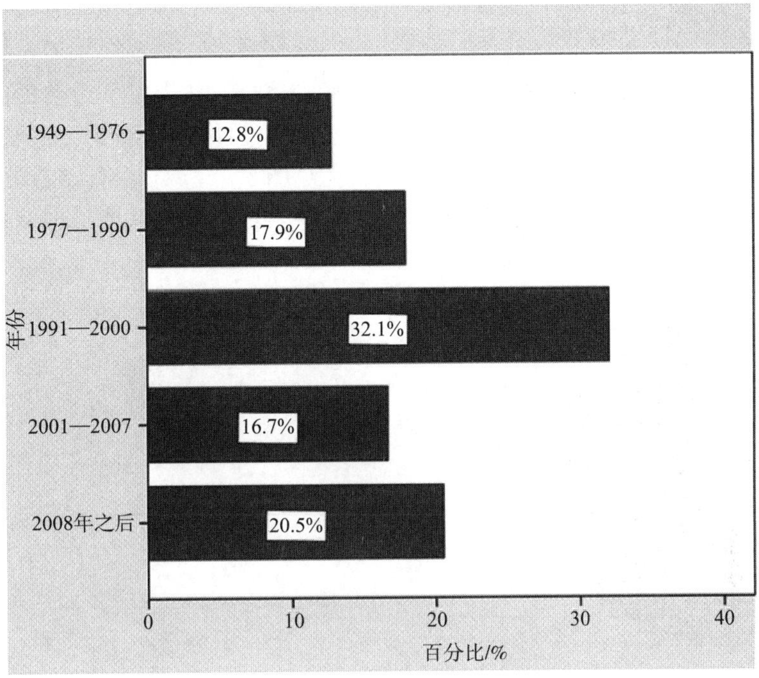

图 4　学校房屋建设年份

第二，运动设施情况。48. 8% 的小学没有运动场，31. 7% 的小学没有篮球架和乒乓球台。虽然农村孩子不乏体力劳动，但缺乏正规的体育设施和体育活动，远离现代体育运动的精神。

第三，图书室情况。本次调查发现，40% 的小学未设立图书室，其余 60% 设立图书室的小学，图书数量也不容乐观，更遑论图书能否让孩子们开卷有益、增长知识、提升素养。从农村学校图书室的藏书来看，基本上是不适合农村孩子阅读的，大都是一些其他行业的期刊，未经筛选，缺乏教育性。教师也没有这方面的意识，学生的精神资源是极其缺乏的。

第四，食堂情况。41. 5% 的小学有食堂，17% 的学校没有食堂，41. 5% 的小学学生走读，不需要食堂。农村小规模学校多半没有食堂，或者是教师自行搭建的简易食堂，缺乏一定的安全卫生条件。

第五，厕所情况。96. 3% 的小学有厕所，其中厕所设在教学楼内的比例只有 13. 8% 。农村小规模学校的厕所一般都是简易厕所，具有一定的危险性，尤其是对于低年龄段的小学生而言。

第六，其他硬件情况。43. 9% 的被调查小学没有投影仪等设备。虽然国家实施了农村远程教育工程、教育信息化覆盖工程，但是因为缺乏基本的硬件条件，缺乏相应的师资力量，即使有这些现代化的工具，也只是摆设。

（二）师资情况

79.3%的学校教师人数在20人以下，教师人数在10人以下的学校占总数的37.8%。此次调查中，有5所小学教师全部由代课教师组成，占比6.3%，50.0%的小学公办教师、代课教师兼有。具体见图5。

调查显示，有9所小学教师全部为男教师，占比11.1%；2所小学教师全部为女教师，占比2.5%。具体见图6。

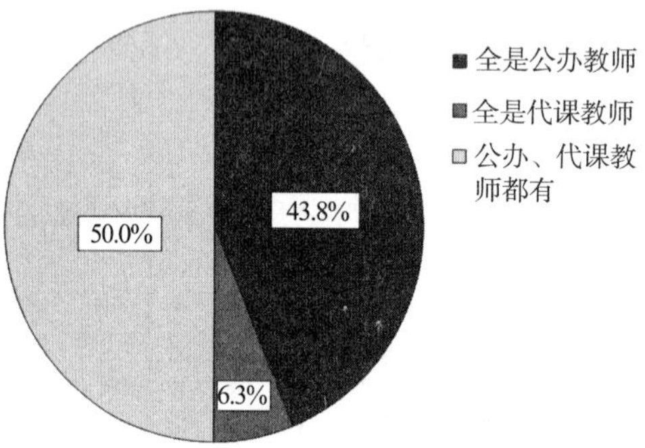

图5 公办、代课教师比例

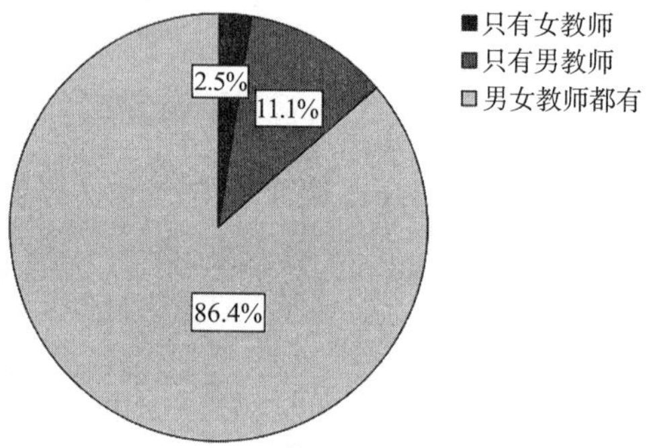

图6 教师性别比例

教师学历方面，高中学历以下教师占比5.4%，高中/中专学历的教师占比32.6%，大专学历的教师占比42%，本科学历的教师占比19.7%，硕士学历的教师占比0.3%。

教师年龄分布方面，有8.5%的学校没有46岁以下年龄段的教师，6.2%的学校55岁以上年龄段的教师占该校教师一半以及以上。

（三）课程开设及教学情况

45%的小学采用包班制方式教学，53.8%的小学采用科任制方式教学，1.2%的小学两种教学方式都会用到。具体如图7所示。

“英语、音乐、体育、美术、社会、科学”6门课程设置方面，64.6%的小学开设英语课程，72%的小学开设音乐课程，82.9%的小学开设体育课程，73.2%的小学开设美术课程，64.6%的小学开设社会课程，65.9%的小学开设科学课程。6门课程全部开齐的小学占比43.9%，不到一半，1门课程也没有开设的学校占比6.1%。具体如图8所示。

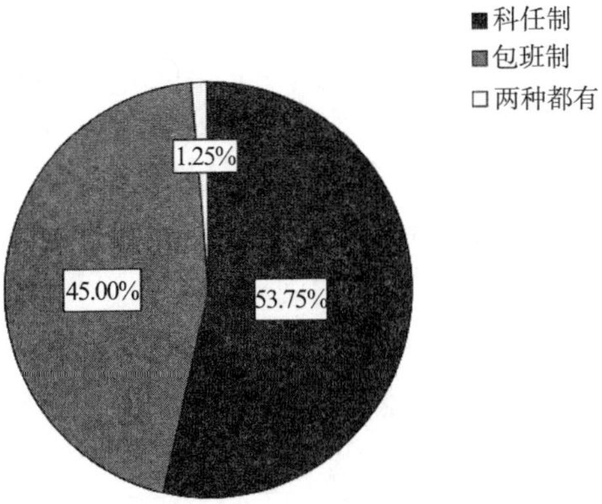

图 7　学校教学方式

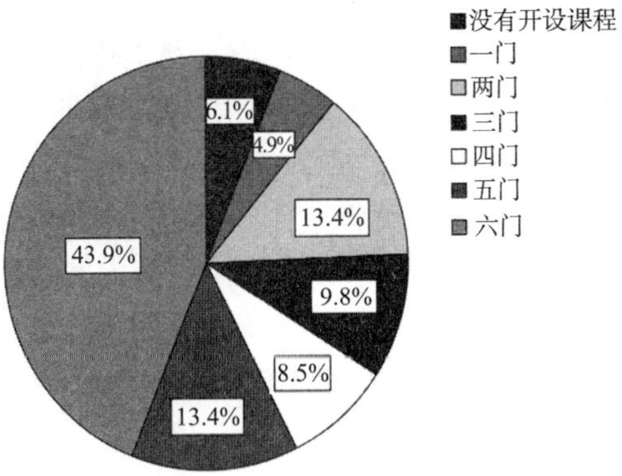

图 8　“音、体、美”等课程开设情况

（四）寄宿制学校情况

在 12 所寄宿制小学中，41.7% 的学校学生宿舍为平房，75% 的小学每间宿舍住 10 名以上学生，位于云南省昭通市的 JL① 希望小学甚至是 40 名学生共住一间宿舍。58.3% 的学生宿舍没有浴室，41.7% 的学生宿舍没有供应热水。学生选择住校的原因总结起来主要是：上学路程远；留守儿童无人照顾；追求较好的教学质量。

为解决学生寄宿问题，学校分配学生宿舍比较随意，一般直接按照年级分配。有的学校条件不允许，则是低年级和高年级的学生混住在一起，缺乏科学、人性的合理举措。由于寄宿制学校的宿管员编制不在学校编制之列，以至许多学校无法配备专职宿管，这些工作只能由任课教师和班主任兼任。一些学校的后勤人员、卫生保健员都是临时聘请的，这些都直接影响着服务质量。教师兼任管理人员，一方面给教师的教学工作带来了很大的负担，另一方面由于他们没有接受过相应培训，工作容易产生疏漏，容易导致住宿安全隐患问题。但是，“寄宿制学校如果配备专门的管理人员，这些管理人员的工资待遇问题就会随之出现。本来学校经费就比较紧张，这样反过来又增加了学校的经费负担。”（某中心校校长如此说）。这是学校在解决寄宿制管理方面面临的最大矛盾。

二、我国农村小规模学校发展的困境

（一）学校硬件设施建设有待改善

第一，教学楼、宿舍、食堂、运动设施建设不足。学校的校舍多建于 1990

① 出于研究伦理及保密的需要，本书对涉及的农村小规模学校做了简单处理，一律用大写字母缩写代表该校，特此说明。

年年末 2000 年年初，72% 的教学楼能够达到安全标准，但仍有 6% 的教学楼属于危房。另外，部分报告还提到学校校舍不足的情况，如：重庆市巫溪县凤凰镇 SJC 小学全校六个年级只有 10 间房间，还包括教师办公室，一间小图书室和学前班教室。还有一些学校面临取暖问题，山西省吕梁市文水县刘胡兰镇 ZC 小学除了多媒体设备缺乏外，传统的火炉供暖方式也亟待改善。另有 10 篇报告强调当地学校急需修葺。从地域分布上看，主要集中在中西部的河南、云南、贵州、西藏等地区。其中西藏自治区日喀则市吉隆镇 JL 完小还面临供电问题。图 9 和图 10 分别为贵州省铜仁市石阡县国荣乡 ZTZ 小学的校舍和河南省平顶山市郏县茨芭乡 SDC 小学的窗户。

图 9　贵州省铜仁市石阡县国荣乡 ZJZ 小学的校舍

图 10　河南省平顶山市郏县茨芭乡 SDC 小学的窗户

另外，撤点并校后，有些学生上学路程远，中午需要在学校吃饭，但学校没有食堂。如甘肃省临夏回族自治州东乡族自治县高山乡庙尔岭村 GS 小学没有供学生就餐的食堂，学生每天都是早晨上学时从家中带来干粮，中午食用。

运动设施极不完善。云南省昭通市镇雄县以勒乡 CMC 中心小学的操场上仅有一个篮球架，原本还有两张水泥乒乓球台，但由于修建教室已经拆掉了。与此类似，甘肃省庆阳市正宁县湫头乡 SFTC 小学的操场就是教学楼后面的空地，仅有两个篮球架。而安徽省安庆市宿松县陈汉乡罗汉宕村 HH 小学的操场（见图 11）没有任何体育设施。

第二，多媒体、图书配置缺乏且无人管理。被调查的小学中有 43.9% 的学校没有投影仪等设备，并且有些学校虽然拥有投影仪但无人会操作而弃之不用。如河北省张家口市康保县 BSC 小学有爱心企业捐赠的两台投影仪，但除了那些特岗教师和代课教师偶尔使用外，其他老师很少使用。电脑配置不足问题更为严重，被调研的学校中很少能开设计算机课程。图 12 为湖南省涟源市三甲乡铜盆村 TP 学校的多媒体教室。

图 11　安徽省安庆市宿松县陈汉乡
罗汉宕村 HH 小学的操场

图 12　湖南省涟源市三甲乡铜盆村 TP 学校的
多媒体教室

虽然被调查的小学有 60% 设立了图书室，但是大部分学校图书室开放不足。有些学校是由于图书量太少，如河南省南阳市南召县皇路店镇 LS 小学没有阅览室，只有图书柜，不多的书就放在图书柜里；有些学校则是因为无人管理，如河北省河间市沙洼乡 HGC 中心小学图书室里（见图 13）虽然三个柜子都装满了崭新的图书，却被锁着不能供学生阅读。图 14 为湖南省郴州市资兴市三都镇 SM 小学的图书室。

图 13　河北省河间市沙洼乡 HGC 中心小学的图书室

图 14　湖南省郴州市资兴市三都镇 SM 小学的图书室

（二）教育质量有待提高

第一，教学方式落后。云南省昭通市镇雄县以勒乡 CMC 中心小学的报告中提到，学校有 900 多名学生，却只有 30 名教师，采用包班制教学，教课方式依旧停留在几十年前，不用现代设备，不集体备课。还有一些学校缺乏配套的教学设施，教学工具非常落后。图 15 为吉林省长春市德惠市大房身镇 HYC 小学的教学用具。

图 15　吉林省长春市德惠市大房身镇 HYC 小学的教学用具

另外，虽然有些学校的教材采用新课程标准教材，但由于新课标的某些教学内容不符合当地实际情况，所以部分教学内容教授困难较大。比如，新课标中有老师带领学生看海，了解海水知识的授课内容，但 GS 小学地处甘肃的严重干旱缺水地区，学校所在地境内没有河流，看海这节内容根本没办法完成。

第二，教学水平较低。教学水平较低主要原因是教师学历不高、年轻教师缺乏以及教师知识老化、教学方式落后等原因。教师学历方面，高中学历以下教师占比 5.4%，高中/中专学历的教师占比 32.6%，大专学历的教师占比 42%，本科学历占比 19.7%，硕士学历的教师占比 0.3%。湖北省黄冈市浠水县清泉镇 GPC 小学的报告中提到，本校老师的年龄平均达到 50 岁。这种情况在所调研的学校中经常被提及。

第三，课程开设不齐。“英语、音乐、体育、美术、社会、科学”6 门课程设置方面，全部开齐的小学占比 43.9%，不到一半，1 门课程也没有开设的学校占比 6.1%。几乎所有的报告都会提及学校的音体美课程无法正常开设的问题，有些学校虽然开始了此类课程，但是由主课教师兼任，没有专业的教师，课程犹如虚设。这一问题主要是由于学校经费短缺、教师编制不足、城乡教育资源配置不平衡等原因所致。

第四，乡土课程缺乏。河北省张家口市康保县邓油坊镇 BSC 寄宿制小学的调研者在报告中说：“现在的小学生由于种种原因很小就被送到县城的小学就读，断了同乡土最密切的联系。在寄宿制学校就读的孩子放学后要么被接回家，要么被封闭式管理留在学校，和乡土接触不很密切。学校本身又没有乡土课程，何以延续乡土文化?”乡土教育的缺乏不仅仅是 BS 寄宿小学独有的问题，更是一个关于农村教育未来走向的大问题。农村学校培养出来的学生不喜欢农村、不了解农村，一味地往城市跑，几十年后的我们能否再憧憬那书声琅琅的乡村小学?

除了乡土文化的缺失，少数民族文化的传承也令人担忧。云南省德宏州潞西市 XS 乡是少数民族聚集地，但是这里的小学都是单一的汉语教学，学生（尤其是低年级学生）接受起来非常困难，很多人听不懂老师所表达的意思，逐渐也就失去了学习兴趣，厌学甚至逃学频繁出现。另外，由于过度重视学生的汉语学习，也导致景颇族传统文化教育弱化，使学生与自己的民族文化产生脱节，缺少对本民族传统的认可，走入社会后普遍缺乏自信。

第五，隐性失学与“读书无用”。虽然九年义务教育得到了普及，但由于农村学校的教学质量不高，留在村小读书的孩子基本上只是勉强读完了六年小学，便放弃了继续升学的机会，哪怕是义务教育包括的初中教育（比如，山西省长治市壶关县集店乡 XZC 小学）。也有很多学生因为老师和家长的疏忽和无力指导，逐渐荒废了学业，最后辍学谋生（比如，江苏省连云港市东海县牛山镇 XYC 小学）。河北、山西、吉林、湖南、甘肃等地的报告中都提到，由于当前一般高校毕业的大学生工资不及打工者的收入高，很多家长认为孩子十年寒窗学来的东西不仅无助于改变自身命运，而且白白拖累了家庭。可想而知，如果农村学校的教学质量不能得到教育主管部门的重视，农村教育长期处于政策制定的边缘位置，那么这些孩子步入社会时将会对自己的命运有怎样的解读，更重要的是社会能否收纳这些“脑袋空空”、“双手不沾泥土”、“自视甚高”的农村娃儿呢？

第六，农村小规模学校多元教育资源比较缺乏。目前，大部分城市学校的物质设备、实验条件都处于较高的水平，如城市中小学已普及电脑并开设了网络课程。而农村学校教师的办公条件简陋，教室设施缺乏，教师和学生宿舍简陋，师生的安全问题令人担忧。对于年轻教师的住宿问题，所调查的项目校中，虽然很多学校称会为教师提供住宿，但是办公室就是他们的宿舍。办公室承担着住宿与办公一体的职能。教师的状态是早上醒来便办公，晚上下班便休息。很多学校虽然已经有了电脑、多媒体等设施，但是数量很少，很多学校至今还没有网络接入，这样学生从小便无法接受系统的计算机培训，更无法享受先进的教学设施。同时，学校供学生拓展课外阅读的图书也非常有限，音乐、体育、美术等课程及相关活动也十分缺乏，而农村学校这些课程的具体实施往往是低于国家要求的节数的。其实，教学过程中最大的困难就是学生的阅读量少，学生掌握的课外知识少，知识面比较狭窄。在调查中，许多教师反映能够比较方便地得到教学参考书，但是资料并不全面，也只限于与学科相关的几本参考书，涉及面非常狭窄。这从另一个侧面反映了农村学校在多元教育资源提供方面需要进一步改善。

（三）师资队伍亟待强化

第一，教师配置不足。音、体、美教师缺乏，学校的课程无法开设齐全，这一问题普遍存在于全国范围的农村小学，调研涉及的 24 个省（市）都有提及。另外，农村学校的学生较少，根据国家师生比 1∶24 的要求配置老师远远达不到实际的需求。如甘肃省兰州市榆中县夏官营镇 GJYC 小学拥有学生 108 人（包括学前班 28 人）、教师 11 人。11 名老师需要兼任好几个年级的不同课程，这些老师平时不光教书，还负责学校的一些后勤工作，如桌椅的修补和营养餐的制作以及在学校轮流值班等。

教师配置不足主要是由于条件艰苦和交通不便，难以吸引优秀教师。如云南省丽江市宁蒗彝族自治县拉伯乡拉伯村 XZC 完小，虽然每年教育局都会调派新的教师前来任教，但教师人数从未超过 5 人，大部分的教师来任教 3 个月以后，都会想办法调离，或直接辞职，任教一年以上的教师只有两名。

第二，教师老龄化严重。教师老龄化严重影响了教学质量，年龄较大的老师不会使用多媒体、电脑等设备，也很难接受最新近的知识。这一问题普遍存在于河北、江西、湖北、湖南、海南、云南、陕西、甘肃等地的学校。陕西省铜川市王益区黄堡镇 ZJC 小学是教师老龄化的典型代表，学校的教师仅有 3 名，2 人在 46 ~ 55 岁，1 人在 55 岁以上。河北省张家口市康保县邓油坊镇 BSC 寄宿制小学的报告中说，教师老龄化现象严重，55岁以上有8人，占到了教师人数的44%；加上46~56这个年龄段的人数，占到了教师人数的61%。

第三，教师学历低、教学水平差。除了配置不足、老龄化问题之外，教师学历不高、教学水平差也是影响学校教学质量的重要因素。重庆、江苏、安徽、海南、四川、贵州、甘肃等地的调研报告都反映了这类情况。

第四，教师工资待遇低。农村学校的教师工资待遇较低是教师流失的主要原因，绩效工资并未给教师生活带来多大提高，而且真正实施的学校并不多。通过重庆、河北、河南、湖南、广东、贵州、云南等地的调研报告发现，教师的工资一般为2,000~3,000元，有些地区的教师需要做兼职以补贴家用。大部分教师的生活费是其每月的主要开销，平均月支出922.47元；此外，251人需负担子女教育，218人需赡养父母，需分别平均支出794.10元和439.50元；201人有人情往来需要，每月支出约510.35元；153人每月医疗约支出251.86元；137人需负担住房开支，每月约1,106.34元；120人有文化娱乐开支，每月约151.83元。可见贫困地区基础教育教师每月需支出的项目较多，且数额不低，相较于他们的月工资收入，每月能有的节余也较少（表7）。

表7　教师主要支出

项目	有此开销人数/人	平均值/元
住房	137	1,106.34
生活	368	922.47
子女	251	794.10
父母	218	439.50
人情	201	510.35
医疗	153	251.86
文娱	120	151.83

第五，教师培训机会少。由于农村学校普遍存在资金不足的问题，所以很少学校能提供教师培训机会。部分提供教师培训的学校，其教师反映也并不理想。安徽省六安市金安区马头镇CTC小学的调研报告反映，农村教师习惯于运用传统教学模式，虽然部分教师参加了培训，但是由于受自身素质和群体环境的影响，不能较好地将培训所得运用到教学中。河南省洛阳市汝阳县刘店镇HLC小学所属县教育局虽然每年都会组织两次教师培训，但教师反映学不到自己想要的东西。

网络、交流/培训和教参/杂志都是教师常用的教学资源，因此本研究对农村小规模学校教师使用上述资源的情况进行了统计分析。在培训/交流，教参/杂志和上网三种可获取专业资源的渠道中，培训/交流是提及率最高的，有97.78%的被调研教师表示曾经通过此种方式获得有效的专业资源；而网络资源的获得是提及率最低的，有58.09%的被调研教师表示自己曾经使用网络查找专业资源或教学资料。这种现象的产生一方面说明了教师专业培训/交流等教师培训机制在大部分贫困地区落到了实处，另一方面也说明了在我国的农村贫困地区科技尚不发达，教师使用网络获取最新教学资源的机会仍然比较少，远程教育网络的覆盖力度尚显薄弱，教育资源在优质校和薄弱校之间的共享程度仍有待提高（图 16）。

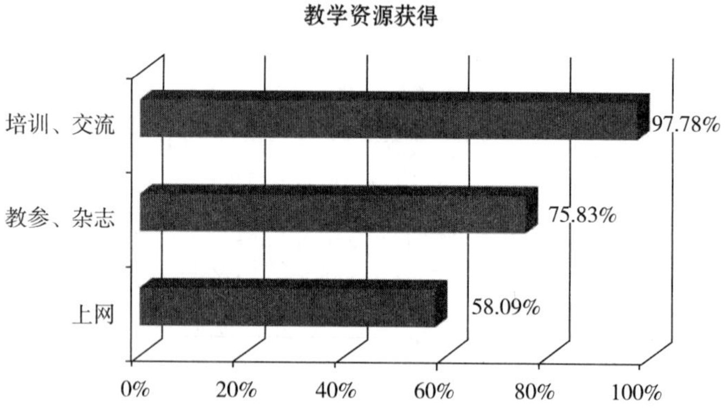

图 16　教育资源获得情况分析

第六，代课教师、特岗教师、支教教师问题。虽然国家不允许招聘代课教师，但是对于缺乏经费又亟需教师的农村小学来说，代课教师依旧会长时间存在。代课教师面临的最大问题是没有编制，这使代课教师工资很低，有时甚至无法按时发放。这一情况在河北、山西、江西、贵州、甘肃等地的调研中都有存在。甘肃省临夏回族自治州东乡族自治县高山乡庙尔岭村 GS 小学有 6 名在编教师、6 名招聘教师，学校教师工资实行绩效工资制，小学高级教师月工资 4,000 元左右，而招聘老师平均月工资仅有 780 元。

2006 年国家开始实行特岗教师政策，这一政策为农村学校输送了大量高学历人才，但也出现了一些问题。河南省淮滨县台头乡 DYC 小学现在一共有 15 名教师，其中 5 人为特岗教师。这 5 位特岗教师中，有两名是本科学历，三名是专科学历。特岗教师初来时，教师们都特别高兴，毕竟是高学历，知识丰富、见多识广、年轻有活力。可是随后发现，这些特岗教师们不愿意在这所小学待着，都往 CG 学校调动，于是就形成了每年来每年走，一年一茬人的情况。而且在任职期间，特岗教师们都在县城或在自己亲戚朋友家住宿。这导致他们上起课来有头无尾，经常是上午上课，下午就回去了。

此外，公益组织的支教服务虽然在一定程度上缓解了农村专业教师不足的困境，但也存在一些问题。湖南省怀化市通道侗族自治县独坡乡 SYC 完小的两名本科学历教师是公益组织“我们的自由天空”所派支教老师，支教老师以一个学期为最短教学时间，实行接力支教的模式，即每个学期都会换一批新的支教老师。支教老师缓解了当地学校教师紧缺、缺少英语教师的问题，并将大量的社会爱心力量引入村校，同时在一定程度上开阔了学生的视野。但支教教师对学生往往付出大量的情感关怀，却无法保证长期持续性，这不可避免会给部分学生造成一定心理创伤，同时会使部分学生将当地教师与支教教师做比较，而对当地教师产生不满情绪。

（四）学校管理亟须完善

1. 安全隐患令人担忧

学校面临的安全隐患问题主要包括建筑施工、交通、食品等方面。由于城镇化建设，各地大兴土木，建筑施工加大了学校的安全隐患。山西、湖北、四川、云南等地的调研报告中都表述过此类担忧。根据调研报告，我们将农村小规模学校的校园安全问题概括为以下六个方面。

（1）交通安全缺乏保障。农村学生的交通安全问题既包括走读生每天上下学安全，也包括住宿生每周/月往返学校和家里的交通安全。对于走读生来说，他们的家庭住址和学校距离并不会太远，所以家庭和学校都没有安排专人接送和引领他们上下学。同时，由于小学生年纪比较小，安全意识和自控能力都比较差，因此比较容易发生交通安全问题。而对于寄宿生来说，由于大部分学校都缺少专用校车，很多无证驾驶的简易农用工具便成了定期接送学生往返家校之间的主要交通工具。这种“违规校车”为寄宿生的上下学交通安全埋下了巨大的隐患，一旦发生事故，后果就不堪设想。

（2）周边环境对校园安全的影响。如学生财物的被盗失窃、不良网吧和游戏厅的引诱、社会闲杂人员的干扰、校外小商小贩兜售不卫生食品等，均会造成学生人身、财产方面的安全隐患。同时，还有一些学校近邻建筑工地，学生活动区同施工区域之间没有任何区分的标志，一旦学生误入就可能会产生非常严重的安全事故。图 17 为湖北省恩施市利川市汪营镇 SJQC 小学旁边的施工工地。

（3）学生间的矛盾冲突。现在，大多数学校推行的素质教育不允许学校或教师对学生进行严厉批评和惩罚等，但是这并不是落实素质教育的有效手段。在农村学校中仍有一些学生素质很低，并且受到社会习气的沾染，在学校中斗殴、打群架、欺负低年级同学，非常难以管理，不仅扰乱了正常的教学秩序，也威胁着其他学生的安全。

（4）学校危房仍在农村学校尤其是村小/教学点一定程度地存在。在被调研的贫困地区学校中，尤其是在中西部贫困农村学校中仍存在大量的“普九”时期建造的校舍。这些校舍大多是 20 世纪八九十年代建造的，在近 30 年的使用中很少或没有进行过翻新和维护，存在大量屋顶漏雨、墙体倾斜、门窗不全等问题。然而，由于各地方财政能力有限，迟迟未能将校舍翻修工作提上日程，很多学生仍在危房中学习。

（5）农村伪劣垃圾食品泛滥，极易产生食品安全问题。在落后地区的很多学校，学生食堂管理混乱、卫生监督不力，学生集体中毒事件频发。这在很大程度上严重危害着农村学生的健康与成长。

（6）农村学校尤其是村小/教学点缺乏安全教育。在被调研的农村学校中，极少有学校配备专用的防火设施，也没有学校对学生进行防火、防灾等方面的安全教育，因此一旦发生火情，必将造成巨大的损失。湖北省随州市随县吴山镇TWDC中心小学近几年常常发生小学生暑假私自下河游泳溺水死亡的事件，这主要由于该小学的学生多为留守儿童，缺乏家长照看。甘肃省临夏回族自治州东乡族自治县高山乡庙尔岭村GS小学位于锁达公路旁，锁达公路为车辆出入的唯一通道，而学生往返学校均在公路边行走，因而存在较大安全隐患。甘肃省天水市麦积区伯阳镇NJ小学在2012年曾出现媒体未曝光的学生集体食物中毒事件，导致学校100多个学生出现头晕、呕吐现象，虽然并没有造成特别严重的后果，但是却反映出免费早餐存在食品安全隐患。图18为湖南省怀化市通道侗族自治县独坡乡SYC完小的食堂。

图17　湖北省恩施市利川市汪营镇SJQC小学旁边的施工工地

图18　湖南省怀化市通道侗族自治县独坡乡SYC完小的食堂

2. 乱收费引发不满

国家虽然已经实行义务教育阶段“两免一补”政策，但是有些地方的学校并未严格执行。如云南省昆明市呈贡县下可乐村CGLX小学要求1～4年级每个学生每学期缴纳950元，5～6年级每个学生每学期缴纳1,000元。湖南省耒阳市导子乡DZC小学由于学区规定要为学生预订教辅资料和购买保险，因此每个学生每学期需要交上200元左右的学杂费，这使学校与村民之间存在误会，村民习惯性地认为学校是在“乱收费”。

（五）其他问题

上学远、路上不安全的问题在西部地区、中部山区尤为严重，对重庆、江西、湖北、四川、贵州、云南、西藏、陕西、甘肃等地学校的调研报告中都会涉及这个问题。云南省丽江市宁蒗彝族自治县拉伯乡拉伯村 XZC 完小招收的学生中最远住在大水村，从大水村到学校需要步行一天的山路。据居住在 DS 村的学生介绍，他们每天早晨 4 点从家中出发，需翻过两座大山，渡过一条河，傍晚 6 点左右可以到达学校。这段山路很长且很危险，所以学校为学生提供住宿，男、女生宿舍各一间。甘肃省正宁校车事件发生以后，政府和教育局叫停了所有的不正规校车以及学校小食堂，但是没有采取任何措施来解决学生上学路途遥远的困难。甘肃省天水市麦积区伯阳镇 MXC 小学合并了 MWC 小学，那里的学生现在需要每天早上步行 8 公里去 MX 小学上学，这些孩子中最大的年龄 13 岁，最小的才 6 岁。图 19、图 20 分别为四川省宜宾市兴文县大河苗族乡 DGC 小学和甘肃省白银市会宁县丁沟乡李家窑社 LJY 小学学生们上下学的道路。

不少学校以提供住宿的方式来解决学生上学远、路上不安全的问题。然而调研涉及的 12 所寄宿制学校寄宿条件亟须改善。其中，75% 的学校宿舍不足，这些学校每间宿舍住 10 名以上的学生，云南省昭通市的 JL 希望小学甚至是 40 名学生共住一间宿舍；58. 3% 的学校学生宿舍没有浴室；41. 7% 的学校学生宿舍没有供应热水。图 21 为湖北省孝感市大悟县宣化镇 CYC 小学的女生宿舍，图 22 为云南省丽江市宁蒗彝族自治县拉伯乡拉伯村 XZC 完小的男生宿舍。

图 19　四川省宜宾市兴文县大河苗族乡 DGC 小学孩子们的上学路

图 20　甘肃省白银市会宁县丁沟乡李家窑社 LJY 小学学生走在放学的路上

图 21　湖北省孝感市大悟县宣化镇 CYC 小学的女生宿舍

图 22　云南省丽江市宁蒗彝族自治县拉伯乡拉伯村 XZC 完小的男生宿舍

寄宿制学校的实施及父母外出打工，使农村留守儿童的问题特别突出。河北省邯郸市峰峰矿区 WKC 小学的调研报告显示，该校多数孩子都是与爷爷奶奶一辈的亲人留守在家，因为爷爷奶奶没有充足的时间和精力看管孩子，所以经常出现家长看管不严的现象，有时甚至会发生恶性事件。这需要我们加大对未成年人人格养成、心理健康、职业素养和社会公德等方面的教育力度。调研发现，最严重的留守儿童问题发生在云南省德宏州潞西市西山乡 YP 村。这里处于滇缅边境，毒品流入严重，很多孩子因父亲吸毒母亲离家出走而与爷爷奶奶生活在一起，由于缺乏看管很容易就沾染上毒品。图 23 为湖南省怀化市通道侗族自治县独坡乡 SY 村留守儿童在网吧玩游戏。

图 23　湖南省怀化市通道侗族自治县独坡乡 SY 村留守儿童在网吧玩游戏

第 4 章　改善农村小规模学校办学条件的实践探索

实行学校布局调整的十年中，很多农村小规模学校因为得不到足够的关注而自生自灭。伴随着农村学校的消失，出现了新的“上学难”、“上学贵”，并且校车安全、寄宿安全、食品安全问题频频出现，危害着农村学生的身体健康。在偏远地区尤其是山区，道路崎岖不平，遇到灾害天气还有山洪、泥石流等突发情况，造成了部分孩子辍学。《义务教育法》明确规定适龄儿童必须免试就近入学，这些地方小规模学校的保留和重建，是依法保障农村适龄儿童接受义务教育的前提和基础。然而在后撤点并校时代，农村小规模学校的情况不容乐观，很多学校长期处在不具备基本办学条件、依靠微薄经费勉强维持运营的状态，如果按照全国通用的中小学办学标准衡量，大多数村小学和教学点“不达标”。由于没有专项政策和配套资金，地方政府也无法对这些学校做“达标”的强制要求，而这些学校因其存在的必要性，又不能被撤并，于是就成为政府和村民共同的“鸡肋”，在这些学校求学的孩子也无法享受到公平的教育。2014 年年初，教育部发布了《国家教育督导报告——2013 年义务教育均衡发展督导评估》，报告指出，农村义务教育学校硬件条件和办学水平整体上落后于城市学校，一些小规模学校、村小和教学点的基本办学条件亟待改善。

所谓“公平”，并非指农村学校的条件必须和城市学校的一模一样，而是应使农村学校，特别是村小和教学点这些小规模学校达到基本的办学标准，达到保证义务教育公平的底线标准。达到这个标准意味着农村孩子不仅有学上，而且能够接受语、数、外、音、体、美等各项课程教育，能够生活在饮食、住宿达到安全健康标准的学校。这些诉求已获得一些地方政府、农村社区、社会团体的重视，在有决心恢复和保留村小学和教学点的地方，小规模学校的恢复和重建获得了各方力量的支持，在改善农村小规模学校办学条件方面，涌现出了一批具有实践价值的典型案例。

一、依托各项工程，将资源向边远薄弱学校倾斜

2013 年 12 月 31 日，教育部、国家发改委、财政部共同发布《关于全面改善贫困地区义务教育薄弱学校基本办学条件的意见》，要求“以中西部农村贫困地

区为主，兼顾东部部分困难地区；以集中连片特困地区为主，兼顾其他国家扶贫开发工作重点地区、民族地区、边境地区等贫困地区。经过 3 ~5 年的努力，使贫困地区农村义务教育学校教室、桌椅、图书、实验仪器、运动场等教学设施满足基本教学需要；学校宿舍、床位、厕所、食堂（伙房）、饮水等生活设施满足基本生活需要”。并且指出，需要“由省级人民政府统筹使用中央、省级财政投入资金，根据省域内改善薄弱学校基本办学条件的任务和完成时限等因素合理分配；地市和县级人民政府以校为单位制定年度工作目标和分步实施计划，确保按期完成任务”。早在此项政策出台之前，中央和地方政府为改善农村教育落后现状，已经依托各项工程，如中小学校舍安全工程、中小学校舍维修改造工程等，对农村学校办学条件做了一些改善工作，在一定程度上满足了边远地区薄弱学校的需求。

1. 山西省晋中市

在义务教育学校标准化建设过程中，山西省晋中市发挥了实现联手合作的优势。2006 年晋中市提出建设 1,000 所义务教育标准化学校的“千校达标”工程，在市域内开展了“标准化建设系列配套年”活动，由市县政府配套建设资金、市财政每年拨付专项经费 2,000 万元，通过“以奖代补”方式调动县级财政配套资金，每年搞 1 ~2 个重点项目。晋中市在此情境中，实施了标准化运动场建设年、图书仪器配备年、寄宿制学校暖气安装年、课桌凳更新年、食堂厕所改造年、音体美器材补充年、农村远程教育工程装备年、教育信息化攻坚年、多媒体班班通建设年等系列活动。市县联手年年有项目、年年有重点，采取大招标、统一采购、统一配备的办法，既节省了资金保证了配备标准，又加速了义务教育学校标准化建设进程。截至 2011 年，全市近三年用于校舍标准化建设的资金达 31 亿元，近五年用于标准化和信息化建设的资金达 6 亿多元，是晋中有史以来学校建设力度最大、标准最高、质量最好的一个时期，农村中小学基础设施落后的面貌得到了根本改善。全市 10 个县（区、市）通过了山西省以县为单位的标准化验收。由于县政府参与政策实施保证了可以精确了解该地需求，而市政府进行统一采购和配备既节省了资金又保证了标准，这种市县两级分工合作的方式有力保证了标准化建设的质量和效率。

2. 山西省朔州市

农村寄宿制学校是应对撤点并校后造成上学远问题的有效方案，但是寄宿制学校建设的相关经验较少，无形中造成了学生流失。山西朔州市大力建设新型农村寄宿制学校，通过统一化配置学校设施对农村寄宿制学校标准化建设进行了探索。为解决农村孩子被“逼”进城读书带来的一系列问题，2005 年以来朔州市着力建设新型农村寄宿制学校，全市新建、改建高标准寄宿制学校 232 所，财政专项投入达 8.2 亿元；工程覆盖师资力量、校舍安全、生活补助、学生营养餐、校车等各方面。在山西省朔州市高石庄乡寄宿制学校，村里娃有着可与许多城里娃媲美的教学条件：每间教室都有电视机、影碟机，三餐均按营养食谱搭配，还有微机室、实验室、图书室、多媒体远程教育室等功能齐全的各类专业教学场所。朔州市每个乡镇有一所设施类似的寄宿制初中，每个中心村有一所高标准寄宿制小学，城乡教育均衡发展在这里迈出了新的步伐。朔州市各学校还建立和完善了学校卫生工作制度、健全了学生健康档案、建设了学校医疗室，生活教师与学生同吃、同住，每周安排学生定时洗澡，定时清洗衣服、被褥，实行保姆式服务。高标准寄宿制学校吸引了学生回流，许多学生返回农村上学，如 2008 年返乡上学人数达 468 人、2009 年达 680 人。

3. 湖北省黄梅县

2012 年国务院《关于规范农村义务教育学校布局调整的意见》结束了长达十年之久的撤点并校政策，一些县级政府开始更加科学地进行学校撤并和重建工作。在资源有效整合和布局合理调整基础之上，湖北省黄梅县统筹资金投入，对永久性完小进行标准化建设，实现了“两个基本”的建设目标：中小学基本建成了各种功能室，基本实现“班班通”。从 2009 年开始，黄梅县统筹资金投入，有关部门用时三年对全县中小学校有安全隐患的校舍进行抗震和迁移避险，提高校舍综合防灾能力。按抗震加固、综合防灾的要求，集中重建出现隐情的 D 级危房，改造加固局部出现险情的 C 级校舍，消除安全隐患。总共维修加固校舍 598,610 平方米，重建校舍 145,329 平方米。从 2010 年开始，计划用 4 年时间完成中小学教育技术装备标准化建设。坚持分类指导，分步实施，初中按国家标准建成全部功能室，9 个班以上完全小学和中心小学建好“七室”（空中课堂教室、音乐室、科学实验室、图书室兼阅览室、综合实践室、美术室、微机室），9 个班以下完全小学建好“五室”（空中课堂教室、音乐室、科学实验室、综合实践室、图书室兼阅览室），教学点建好“三室”（空中课堂教室、科学实验室、图书室兼阅览室）。2013 年黄梅县实现办学条件初步均衡，2015 年将实现中小学办学条件基本均衡。黄梅县这种有步骤、有计划的标准化建设，根据实际情况处理功能室的新建，避免了资源的浪费，使有限的资金能够帮助到更多的地区。

4. 湖北省红安县

地处偏远山区的湖北省红安县，由于教育资源分配不均衡，在撤点并校过程中上学困难问题凸显，红安县选择加强示范学校的硬件建设，有的放矢地及时缓解上学难问题。2007 年，红安县加强教学点建设，新建、改扩建项目 36 个，共投入资金 490 万元。在此基础上，红安县政府通过召开动员会、实行现场调研、定期检查督导、召开先进典型现场交流会等形式，扎实推进示范合格学校创建工作。经评估验收，2009 年共投入 4, 567. 5 万元，完善了 2008 年 59 所示范合格学校建设，完成了新创建 30 所示范合格学校的任务。这 30 所学校新建和改扩建校舍达 74, 611 平方米，建设围墙校门 11, 070 米，校园绿化 19, 335 平方米，硬化 29, 860 平方米，新增图书 123, 571 册，新建和改扩建实验仪器室 145 个，添置艺术器材 988 件，微机 480 台，篮球架 34 副，乒乓球台 111 个，其他器材 1, 813 件，维修跑道 3, 210 米。2010 年，湖北红安县政府将加强农村教学点建设列入八件实事之一，每年要新建或改建 30 所教学点，县教育局结合全县布局调整方案和各乡镇中心学校上报情况，进行详细调研后确立了建设布点等工作。

5. 山东省莱芜市

山东省莱芜市基于自然村分布于山区、库区的事实，制定了《莱芜市普通中小学办学条件标准化建设计划（2011—2014 年）》，依托各项工程的实施，加大财政投入力度，并将教育资源配置优先向农村、山区、库区薄弱学校倾斜，加强农村薄弱学校办学条件标准化建设，包括中小学实验室标准化建设、普通中小学图书室标准化建设、教育信息化建设和体育卫生艺术设施设备等建设。仅 2011 年莱芜校舍安全工程就投入资金 1. 66 亿元，富家庄小学、白座小学、丈八丘联小、南朱家庄小学、福山小学等一大批原址新建和加固改造的工程已相继完工，吐丝口小学、牛泉中心小学等一批异地新建的学校正在加紧建设。与此同时，莱芜市以农村学校为主新增微机 3, 163 台，图书 53 万余册，新配备多媒体教室 145 个。自 2008 年以来，莱芜农村标准化学校建设项目实际已投入 1. 3 亿元，出现一大批设施齐全、环境优美的农村“袖珍学校”，办学条件达到市级规范化学校标准，成为农村孩子向往的地方。

6. 新疆维吾尔自治区新源县

新疆维吾尔自治区地域辽阔、人口密度不均，很多农牧地区不切实际地撤并学校会造成农牧民子女升学不便。这样的特殊地域需要根据当地实际情况进行学校布局调整工作，应恢复部分边远农牧区教学点，从而保证在人口较少且交通不便的山区、牧区、留守儿童较多地区孩子们就近入学的需求，为边远农牧区子女提供方便的受教育机会。2012 年 2 月，新疆维吾尔自治区教育厅下发了《关于进一步优化农村中小学校点布局的通知》，根据实际情况积极恢复已经撤掉的教学点，同时加大农牧区教学点建设的投入力度，确保农牧区孩子能够就近入学。以新源县为例，在布局调整前全县共有各类教学点 40 个，调整之后全县保留教学点 22 个；2012 年在县里财政较为困难的情况下，仍坚持投入专项资金 1, 600 万元进行标准化建设；2013 年该县决定将已经撤并的 3 个农牧区教学点予以恢复，并且县财政为每个教学点投入 50 万元进行标准化建设，配备合格师资以确保恢复的 3 个教学点的学生在家门口就能享受优质的教育资源。

7. 湖南省泸溪县

湖南省泸溪县自2001年国家启动新一轮学校布局调整政策以来，至今未强撤一所小学。据2013年统计，该县有学校177所，其中小学157所，这157所小学中村小中有10名学生以下的学校33所，5名学生以下的学校11所。该县行政村只有150个，基本上一村一校。泸溪县作为一个少数民族县，也是一个山区县、库区县和国家级贫困县，但泸溪县财政每年拿出危房改造资金322万元和农村义务教育保障机制中小学维修专项资金306万元投到农村学校。2012年泸溪县改扩建47所村小，2013年上半年又改造村小27所，还不包括15所农村合格学校建设。除此之外，泸溪县还实施了农村义务教育薄弱学校改造工程、校安工程、义务教育合格学校建设工程、农村中小学校舍维修改造工程、农村初中改造工程、农村中小学远程教育工程、农村村片小改造工程、农村教师周转房建设工程等“八大工程”。截至2013年8月，该县教育建筑面积达12.56万平方米，装备远程教育点159个，中心完小以上的学校达到了合格学校建设标准，80%以上的中心完小有塑胶跑道、50%以上的中心完小实现了“班班通”。泸溪县依托各项农村学校建设工程，加大了对农村学校教育建设的投入，有力促进了教育基础设施建设，改善了农村学校教学条件。

8. 四川省泸县

四川省泸县从2008年开始实施学校标准化建设工程，全县学校修建项目和内部设备设施的添置都积极向薄弱学校倾斜。以2011年为例，该县当年完成17所薄弱学校教学楼、综合楼的修建和4所村校的建设；投入3,238万元搬迁3所占地少、条件差的镇所在地中小学。凭借着县镇两级财政的大力投入，泸县还展开了治理学校“三烂”活动，对薄弱学校的烂课桌、烂椅子、烂门窗全部进行了改换。目前，全县130多所村小中有95%以上的教学楼都是坚固的楼房，彻底消除了青瓦房。泸县根据其“镇富县穷”的财政特点，调动乡镇发展教育的积极性。比如，太伏镇承诺每年用于教育的经费将不少于100万元，其中80万元用于硬件建设，20万元用于奖励教师。这种做法很好地反映了地方教育的治理结构，可以为乡镇经济水平较好的地区提供建设学校的经验。

9. 福建省

福建省近两年投入200亿元用于学校建设和条件改善，其中投入6亿元用于23个扶贫开发重点县、原中央苏区县和财政特别困难老区县，以推进农村中小学标准化建设。2013年以来，福建省出台了一系列扶持政策，以补足教育均衡发展的“短板”。省级财政拿出4.6亿元帮助23个省级扶贫开发工作重点县，每个县一次性教育专项补助经费2,000万元，其中75%以上投入义务教育阶段；对蕉城区、建瓯市、建阳市、漳浦县、漳平市等5个财力相对贫困的县（市、区）

分别安排500万元，用于补助当地义务教育学校以配备教学仪器设备等。同时，省财政安排经费4,500万元用于补助尚未开设小学信息技术课的学校购置电脑等设备，并专门组织各地招聘一批英语和信息技术课专任教师。福建省4.6亿元的投入保证了当地学校的教育经费，从而可以在全省范围内开展农村小学的标准化建设。

10. 吉林省东丰县

面对21世纪初期鼓噪而起的“撤点并校”浪潮，吉林省东丰县坚持从实际出发，积极探索出一条符合东丰县农村小规模学校的发展路径。作为一个经济发展相对落后的半山区，东丰县现有中小学198所，其中村小144所，占全县学校总数的72.7%。为改善农村小规模学校办学环境，东丰县采取“输血”与“造血”两种方式来为小规模学校提供资金支持。第一，对小规模学校硬件设施进行投入。东丰县为改善小规模学校教学环境，先后投入千万余元为13所小规模学校新建二层教学楼。如东丰县对合力小学投入130万元兴建的两层教学楼既改变了原先小平房教学、生均面积严重不足的窘状，也调动了教师教学的积极性，同时标准化的实验室建设也为学生、教师开展相应的科学实验提供了必要基础。第二，鼓励小规模学校发展校办产业。如开展花卉栽培、苗木生产，利用闲置的教室开展一些养殖业和食用菌生产等。这些短、平、快的项目，不仅丰富了学校开展素质教育的内容，美化了环境，而且还为学校创收注入了活力。如小四平小学的双红葡萄生产基地，就是既美化了环境，也为学校创造部分收入。

由上可见，由于国家暂缓撤点并校政策的实施，以及建设好村小及教学点政策的出台，使中央及地方政府更加重视农村小规模学校的办学条件，并保障义务教育在办学条件方面的基本均衡。政府作为实施义务教育的主体，以其强大的经济后盾和统一协调能力保证农村小规模学校办学条件最基本的需求，避免教育部门、财政部门等不同职能部门之间相互推诿，这是政府统筹管理的优势体现。尽管中央及地方在财政投入方面向边远薄弱地区有所倾斜，但如何使该项政策更好地落实在小规模学校层面，这既需要地方政府科学合理地规划，也需要强有力的政府教育督导。政府统筹管理虽然可以保证规模和效率，但是由于缺少评价监督机制，经常发生好的政策无法落实的情况。如江西省某地区出现拨给村小的生均经费被所属中心校节流等问题。因此，在各级政府积极加强义务教育学校标准化建设的同时，还需要完善管理、监督、评价机制，保证财政支持落到实处、硬件建设质量合格。经验表明，政府在承担财政责任和健全监督管理机制的前提下，扩大学校办学自主权，可以提高教育公共服务供给的效率和质量。

二、开展“农村教学点（幼儿园）标准化建设”

虽然各地政府对农村教育实施了各种工程来保障义务教育的基本均衡，但是对于农村小规模学校而言，由于撤点并校政策的挫伤，其标准化建设乃至基本条件改善远未被提上日程。开展农村教学点（幼儿园）的标准化建设，是保障农村学生就近入学、安全就学的基本要求。早在国务院下发文件叫停撤点并校的前一年，河北丰宁县就开始策划“农村教学点（幼儿园）标准化工程”。丰宁满族自治县位于河北省北部，北与内蒙古多伦县相邻，南与北京怀柔区接壤，总面积8, 765平方公里。辖9镇17乡、309个行政村，总人口40万人。全域分为坝下、接坝和坝上三个地貌单元。丰宁县作为国家扶贫开发工作重点县，全县现有高中学校4所、初中12所、完全小学60所、教学点161个。丰宁县中小学布局调整工作始于2001年。从2009年起，丰宁县教体局发现教学点地处偏僻小村，绝大部分在原来规模较小、条件较差的村级小学撤并后的校址办学，校园大而乱、校舍多而差。其中一些教学点从院落、围墙、大门、厕所到房屋、门窗、桌凳都比较陈旧、简陋，还有一些教学点甚至是危房，另有一些教学点借用村委会或民房上课。农村学校普遍缺少教学设施设备，管理和教学上随意性大，安全隐患大。

丰宁县地广人稀、交通不便，在城镇化进程中，适龄儿童大幅减少建寄宿制学校、适度集中办学是必要的。但为保障和方便农村低龄儿童就近入学，教学点必须长期保留。教学点虽小，却承担着1/3左右农村儿童的启蒙教育和幼儿的学前教育任务，是县域教育中不可忽视的组成部分。办好教学点是教育均衡发展的题中之义，是促进教育公平的客观要求，也是保障民生的现实之举。提高教学点的办学水平，一是要转变长期以来只重视规模学校发展而忽视教学点建设的工作倾向；二是要转变以往人们对教学点要求过低、靠对付维持办学的思想观念；三是要针对教学点五花八门、参差不齐、管理不到位、教学不规范的现实状况有的放矢。

为此，丰宁县教体局于2011年年底提出了实施教学点标准化建设的思路，2012年3月组织局内有关人员进行实地考察、充分研讨、反复修改，最终制定出台了涵盖四个方面的农村教学点标准体系。3—5月，各学区与乡镇、村之间反复沟通、协商制定出当年教学点标准化建设的实施方案。2012年5月20日，丰宁县教体局下发了《关于印发〈农村教学点（幼儿园）标准化工程实施方案〉的通知》，要求各学区总校、中心校和乡镇中心小学按照相关方案以及相应的建设标准、配备和保教标准、管理标准和教学管理标准的要求，协调各乡镇、村认真组织实施村教学点（幼儿园）的标准化工程。方案中明确而具体地列出了2012年各乡镇的教学点改造或新建的目标和任务，要求到2013年全部教学点（幼儿园）要完成标准化任务。整个工程由县教体局制定标准，再由各学区总校制定本区域教学点标准化建设分年度计划和各校点具体建设计划并上报教体局；之后由教体局成立工作组，按标准考查、审核和批准各校点具体建设计划和设计方案，再由各学区总校、中心校联合各乡镇、村组织资金筹措和开工建设；最后由教体局组织工程验收，合格后兑现补贴资金。从下发文件到2012年年末，丰宁县共完成了74处教学点（幼儿园）的改造和新建，为农村地区的适龄儿童上学提供了相对安全和舒适的就学环境。

为全面提高教学点的办学水平，丰宁县教体局制定的标准涵盖校舍建设、仪器配备、管理、保教与教学等四大方面。“建设标准”主要规定了校舍的数量、质量要求，对于校舍定为危房的校点，拆除新建，并明确规定，新建和撤并后恢复重建的教学点必须使用县教体局设计的图纸，并经教体局验收合格后方可使用；对于那些原校舍非危房、其他条件不达标的，因校制宜，一校一策改造升级。“配备标准”主要是配备学前玩教具和远程教育播放设备。“管理标准”针对教学点疏于管理、质量偏低的现状，从日常管理入手，多措并举：一是整章建制。建立健全教学点各项规章制度，对作息时间、课程安排、教育管理、教师考评等提出制度性要求。二是加强监督。学区总校、中心校实行分包教学点制度，管理人员定期深入教学点蹲点指导和巡回检查，县教体局干部经常赴教学点督促检查。此外，当地村委会或相关学生家长组成的委员会，受中心校委托负责对教师进行日常考勤，发挥监督的职能作用。“保教和教学标准”将国家有关要求与教学点实际相结合，提出明确具体的简化性要求或指标。

丰宁县在实施教学点标准化工程的过程中，坚持政府主导、强化多元投入，破解了教学点标准化建设资金不足的难题。首先，用好国家农村学前教育项目资金，强化县级配套，发挥资金使用效益。其次，突出政府主导，千方百计地调动乡镇、村兴办教育的积极性。2012年年初，县委、县政府将此项工作列入对各乡镇年度目标的考核当中，形成了乡镇和村逐级落实、有关部门协调配合、教体局检查指导的良性工作机制，具体表现为各学区总校、中心校协调和动员各乡镇、村出资建设，加大对教学点标准化建设的投入力度。例如，五道营村投资150万元新建1所高标准幼儿园；凤山镇花盆村村支部书记张屹然将自家闲置房屋和院落按照标准改造成学校，而且为每个孩子提供免费午餐；下庙村村支部书记个人出资193万元，用于新建该村教学点。除此之外，各乡镇、村广泛外联引资，争取社会各界支持的办学模式也取得了良好的效果。例如，廊坊铸鼎集团出资45.65万元，捐建上坝村级幼儿园；中国电子科技集团出资25万元，帮助恢复东头营教学点。在此基础之上，县政府采取“以奖代补”做法，每处教学点新建改造完成、经验收合格后，视情况给予5,000～20,000元的补贴，进一步发挥了导向和激励作用。2012年，全县共完成75处教学点的标准化改造，其中恢复了6处已撤并的教学点；2013年又完成了32处教学点的标准化改造，其中6

处为撤并后恢复的教学点。

2013 年 6 月，21 世纪教育研究院调研组走访了丰宁县胡麻营乡的 4 个教学点：李家窝铺教学点、吴营教学点、前营教学点和后营教学点，以点带面地总结了丰宁县在进行“农村教学点（幼儿园）标准化建设”时遇到的困难及改善建议，具体如下：

第一，学校公用经费短缺，造成后勤设施和人员不足。丰宁县目前的农村小规模学校基本上是“小幼一体”的教学点，仅凭每年 500 元/学生的生均经费很难维持学校的正常运转。虽然教育部有文件提及不足 100 人的学校要按 100 人的标准拨付经费，但对于以“吃饭财政”为主的县级财政来说，的确勉为其难。学校只能靠学前教育收取一些学费，来补贴日常开支。丰宁县教体局颁布的标准化建设标准中列明了学校应包括院落围墙、教室（活动室）、幼儿寝室、办公室和小伙房等，并对室内生均面积和活动室面积等、室外活动场地生均面积和绿化面积等提出了具体要求，甚至对厕所必须适合幼儿使用还作出了强调。此外，对于房屋的取暖设施、外墙、门窗、地面、棚面吊顶材料、墙面刷漆、洗手间和卫生间等，更是详细一一注明其应使用的建材最低标准。但走访的胡麻营乡中心小学由于缺乏资金至今仍没有浴室。由于丰宁县是每年有长达半年的取暖季的贫困县，于是学校的大部分公用经费均用于取暖。除取暖费挤占公用经费外，营养餐补贴政策也给丰宁县的教育部门官员和学校校长、教师带来了莫大的压力。在没有厨房和食堂的村小和教学点，教学点的教师每天还要洗鸡蛋、煮鸡蛋，这其中多出来的工作量，以及水费、电费、燃料费，都要挤占学校的公用经费。对于中心学校来说，由于学生有的寄宿有的走读，虽早晚用餐的学生只有 150 多人，但中午用餐的却有 400 多人，厨师的聘用及使用就是一个大麻烦：一来是学校没有编制；二来是忙的时候很忙，闲的时候很闲，雇多雇少都不合适。目前加餐的时候 4 ~5 个师傅都忙不过来，只能靠雇用临时工来解决。参照现在的经费标准，一所学校要达到 500 ~600 人经费才能周转开。400 人左右的学校将会经常负债，700 ~800 人的学校经费才能有余，才能考虑添置设备器材。而大量小规模学校在校生普遍低于 150 人，难以达到 500 人以上，这就表明我国农村小规模学校大部分都是负债运营，公用经费明显不足。

第二，学校的师资力量严重不足。在走访的 4 个教学点中，教师年龄均为 45 岁以上，大多是本村或邻村人。其中李家窝铺教学点和吴营教学点的教师年龄都在 55 岁以上，他们退休之后由谁来继任成了教体局面临的一个难题。虽然当地每年都有特岗教师，但特岗教师基本上只派到乡镇中心校，村小和教学点难以享受。农村师资严重不足与教师待遇偏低息息相关。例如，班主任津贴 20 世纪 90 年代是每月十几元，20 多年后的今天物价已经翻了好几倍，但津贴还是每月十几元，教师待遇偏低难以调动教师教育教学的积极性。提高教师待遇，特别是乡镇中心校以下农村小规模学校（村小、小幼一体的教学点）的教师待遇，已经成为农村义务教育阶段亟待解决的一个重大问题。

鉴于丰宁县教育存在的以上突出问题，我们应切实做到这几点：第一，进一步强化政府主导地位，加大对农村教学点的资金投入。调动乡村办教育的积极性，虽然是当前增加资金投入的有效途径之一，但绝不是根本解决之道。建议国家设立教学点标准化建设专项资金，专门用于农村教学点的新建改建、设施设备购置和更新，夯实教学点的硬件基础。第二，进一步加强教学点教师队伍建设，解决编制不足、年龄老化、吸引力不强等问题。办好教学点，投入是前提，师资是关键。首先要在破解编制不足上动脑筋，建议国家在城乡统一编制标准基础上，从实际出发，按“师生比”核定教师编制。其次要在解决吸引力不强上做文章，当前国家一系列文件都提出在工资、职务（职称）晋升等方面对农村基层和艰苦边远地区教师、村小和教学点专任教师实行倾斜政策，但都比较笼统，亟须将方案和操作标准进一步具体化。第三，进一步加快推进农村教育信息化建设。客观存在的城乡教育差距在短时间内难以消除，信息化手段是实现优质资源共享、尽可能缩小差距的切实可行的路径。经济贫困县需要在“农远工程”基础上，引导资金更多地投向终端设备，促进设备升级；集中开发数字化课程教学资源，特别是教学点师资短缺学科的各种资源；采取有力措施，加快教育城域网建设，尽快构建网络视频直播、媒体资源中心、连线教研等系统，从而真正实现“城乡教育零距离”。

三、实施教育信息化工程

计算机技术和网络技术已进入人们生活、工作、消费、学习和娱乐等各个方面，彻底颠覆了人们以往沟通、交流的习惯，打破了时间和空间的局限，使21世纪成为信息化时代。为此，信息化不再是一种技术手段，而成为各项事业发展的目标和路径。教育信息化可以突破时空限制、加快知识传播速度 、扩大资源覆盖面、降低办学成本，这对解决贫困地区学校的特殊困难、缩小教育发展差距、满足学生多样化需求具有独特优势。因此，在改善农村小规模学校办学条件方面，教育信息化意义重大。

我国教育信息化最早发起于1999年年初的“现代远程教育工程”，是国务院批转教育部实施的《面向21世纪教育振兴行动计划》中的重大建设工程。该项目实施的4年间，国家共投资4.6亿元，2003年以后教育部组织专家对项目中的基础设施建设、关键技术、资源建设和标准化建设项目共60多项进行分批验收。以此项目的经验为基础，2004年3月，国务院批准了《2003—2007年教育振兴行动计划》，将“教育信息化建设工程”列为六大工程之一。农村教育信息化的进展，主要经历了国家两次大规模的投资：一次是在2003—2007年实施了“农村中小学现代远程教育工程”项目，用5年左右时间使农村初中基本具备计算机教室、农村小学基本具备卫星教学收视点、农村小学教学点具备教学光盘播放设备和成套教学光盘；另一次是在2012—2013年实施了“教学点数字教育资源全覆盖”项目，希望通过“专递课堂”“名师课堂”和“名校网络课堂”使“优质学校带薄弱学校”“优秀教师带其他教师”制度化，逐步缩小区域、城乡、校际差距，促进教育公平。

（一）农村中小学现代远程教育工程

2003年，国家发改委、财政部、教育部决定实施“农村中小学现代远程教育工程”，以运用信息化的手段和方式，积极引入优质教育资源，提高农村中小学教育教学质量、缩小东西部教育差距、发挥现代远程教育工程的综合功能，为农村社会和经济发展服务。2003年6月，教育部制定了《农村中小学现代远程教育工程实施规划方案》，根据各地经济、教育发展现状，从2003年起国家计划花费5年时间并且每年安排专项资金10亿元，用于建设教学光盘播放点、卫星教学收视点和计算机教室。同时，地方配套50亿元采取因地制宜的原则进行配套投资：东部地区由各省、市投资，中部地区由中央和地方按1∶2的比例分担，西部地区由中央和地方按2∶1配套。“农村中小学现代远程教育试点工作”覆盖西部12个省（自治区、直辖市）、新疆生产建设兵团、中部6个省和东部1个省共20个省级单位，建设教学光盘播放点20,977个，卫星教学收视点48,605个，计算机教室7,094间。[①] 经过5年时间，农村中小学现代远程教育工程覆盖了全国36万所学校，在大量调查研究和试点示范的基础上，确定了教学光盘播放点、卫星教学收视点和计算机教室三种模式。

在2003—2007年项目实施的过程中，教育部办公厅、国家发改委办公厅、财政部办公厅分别在2005年10月、2006年5—6月、2007年5—7月发布了关于2004—2005年度、2006年度、2007年度农村中小学现代远程教育工程实施方案的审核意见。现根据以上审核意见整理实施情况，具体如表8所示。

表8　“农村中小学现代远程教育工程”项目实施情况

项目	实施地区
2004—2005年度	27个：河北、山西、内蒙古、辽宁、吉林、黑龙江、江苏、浙江、福建、江西、河南、湖北、湖南、广东、广西、海南、重庆、四川、贵州、云南、陕西、甘肃、宁夏、西藏、新疆、青海、新疆生产建设兵团

① 教育部：2003—2004年教育信息化发展概况，2004年8月16日，http://www.moe.gov.cn/publicfiles/business/htmlfiles/moe/s3341/201001/xxgk_82371.html.

续表

项目	实施地区
2006 年度	21 个：河北、辽宁、吉林、黑龙江、福建、河南、湖北、湖南、广西、重庆、四川、云南、宁夏、陕西、山西、内蒙古、安徽、江西、山东、海南、甘肃
2007 年度	18 个：河北、辽宁、吉林、黑龙江、江西、湖南、广西、海南、重庆、四川、云南、陕西、甘肃、山西、内蒙古、安徽、河南、湖北

然而，2007 年项目结束以后，并没有关于该项目的实施情况评估的完整报告，此后该工程的相关政策和报道也不多见。2010 年前后，国家信息化专家咨询委员会曾经到甘肃庆阳等地考察农村学校信息化情况，发现很多学校都配备了电脑，但是电脑上却沾满了灰尘，根本没有使用过。西北师范大学调研发现，"农村远程教育系统的构建及其应用都必须有技术保障，所以在硬件设备配发之后，项目的初期培训的主要内容是卫星 IP 的安装与使用及远程资源的接收。可是在项目实施中我们发现，培训的技术人员回校后，技术水平高的可以在本校安装使用 IP 设备，接收远程资源，刻成光盘供教师学习；技术水平一般的只能接收到部分资源，无保存，无记录；而技术水平太低的，回去后接收不到任何资源，遇到困难后，也无人请教，即使收到资源，教师也不会将之应用于学科教学。"① 国家农村中小学现代远程教育项目投资超过 100 亿元人民币，覆盖中西部地区 20 个省区，必须考虑到一次性投入后教师的持续使用问题。

（二）教学点数字教育资源全覆盖项目

2012 年 3 月，《教育信息化十年发展规划（2011—2020 年）》（以下简称《规则》）正式发布之后，教育信息化再次成为改善农村教育的重要举措。《规划》要求，"坚持政府引导，鼓励多方参与投入建设，发挥多方优势，逐步形成政府购买公益服务与市场提供个性化服务相结合的资源共建共享机制，减少低水平重复开发，实现最大范围的开放共享；提高数字教育资源对教育教学模式改革创新的支持能力和水平，支持偏远地区、少数民族地区、经济欠发达地区和薄弱学校享用优质的教育资源服务。"根据《规划》要求，教育部在 2012 年 11 月 19 日发布《关于全面启动"教学点数字教育资源全覆盖"项目的通知》，根据《国务院办公厅关于规范农村义务教育学校布局调整的意见》（国办发〔2012〕48 号）和《教育部等九部门关于加快推进教育信息化当前几项重点工作的通知》（教技〔2012〕13 号）要求，教育部决定全面启动实施"教学点数字教育资源全

① 王童，扬改学．农村中小学现代远程教育的可持续发展之我见［J］．中国电化教育，2006（228）：42－45.

覆盖”项目。

“教学点数字教育资源全覆盖”项目旨在通过IP卫星将优质数字教育资源传输到全国6.7万个教学点，帮助农村边远地区开齐开好国家规定课程，满足适龄儿童就近接受良好教育的基本需求。项目将结合使用卫星推送、互联网站访问下载、中心校接收后移动存储复制下发三种方式来进行数字教育资源推送：卫星推送通过IP卫星将教育资源推送到教学点，方便没有互联网访问的教学点和中心校进行资源的浏览和下载；互联网站访问下载可以通过专题网站进行资源的下载，方便有网络接入的教学点和中心校进行资源的浏览和下载；中心校接收后移动存储复制下发是指没有卫星接入和互联网访问的教学点可以由中心校拷贝资源到本地计算机。中心校可以通过卫星和互联网两种方式进行资源的下载。

自2012年11月项目启动至2014年1月底，因布局调整或未通电等原因，各地实施项目教学点数有调整，全国实际实施项目教学点数为5.8万个。到2013年年底，全国已完成项目设备招标和安装调试的教学点分别为5.5万个和4.8万个，占项目教学点总数的95%和83%；项目配套的一至三年级上学期8个学科的数字教育资源已根据教学点教学进度，通过网络和卫星两种方式分期同步播发；全国共培训教学点教师16.3万人次；近4.7万个教学点已经全面应用项目设备和资源开展教学，超过项目教学点总数的80%。[①] 该工程在实施过程中，教育部教育信息化推进办公室在2013年10月29日、教育部科学技术司在2014年1月20日分别发布了《关于“教学点数字教育资源全覆盖”项目完成情况的通报》，两次通报对该项目设备配置情况、教师培训情况和项目应用情况作了总结。2014年2月24日，教育办公厅发布《关于教育信息化试点单位工作进展情况的通报》，指出多数省级教育厅对教育信息化试点工作较为重视，但部分试点单位至今尚未开展试点工作，并给出不再列入试点单位的名单。为了解“教学点数字教育资源全覆盖”项目实施情况，21世纪教育研究院调研组前往安徽省六安市金寨县古碑镇、汤家汇镇，考察位于山区较偏僻地方的镇中心校和村教学点在该项目实施过程中“数字教育资源”的建设、使用情况。

1. 安徽金寨县开展“教学点数字教育资源全覆盖”基本情况

金寨县位于皖西边陲、大别山腹地，地处三省七县二区结合部。西、南两面与河南省、湖北省毗邻，209、210省道纵贯南北，临近312国道；梅山水库、响洪甸水库可常年通航。名胜古迹有天堂寨国家级森林公园，省级重点文物保护单

① 教育部：关于“教学点数字教育资源全覆盖”项目完成情况的通报，2014年1月20日，http：//www. moe. edu. cn/publicfiles/business/htmlfiles/moe/s5892/201401/163035. html.

位有响山寺、马鬃岭、金刚台、千佛庵和金寨天马等。金寨县总面积 3,814 平方公里，辖 23 个乡镇、1 个经济开发区、1 个现代产业园区，226 个行政村，总人口 68 万人。金寨县是安徽省面积最大、人口最多的贫困山区县和旅游资源大县，也是我国第二大将军县，是著名的革命老区。

2013 年 3 月 11 日，安徽六安金寨县教育局转发了《安徽省财政厅、安徽省教育厅关于下达 2012 年教学点数字教育资源全覆盖中央补助资金（指标）的通知》，开始进行全县教学点教育资源全覆盖项目的工作安排，要求“教学点数字教育资源全覆盖”项目的教学点必须是农村义务教育学校布局调整中确需保留和恢复的；有专用教室并能开通不低于 4M 的互联网；并对拥有会计算机操作教师的教学点优先安排。① 2013 年 3 月 30—31 日，金寨县教育局举办了全县教学点数字教育资源全覆盖项目学校教师培训，培训内容包括：多媒体设备的使用，利用多媒体设备和优质数字教育教学资源进行教学设计和课堂教学，课堂资源开发使用及同步课堂介绍等。② 同年 6 月 30 日，马鞍山市等省检查组查阅了县级骨干教师培训资料，检查了教学点网络建设、管理制度和应用记录及防盗、防尘措施，并考查了教学点教师教学资源应用能力。经检查组评定后，金寨县教学点数字教育资源全覆盖项目通过检查。③

2. “教学点数字教育资源全覆盖”项目实施情况（见表 9）与具体问题

本次调研联系了古碑镇中心学校和汤家汇镇中心学校，在走访了古碑镇中心学校（金才希望中学）、古碑镇镇上的中心小学（金寨县古碑希望小学）、古碑镇村里的中心小学（古碑镇南畈中心小学）、古碑镇村里的教学点（古碑镇三道河希望小学）、汤家汇镇中心学校、汤家汇镇镇上的中心小学（常州国税希望小学）、汤家汇镇村里的教学点（汤家汇镇斗林小学）之后，调研者发现这些学校校舍建设达标、桌椅硬件设施齐全、参与教学点数字教育资源全覆盖项目需要用的多媒体设备都已经安装完成。在调研过程中，调研者尝试操作教室内多媒体设备，发现有个别设备无法启动，还有的设备所配鼠标无法使用。根据学校教师反映，多媒体设备有些是企业的捐赠，部分设备是企业淘汰后送给学校的，配置相对落后，操作比较复杂。

---

① 金寨县教育局：转发《安徽省财政厅　安徽省教育厅关于下达 2012 年教学点数字教育资源全覆盖中央补助资金（指标）的通知》的通知，2013 年 3 月 11 日，http：//www. ahjzjy. com/DocHtml/1/2013/3/12/692901397377. html.

② 金寨县电教馆：金寨县举办教学点数字教育资源全覆盖教师培训班，2013 年 4 月 1 日，http：//www. ahedu. cn/AHEDUNSPortal/NewsCenter/jyjs/jyjsdt/list/100850. shtml.

③ 金寨县电教馆：六安金寨县“教学点数字教育资源全覆盖”项目通过检查，2013 年 7 月 1 日，http：//www. ahedu. cn/AHEDUNSPortal/NewsCenter/jyjs/jyjsdt/list/101320. shtml.

表 9　古碑镇、汤家汇镇调研学校基本情况

学校名称	配有多媒体设备的教室	教师数量	其中 50 岁以上教师的数量	学生数量	班级数	是否已开通宽带
古碑镇希望（中心）小学	18	38	30	1,049	1～6	开通，10M
古碑镇南畈中心小学	6	14	9	200（20 名学前儿童）	1～6、学前班	开通，10M
古碑镇三河小学	1	1	1	6	1～2	开通，4M
古碑镇乌河小学	1	2（其中一位白血病）	2	5	1～2	未开通
汤家汇镇中心小学	6	32	9	640	1～6	开通，8M
汤家汇镇斗林小学	1	1	0	6（4 名学前儿童）	1～2、学前班	未开通，拨号上网
汤家汇镇下河小学	1	1	1	6	1～2	未开通

农村学校配置好所需多媒体设备仅是该项目的基础，网络畅通才是实现优质资源共享的关键，但是金寨县农村学校在网络开通方面的情况并不理想。本次调研走访和了解的农村学校并没有全部开通宽带，开通的学校宽带也没有超过 10M 的。中心小学由于交通相对便利、网络开通费用较低，宽带开通情况良好，但因为中心小学安装多媒体设备也较多，这就使网速有时很慢。位置较为偏远的村小教学点，网络开通费用很高，古碑镇三河小学只开通了最低标准 4M 的宽带，而汤家汇镇斗林小学只能拨号上网。调研者在古碑镇三河小学进行网络操作时发现，网页打开速度较慢，在线视频无法流畅播放。至于位置更为偏远的汤家汇镇下河小学，调研者虽未能走访但通过了解得知，该小学所处村庄因为不使用电话，学校如果安装网络必须独自承担铺设线路和维护费用而没有安装宽带。类似情况还出现在汤家汇镇高山小学、古碑镇乌河小学等学校。

调研者在对走访学校的教师和学生进行访谈后发现，虽然教师和学生对数字资源教学给予了积极评价，但是数字资源教学还是存在不少问题。最主要的两个问题是：教师使用数字资源进行教学的热情不高与多媒体设备维修看护的专业技术管理人员缺乏。教师不善于运用数字资源教学的主要原因在于目前农村学校教师老龄化严重。古碑镇中心小学和古碑镇南畈中心小学年龄在 50 岁以上的教师占教师总人数的一半以上；古碑镇三河小学仅有一位教师，其年龄在 50 岁以上；古碑镇乌河小学有两位教师，两位教师年龄均在 50 岁以上。这个年龄段的教师基本不怎么会使用电脑，更不用说通过电脑利用网络资源给学生上课。三河小学的教师说，他会利用百度查找课件进行备课，也会找一些相关视频放给学生看，但他不会制作 PPT，通常是多媒体教学和黑板板书同时使用。古碑镇中心小学的校长说，这样的情况在教学点已经算是不错了，教师还会自己尝试使用新的教学方法，很多教学点的教师年纪较大，没有几年就会退休，他们根本不会再去学习使用电脑。汤家汇镇斗林小学的情况从另一个角度证明了教师老龄化严重的确影响了他们对数字资源的使用。斗林小学的教师是一位 30 多岁的女教师（姓周），负责 2 名二年级学生和 4 名学前班学生的教学任务，6 名学生在一间教室上复式课程。周老师会在上午最后一节课和下午最后一节课进行多媒体网络教学，她说，虽然学校的网络是拨号上网，有时网速很慢，但是多媒体教学的确为这样的单师学校提供了帮助。

3. 对“教学点数字教育资源全覆盖”项目的评价

农村小规模学校是针对偏远农村适龄学生人数较少的客观情况而设置的规模较小的学校，如本次调研走访的古碑镇三河小学、汤家汇镇斗林小学。这样的学校处于相对偏僻地区，学校生源很少，教师往往只有一位到两位，既要负责学生的教学工作还要负责准备学校的午餐。这样繁重的工作任务和多方面的教学要求常常使得农村小规模学校教师产生职业倦怠感，教学热情消退。如此一来，农村学校和城镇学校的教学质量差距会进一步加大，也会进一步促使农村学生向城镇学校流动，进而加剧村小教学点的衰败。

教学点数字教育资源的使用优势在于，在硬件条件和网络条件达到要求的情况下，教师可以通过网络教学来弥补传统教学的枯燥，并且可以通过引入优质专业教学课程，开齐语文、数学、音乐、美术和体育等国家规定的全部课程，提高农村小规模学校教学质量，减少教师工作压力。同时，数字资源教学也使学生能接触到最新、最好的教学内容，课堂学习也更加丰富。

“教学点数字教育资源全覆盖”项目虽然保证了农村小规模学校所需硬件的配置情况，但网络的开通还存在着问题。农村教师由于对网络和计算机不熟悉，使用数字资源教学的积极性并不高，并且数字资源设备缺乏专人维护，有些设备出现问题得不到及时修理。另外，农村小规模学校目前的教学内容以城市生活教育为主，缺乏乡土教育和农村生活教育，所谓的优质教育资源也是以城市教育标准来评价的，是否适合农村孩子需求还有待观察。曾参加国家级“教学点数字教育资源全覆盖项目”培训的王华老师指出：“数字教育资源的设计是考虑到了大多数教学点的共性，但每个教学点都有地域区别和人文区别，学生的知识水平和掌握程度都不尽相同，教师不能完全依赖这些数字教育资源。”①

网络时代和信息时代已不可避免地到来了，如何让农村学生更好地适应这个时代，缩小与城市学生之间的差距，是数字教育资源改善农村小规模学校办学条件的首要目标。翻转课堂、远程教学、大型开放式网络课程（MOOC）等方式都是数字教育资源利用需要进一步进行探索的，它们是实现城乡教育一体化的有效途径。需要明确的是，城乡教育一体化并不是用城市教育取代农村教育，相反，教学内容应充分体现以学生为本、依靠具体教学情境开展教育教学活动的教育理念。

（三）国家教育管理公共服务平台建设

教育信息化不仅包括教育教学信息化，还包括教育管理信息化、教育科研信息化。对于农村教育而言，主要的是教育教学和教育管理的信息化。经过2003—2007年农村中小学远程教育工程和2012—2013年教学点数字教育资源全覆盖项目，农村小规模学校教学信息化的硬件设备已经基本配置完毕，农村教师也得到相应培训并积极使用这些设备。这将会为农村教育带来变革，通过对优质教育资源的利用，农村教学质量也将会得到提高。同时，2013年7月31日，教育部、财政部、人力资源和社会保障部联合在京召开全国教育管理信息化工作电视电话会议，要求加快推进教育管理公共服务平台建设，确保当年取得突破性进展。平台建设后，学生和教师“一人一号”、学校“一校一码”，通过全国联网实现对全国中小学学生动态监管。国家教育管理公共服务平台的建设将可以实现对学生升学情况进行持续关注，农村学生辍学、流动等情况也可以得到及时反馈，从而能有效保证农村留守儿童、流动儿童的就学率。同时还可以及时针对教师编制不足、教师老龄化等情况进行教师队伍配置。此外，农村寄宿制学校对住宿、食堂的管理等也能及时得到监控。总之，借助于信息技术，农村小规模学校的办学标准将获得及时有效的监督管理。

四、社会力量和村民集体的介入与帮助

政府在保障小规模学校办学条件方面有着统一协调、整体布局的优势，但是由于中国自然环境、经济发展、文化氛围等各方面因素错综复杂，很多时候需要灵活机动地对小规模学校进行扶持和帮助。政府的财政汲取能力在提供社会福利、解决社会问题等方面还显得心有余而力不足，而且缺乏在市场经济条件下解决各种社会问题的经验、手段和技能。而民间组织及村民集体作为一支不可忽视

① 王华．利用数字教育资源搞好教学点课堂教学［J］．山西电教，2013（3）：6-9.

的重要力量，加之以各种非政府组织有较强的使命感，与基层联系密切，通过多种服务能够灵活、有效地弥补政府在这些方面的不足。

社会力量介入开展的助学活动，并非针对小规模学校，而是针对贫困地区的农村学校。然而，最需要资助的边远农村小规模学校却往往难以享受到营养午餐计划等资助。因此，如何真正立足“底部攻坚”，切实改善农村小规模学校的现状，是社会力量下一步工作的难点与重点。

（一）教育公益组织开展的助学活动

助学是指那些在学校教学活动之外，以捐钱捐物的方式，帮助学生改善就学条件的行为或活动。因此，在概念上，它区别于那类着眼于改善教学过程的支教活动。在实际操作中，根据工作侧重点的不同，教育公益组织的助学项目提供的支持主要有 4 类：求学费用支持、就学生活条件改善支持、就学学习条件改善支持和校舍支持。助学项目是教育公益组织开展比较早的项目，因此积累了较为丰富的经验，从事助学活动的组织也比较多。

2005 年之前，国家还没有实施税费改革，农村教育经费主要来源于乡统筹的资金。这就意味着，实际上是农村居民自己花钱办基础教育。在这种情形下，很多困难家庭交不起学费，儿童辍学率较高；很多校舍年久失修，成了危房。因此，对求学费用的支持就显得尤为重要，对校舍的修建也显得比较紧迫。自 1988 年开始，“希望工程”把农村教育的困境展现在了公众面前，激发了社会各界的助学热情。当时，助学项目的种类还相对单一，基础教育阶段的助学金、奖学金和生活经费的发放也成为助学领域的常规项目。由于这类项目的门槛较低，自 20 世纪 90 年代中期开始到 2005 年左右，求学费用支持项目得到了最多关注，参与人数也最多，而校舍维修和校舍建设项目也是农村地区的普遍需求。

2003 年，国务院召开全国教育工作研讨会，会上确定了“两免一补”政策。所谓“两免一补”，指的是国家针对义务教育阶段的农村学生“免杂费、免书本费、逐步补助寄宿生生活费”的政策。按照时间表，2005 年在中国 256 个贫困县实现“两免一补”，2006 年在中国中西部农村实现“两免一补”，2007 年在全国的农村中小学实现“两免一补”。这样一来，大部分义务教育阶段的学生就不用为支付学杂费而担忧了，助学项目中对小学、初中阶段求学费用的支持也就失去了原有的必要性。此外，由于近年来中国城乡流动加速，大量的农村人口涌入城市谋生，造就了农村的“留守儿童”群体。由于父母在城市打工能够带回现金，“留守儿童”并不缺少入学的学费。他们面对的是金钱不能够直接解决的问题。直接支持求学费用并不能解决这部分孩子面临的实际困难。在这样的背景下，很多教育公益组织开始将高中生作为求学费用支持的受益群体。总体上看，求学费用支持的助学项目有所萎缩，受益群体也发生了重要变化。

同样重要的政策变化是2001年开始推行的“撤点并校”政策。这个针对全国农村中小学开展的教育布局调整，也在很大程度上形塑了近年来教育公益组织的助学工作。大量农村小学被撤并后，各地兴建了大量寄宿制学校。然而，很多新建的寄宿制学校并没有配备食堂等学生生活设施。寄宿制学校的住宿生活也给学生学习和生活带来了新的挑战。为了应对这样的新情况，很多教育公益组织开始针对改善学生就学条件和生活条件设计项目。近几年，这类旨在提高学生就学条件和生活条件的助学项目，往往得到了更多的响应和关注。此外，虽然“两免一补”政策解决了学生的学杂费问题，然而，“撤点并校”政策又给学生们带来了路费、食宿费等费用，很多学生的就学负担反而增加。面对这样的情况，助学公益类组织也开始为寄宿制学校的贫困学生提供生活补助。另外，伴随着“撤点并校”政策的实施，国家还从2001年开始实施了“校安工程”。这就意味着国家承担了农村寄宿制学校的建设、学校危房改造等工作。公益组织在这方面的助学项目也因此有所萎缩。

1. 免费午餐

2011年2月，记者邓飞联络500多名记者、国内数十家媒体，联合中国社会福利基金会开展“免费午餐”项目，号召每天捐赠3元钱，为贫困地区儿童提供一份免费午餐。短短两个月之后的4月2日，“免费午餐”微博上线，项目正式启动，并开始公募。项目启动之后，迅速得到了媒体、企业、公众人物及其他各界捐款者的响应。不到两个月的时间，筹款就突破了千万元。

网络媒体在“免费午餐”项目的启动、筹款、实施和监督等各个环节都起到了关键作用。应该说，网络本身就具有开放、透明、迅速传播和大众参与等特征。在多个环节引入新媒介，使得“免费午餐”项目探索出了“发现问题—发布需求—大众参与—社会监督”的项目操作模式。这个模式使得“免费午餐”项目在短时间内迅速获得成功，也使包括邓飞在内的志愿者可以针对其他社会问题和社会需求，复制这一模式。

由于“免费午餐”项目通过网络媒体获得了巨大的社会关注，它也推动了民间行动与政府政策之间的对接。“免费午餐”项目开展3个月后，2011年7月，国务院决定在2011年秋季学期启动贫困县、民族县农村免费午餐试点工作，26万名学生受惠。2011年10月26日，国务院决定启动实施农村义务教育学生营养改善计划，即中央每年拨款160多亿元，按照每生每天3元的标准为农村义务教育阶段学生提供营养膳食补助。这项政策普惠680个县市，约2,600万名在校学生受惠。“免费午餐”项目成为民间探索引领国家行动的一次范例。

然而，也正是因为“免费午餐”项目高度依赖网络媒介，高度重视社会公众的感受，在项目操作的过程中，也遇到了一些问题。具体来说，“免费午餐”项目对学校的要求太高，不仅要求学校投入人力在每个工作日更新微博、提供收支状况、提供就餐人数等数据和回应微博上的质疑，还要求学校承担超支部分。这样一来，学校就缺乏长期坚持实施项目的动力。项目虽然在短时间内非常成功，然而却面临如何持续的问题。

2. 春苗营养厨房

2001 年开始的农村教育布局调整催生了大量的寄宿制学校，也带来了住校生营养不良和吃饭难的问题。为了应对这一问题，2011 年开始，安利公益基金联合中国关心下一代工作委员会，发起“春苗营养计划”，在安利公司运营区域的省份开发实施了“春苗营养厨房”项目。至今，已经建成 754 所“春苗营养厨房”。

“春苗营养厨房”项目主要为学校的厨房提供硬件设施。在确定采购厨房设备之前，会对支持学校进行逐校考察，以确定支持的内容，这就优于“一刀切”的厨房设备支持项目。值得注意的是，捐赠合格、先进的厨房硬件设施仅是“春苗营养厨房”项目的一个环节，该项目的另一个重要环节是营养膳食知识的普及和食堂管理员的培训。每一个“春苗营养厨房”都会配备儿童营养手册、厨房挂图、培训教材和教学参考这 4 类资料。每一个“春苗营养厨房”的食堂管理员都要经过安利基金会组织的培训。这些步骤能够比较好地保证营养厨房得到充分而合理的使用。

在项目的实施过程中，“春苗营养厨房”特别注重利用关工委系统，使得关工委儿童研究中心、中国关工委、各省关工委以及各项目市关工委都参与到了项目之中。譬如，中国关工委儿童研究中心负责项目的具体运作和管理；各省关工委帮助项目选定合适的县市；各县市的关工委联合当地政府，又能够帮助项目选定合适学校。在“春苗营养厨房”投入使用之后，地方关工委还能够起到一定的监督作用。

3. 爱心包裹

2009 年 4 月 26 日，中国扶贫基金会与中国邮政合作，启动了“爱心包裹”公益助学项目。该项目旨在促进贫困地区小学生就学条件的改善。“爱心包裹”分为“学生型文具包”“学校型体育包”“学校型音乐包”几种。捐赠者可以直接到县级以上的邮局，填写单据，直接捐赠“爱心包裹”。此外，捐赠者不仅可以根据自身的能力，选择不同类型的包裹，也可以按照自己的想法，选择受助学生的性别和地区。“爱心包裹”项目仍旧延续了传统的“一对一助学”的模式，在捐赠“爱心包裹”以后，捐赠者可以立刻收到带有受助者姓名的回执，之后还会收到受助者寄来的明信片。这种“一对一”的助学形式，保证了项目的透明度，也增强了捐赠者对于“爱心包裹”项目的体验和信心。

从项目设计的角度，“爱心包裹”不仅向小学生提供一般常规文具，更把全面发展、个性发展的教育理念贯穿到整个项目的设计之中。针对农村学校缺少美术、体育、音乐等课程训练材料的情况，“爱心包裹”在设计上特别重视补充这一部分的用品。在最普通的“学生型文具包”中，也添加了包括油画棒、彩色铅笔、12色水粉笔以及绘画本在内的美术用品，鼓励孩子探索自己在美术方面的才能。“学校型音乐包”和“学校型体育包”更是力求为学校的音乐教育和体育教育提供物质资助。

特别值得关注的是，“爱心包裹”项目在操作过程中高度依赖邮局系统的参与。全国3.6万个邮局网点全面接受捐赠，让公众参与变得非常方便和快捷，从而使得这个项目能够迅速在全国铺开。应该说，“爱心包裹”项目是成功动用了体制内部资源的助学公益项目的典范。

4. 阳光书屋

阳光书屋乡村教育信息化行动是以平板电脑“晓书”为依托，为欠发达地区学生提供优质学习资源的助学计划。2012年，“阳光书屋”在北京注册为民办非企业机构。2011年开始，“阳光书屋”开始在甘肃省武威市所辖的两所教育资源匮乏的农村学校进行试点，捐赠1,000台“晓书”平板电脑给学校的师生，建立学校内的局域网络，上传自主开发或第三方支持的教学软件，并跟踪它们的使用情况，收集软硬件的改进需求。2012年，“阳光书屋”又把试点学校拓展到在湖南省衡阳市衡山县的两所乡村学校。

目前，大部分农村助学项目着眼于学生基本生活需求和基本学习条件的改善，“阳光书屋”则着力于把最先进的技术，带入农村学校学生的学习生活中，这种项目理念和项目设计无疑非常值得关注。先进的信息技术能够保证孩子们拥有一个稳定的获得优秀教育资源的平台。“阳光书屋”的使用，不仅能够开阔孩子们的视野，让孩子们接触到新鲜事物，激发他们的学习兴趣，引导他们进行自主学习，更为重要的是，它让农村环境中的学生能够接触到先进的技术和科技产品，帮助他们提高自信心。这不仅对他们的学习生活有积极影响，对于他们的人格养成，也会有正面的作用。

此外，“阳光书屋”超越了以往那种单纯的硬件捐助项目，并非以物质捐赠为项目的终点。相反，捐赠“晓书”平板电脑和互联网设备只是“阳光书屋”项目的开始。“阳光书屋”更为核心的部分，在于对平板电脑中那些自主开发的教学软件的使用。为此，“阳光书屋”开发了阳光书包、阳光提高班、阳光教师平台以及阳光管理器等。这些软件的推广，是“阳光书屋”项目成功和值得推广的关键。

“阳光书屋”的优势也为其带来了一些问题。由于项目并非一次性的物质赠予，还附带教学过程的改进，这与现有的应试教育体制存在一定冲突。在现有的大环境中，“晓书”是否能够提高孩子的学习成绩，是它能否被更多农村学校接受的关键。

5. 麦田计划

麦田计划成立于2005年，并于2010年注册成立“麦田教育基金会”。和许多专业从事某一单一助学项目的组织不同，麦田计划的助学项目覆盖了求学费用支持、学生生活条件改善支持、就学学习条件改善支持和校舍支持这4个领域，可对需要帮助的适龄儿童和青少年进行全方位的支持。依据政策环境的变化和当地需求的差异，麦田计划在各地的项目重点也有所不同。值得注意的是，麦田计划的各类项目并非截然分开，而往往是联系在一起的。譬如，它的助学金项目就是与第二课堂的推广结合在一起的。在针对一个班级整体进行助学金发放的同时，麦田计划也在该班级推广其创新性的教学实验。这样一来，麦田计划的助学项目就环环相扣，具有了研究和推广的意义。

（二）村委会的介入和帮助

一些地方政府在没有专项资金的情况下，通过乡村集资办学、接受社会力量帮助等途径来恢复和发展农村小规模学校。如前面提到的河北省丰宁县在实施农村教学点标准化工程的过程中，教体局采取了发动乡镇、村出资建设的办法，每改造完成一处并验收合格后，教体局会根据资金投入情况对出资方补贴资金5,000～20,000元。在目前农村义务教育“以县为主”的体制下，省级统筹的力度仍不足，通过社会集资办学，为缓解农村小规模学校一时的困境起到了很大的作用。

山西祁县段家窑小学的建设受助于村委会给予的资金支持。2006年，村委和学校合作引进台湾资金10万美元，村委为学校无偿提供5,000平方米土地，把学校扩建成了高标准的寄宿制学校。扩建后增加了功能室，添置了符合义务教育学校标准化建设要求的各种先进的教学设备，学生学习和生活的条件得到了根本改善，农民文化生活也有了保障。学校成教部还成立了农民文艺宣传队、舞蹈队、篮球队和乒乓球队。为了活跃农民的生活，促进农村精神文明建设，体现教育的社会功能，学校特地投资一万多元，购买锣、镲、板、二胡和板胡等乐器，成立了农民文艺宣传队。宣传队结合当地实际，采取灵活的活动方式，成员组成不定数，活动定时不定时相结合，以点带面，既保证了文艺活动的正常开展，又不影响农业生产。宣传队自成立以来，每年为全县各村赶庙会、奠基、剪彩义务演出十多次，各村街头演出50余次，为促进农村精神文明建设，建设和谐新农村，做出了较大的贡献。山西省祁县峪口乡段家窑小学的大胆实践和对办学机制的创新，探索出了一套学校教育为农村建设服务、学校教育与农村经济社会发展相结合的“村校合一”发展新模式，是对教育社会功能的极好阐释。

由上我们可以看到，农村小规模学校的建设有其复杂性，因此改善的路径和方法也是因地制宜的，既有政府理所当然的改造，也有社会力量的介入帮助；既有校舍等硬件条件的标准化建设，也有网络时代教育信息化的辐射探索等。但核心是，我们应该意识到，小规模学校如果有好的条件和好的师资，它是可以发挥出巨大的教育效用的。在当前的教育背景下，我们不能对之不管不顾，而应该立足于以学生为本的教育理念，引入教育教学所需的资源，为学生提供公平、有质量的教育。

第5章 加强农村小规模学校教师队伍建设的实践探索

2012年9月，教育部等五部委发布《关于大力推进农村义务教育教师队伍建设的意见》（以下简称“《意见》”）。《意见》提出，推进农村义务教育教师队伍建设的具体措施，包括“探索建立吸引高校毕业生到村小、教学点任教的新机制”等，立足“底部攻坚”，将农村村小、教学点的教师队伍建设作为政策突破的重点。《意见》的确是切中要害，是农村教师队伍建设指导思想上的重要进步，为解决农村小规模学校的教师问题提供了政策保障和有效路径。各地也在采取多种措施，破解农村小规模学校教师难题。21世纪教育研究院通过对我国25省市80余所农村小学进行随机调研发现，我国农村小规模学校办学质量较差，除受办学条件限制外，还受师资情况影响。为稳定农村小规模学校教师队伍，吸引优秀教师到村小和教学点任教，不少省市和地区纷纷出台优惠政策，加大投入力度，提高农村小规模学校的教师工资待遇，改善其生活条件。

一、提高教师待遇，改善教师生活条件

教师的待遇可以分为工资和福利两方面。近年来，在教师工资的管理体制改革方面，我国取得了很大的成就。在21世纪教育研究院“百所村小”调研过程中，我们发现，除极个别学校存在因学校资金周转不开发生拖欠教师工资的情况外，基本上没有发生新的拖欠工资现象。在教师福利待遇方面，教师的地方津贴、住房公积金等福利拖欠现象依然很严重。同时，农村学校的教师待遇普遍低于县城学校。尽管教师的整体待遇水平较以往有所提高，但城乡间的差距还是很明显，绝大多数农村中小学教师的处境还是很困难。调研数据显示，73.5%的受调查教师表示他们的实际收入低于当地公务员水平。受调查教师的月平均工资为2,500元左右，与地方公务员的平均工资水平相当。但除工资外，公务员所能享受的各项隐性福利教师都没有。教师作为“履行教育教学职责的专业人员”，工作具有很强的专业性，但调查发现，教师年均收入仅有2.89万元，低于2013年全国城镇居民人均可支配收入（2.95万元），体现不出教师工作应有的价值。同时教师支出项目繁多，且主要集中在生活、子女教育和父母赡养等方面。生活费是大部分教师日常的主要开销，受调查教师平均月生活费支出922.47元；其中

251 人需负担子女教育，平均月支出 794. 10 元；218 人需赡养父母，平均月支出 439. 50 元；201 人有人情往来，平均月支出约 510. 35 元；153 人每月医疗约支出 251. 86 元；137 人需负担住房开支，每月支出约 1, 106 元；120 人有文化娱乐开支，每月支出约 151. 83 元。教师每月需支出的项目较多，且数额不低，相较于有限的工资收入，每月能节余的收入很少。夫妻双方同为教师的，经济状况略好，大部分教师日常经济生活压力大，甚至可以说是捉襟见肘。

虽然近年来中央加大财政转移力度，县级政府也多方筹措资金，农村中小学教师工资水平有了较大的提高，工资拖欠的问题得到了一定程度的解决，但农村小规模学校尤其是偏远地区和山区村小与教学点教师的工资待遇仍存在着工资水平普遍偏低、与城区教师工资收入差距明显、代课教师的待遇差等问题。根据《国家教育督导报告 2008》的抽样调查显示，近 50% 的农村教师和县镇教师没有按时或足额领到津贴补贴，教师工资收入水平城乡差距依然较大。全国农村小学教职工人均年工资收入仅相当于城市教职工的68. 8%，其中广东省小学农村教职工人均年工资收入仅为城市教职工的48. 2%。由于教学条件艰苦，交通不便等原因，仍有一定比例的代课教师在村小和教学点为学生授课。代课教师的工资不是由财政拨发，一般由中心校从生均公用经费中支出或由村民自行集体筹措。代课教师的工资发放缺乏可靠保障，且工资水平很低。如，江西某村小学有在编教师 5 人，临时代课教师 1 人。代课教师的工资为每月 600 元，由中心小学从生均公用经费中支出，另有每周 5 天的用餐补助，一年按 10 个月计，此外没有其他收入。这些代课教师不能和公办教师同工同酬，也没有相应的社会保险。伴随着“80 后”和“90 后”代课教师的出现，他们对自身权益的诉求愈加明确。一旦成为代课教师，则与当地教育部门或学校形成劳动雇佣关系。如果学校只能给他们提供微薄的工资，又不为他们缴纳失业、工伤和养老保险，未来这些代课教师的生存和社会保障，将成为地方教育部门面临的涉及劳资关系的一大重要问题。

为解决教师待遇方面存在的突出问题，各地政府开展了积极探索，并采取了一系列措施。通过对相关案例进行搜集，我们发现，这些措施主要有设立边远地区教师特殊津贴；改善教师住宿条件，加强周转房建设；统筹提高农村教师待遇，建立教者从优的条件保障机制等。

（一）设立边远地区教师特殊津贴

提高教师待遇需要建立稳固的教师工资发放体系。为了保障教师工资的及时发放，在实践中需要建立责任机制和责任追究机制，加强监督和操作的透明度。对于不能按时发放工资的县，要依照法律和相关规定进行行政处罚甚至法律制裁。同时考虑到农村信息闭塞、交通落后、医疗卫生条件不发达等因素，应当给予农村教师一定的补偿待遇，在边远地区和艰苦地区建立固定的教师津贴制度，使农村教师待遇高于城市，从而吸引优质教师到农村任教。为此，2013 年 9 月中旬，教育部、财政部联合印发《关于落实 2013 年中央 1 号文件要求对在连片特困地区工作的乡村教师给予生活补助的通知》（以下简称《通知》），决定对连片特困地区义务教育乡、村学校和教学点工作的教师（以下简称“乡村教师”）给予生活补助。2013 年中央财政共核拨综合奖补资金 9. 15 亿元作为农村教学点教师的生活补贴，共覆盖 22 个省份 699 个连片特困地区县。其中，已实施乡村教师生活补助的有 14 个省份 219 个县，实施县覆盖率为 31%。219 个实施县共有乡村学校 3. 02 万所，乡村教师 49. 96 万人，其中享受补助学校 2. 49 万所，乡村教师 32. 23 万人，覆盖率分别为 82% 和 65%。已实施县平均补助每人每月 258 元，平均补助在 300 元及以下的县占 48%，300 ~ 600 元的占 36%，600 元及以上的占 16%。已实施县共投入乡村教师生活补助资金 9. 98 亿元，湖南省投入最多，为 3. 82 亿元。资金多由地方各级政府共同承担，其中县级政府独立承担的占 26%，市级政府独立承担的占 2%，省级政府独立承担的占 26%，地方各级政府按比例分担的占 46%。

全国有 600 多个县积极探索给农村教师发放补助，受益教师达 100 万人，一定程度上改变了过去农村教师“下不去、留不住、干不好”的情况，对于稳定农村教师队伍、吸引教师到农村任教起到了较好的推动作用，标准越高的地区成效越明显。例如，湖南省泸溪县对村小和教学点教师发放岗位津贴最高达 1, 200 元，出现了每年有近 200 名城镇学校教师自愿申请到农村学校任教的喜人局面。据教育部资料显示，江西省多部门联合下发通知，提高边远地区农村中小学教师特殊津贴，边远地区农村中小学教师特殊津贴标准由每人每月 105 元提高到每人每月 210 元，最边远地区农村中小学教师特殊津贴标准由每人每月 180 元提高到每人每月 360 元。调整后的标准，从 2013 年 1 月 1 日开始执行。这项政策的出台，惠及江西省农村中小学教师 87, 719 人，占全省农村教师总数的 33%。2013 年 5 月 18 日，湖南省省委、省政府出台了意见，提出在湖南省武陵山片区的教师奖励性绩效工资中增设“片区农村基层教育人才津贴”，主要是为具有初级以上职称（含初级）的在编在岗教师，在片区农村中小学校（教学点）工作期间，按学校在自然村寨、村委会所在地、乡镇政府所在地（不含县城关镇）3 类情况，分别给予每人每月不低于 700 元、500 元、300 元的人才津贴。该计划的实施：一是使农村教师职业吸引力进一步增强。随着补助政策逐步实施，农村教师特别是连片特困地区农村教师收入水平将高于城镇教师，党的十八大报告提出的农村教师“教书育人的荣誉感”显著增强，优秀人才自愿到农村学校任教的流动机制将初步形成。二是使教育投入结构更加合理。补助政策的实施将带动教育投入思想观念的转变，引导教育投入由原先侧重于建房子、买设备等硬件建设，逐步向侧重于教师队伍等软件建设转变，教育投入结构进一步优化，教育资源配置更加均衡。三是使得城乡教育发展日趋均衡。随着越来越多的优秀人才到农村任教，农村教师队伍整体素质得到较大改善，农村教育整体水平进一步提高，城乡区域间教育发展差距有效缩小，县域内城乡义务教育均衡发展率先实现。

（二）改善教师住宿条件，加强周转房建设

周转房改善了部分农村中小学教师无房住、住危房、校外租房住的窘况，初步形成了有利于城乡教师合理流动，适合不同层次教师需求的住房建设模式。同时，它还带动了农村教师安居房的建设，促进了农村教师住房条件的整体改善。由此可见，建设好农村教师周转房，的确是一项民心工程，也是一把让教师安心农村教书育人的暖心钥匙。同时，它使城乡之间、学校之间教师的流动和师资的均衡有了基本的物质保障，学校的教育教学质量不断提升，从而可促进义务教育的均衡发展。

例如，山东省德州市武城县教育局抓住随着乡镇机构改革和中小学教学点布局调整，农村学校出现了一些空闲教室和校舍的机会，斥资 598 万元改造升级 29, 476 平方米的空闲房舍作为教师周转房，提供给住房困难的教师使用。教师工作调动或退休后随即搬离，腾出房子给无房教师居住，其他人不得占用。这一举措解决了 1, 356 名教师的走教问题。

贵州省 2012 年率先将住房困难农村教师纳入公租房保障范围，建设农村教师公租房 3. 8 万套。重庆市巫山县近年来大力推进教师周转房建设，至 2012 年年底，已建成教师周转房 505 套，共计 20, 238 平方米，解决了 670 名教师住房困难的问题。近年来，该县持续加大投入，保障教师周转房建设，目前 16 所学校新建的 408 套共计 14, 280 平方米的教师周转房也陆续建成并投入使用。

2007 年广西壮族自治区鹿寨县拉沟中心校教师周转楼成为柳州市教师周转房的试点工程。2008 年教师节前夕，率先落成的鹿寨县拉沟中心校教师周转楼 24 户已经交付使用，安太乡中心校中学的教师周转房已于 2010 年年底竣工交付使用。2008 年 11 月，广西三江县以独峒乡第一、第二中学为示范点正式启动周转房建设工程项目，50 套农村教师周转房，解决了 100 位农村教师住房难的问题。2014 年，三江县第一栋农村教师周转房在独峒一中竣工并投入使用，三江县良口乡中学、富禄苗族乡中学教师周转房工程相继破土动工。这是三江县开工建设的第二批农村教师周转房工程。三江县独峒乡第二中学于 2009 年建造了一幢具有 15 套单职工和 10 套双职工规模的教师周转房，目前学校大部分老师已经住进了这幢崭新而美丽的楼房。独峒一中的教师周转房共有 18 套，其中 60 平方米的两房一厅 6 套，40 平方米的一房一厅 12 套，共解决了 24 位教师的住房问题。单职工每套一房一厅一厨一卫，双职工每套两房一厅一厨一卫，大大改善了学校教师的住房条件。此外，三江县还计划用 5 年时间投资 3, 915 万元，兴建

52, 180 平方米的教师周转房，让农村学校每位教师可享受 25 ~ 30 平方米的住房面积。2010 年，总投资 198.6 万元，占地面积 2, 096 平方米的三江县首批农村教师周转房已全部竣工。该县还将投资 469.6 万元，在梅林、富禄、良口 3 个乡修建 88 套教师周转房，解决 129 位教师的住房困难问题。

2007 年起，湖北省在试点县市开始实施“农村中小学教师周转房建设工程”，免费提供给城乡交流教师、特岗教师、支教教师和无房教师居住。省财政先后投入 7, 000 万元用于建设教师周转房，吸引各方投资近 6 亿元，新建和改造 57 万平方米、近 2 万套教师周转房和永久性安居房，解决了 1.4 万余名教师的住房困难问题。2010 年，农村中小学教师周转房建设工程已在该省全面铺开。

湖南省泸溪县推行“三项工程”，改善农村教师工作生活条件。一是实施农村教师公转房建设工程。从 2006 年起，按照“政府统筹、个人垫资、产权公有、以息抵租、周转使用”的原则，全面实施农村中小学教师公转房建设工程。截至 2009 年共计投入资金 1,564 万元，建设公转房 350 套，建筑面积 22, 728 平方米，入住教师（含家属）873 人。二是实施农村教师周转房建设工程。从 2010 年起，全县将农村中小学教师住房纳入保障性住房建设中，计划投入 6, 700 多万元，到 2013 年在全县农村学校建设教师保障性住房 1,500 套。截至 2012 年已建成 596 套，入住教师 725 人。三是实施校安工程。近年维修、新建教师宿舍等建筑面积共计 32, 780 平方米，总投资达 3, 081 万元。

周转房建设的开展，对于农村教育发展具有积极作用。主要表现在：第一，解决教师住房问题，使得教师安心从教。安居才能乐业，解决好教师的住房问题，就是解决好了教师的后顾之忧，教师不用每天担心没有地方住，从而可以把更多的精力投入到教学活动中，进而促进农村教育的积极发展。第二，留住了一部分教师。农村教师流失严重在我国已是不争的事实，教师之所以流失很重要的原因就是农村生活条件不如县城，如今解决了教师住房问题，教师的生活有了保障，他们就会更多地考虑留在农村任教。第三，方便为学生提供课后指导。在没有教师周转房的时候，教师一般采用走教的模式，上完课就得匆匆忙忙地赶回家，根本没有时间指导学生完成课外作业。住房问题解决后，教师就可以住在学校，这既方便了教师的生活，也为教师争取到了辅导学生完成作业的时间，从而为提高学生成绩提供了有利条件。

（三）统筹提高农村教师待遇，建立教者从优的条件保障机制

湖北省从教师住房保障、工资和津补贴等方面统筹提高农村教师待遇，从 2009 年起，在全省义务教育学校实施绩效工资制度。义务教育教师实施绩效工资时，可按高于城区教师绩效工资 12% 以内的水平确定农村教师津贴标准，并根据绩效工资总水平变化实行动态调整。从 2012 年起，湖北省建立扎根农村义

务教育学校骨干教师补助制度，对现在农村义务教育学校工作的湖北名师、特级教师，每人每月发放定额补助，并按照总量控制、竞争择优、动态管理的原则，每 5 年一次重新遴选。

湖南省泸溪县实行“三个倾斜”政策，激励教师到农村学校任教。一是实施农村教师经济待遇倾斜政策。设立了农教补贴，农村村片小教师每人每月 200 元，农村初中、中心完小每人每月 100 元，并优先全额落实农村教师绩效工资每人每年 14, 140 元。还于 2009 年起实行农村教师岗位津贴制度，村片小教师每人每月岗位津贴 1, 200 元，农村中心完小、初中教师岗位津贴每人每月 400 元。仅此一项，村小教师一年收入就比城里教师多出 1. 44 万元，不少村小教师年收入可达 5 万元。二是实行教师职务评审向农村教师倾斜政策。要求城镇学校教师晋升职务、参评特级教师、评选县级以上优秀教师等，须在农村学校任教 1 年以上。三是实行农村教师评优评奖倾斜政策。泸溪县财政每年预算内安排 30 万元政府奖励基金、20 万元县级学科带头人特殊津贴，评选优秀教师、学科带头人，80% 的指标投放到农村学校。2011 年，县政府拿出 120 万元重奖 131 名教师，其中农村教师达 102 人，个人获得奖励最高者达 5 万元。这样，农村教师的经济待遇和生活水平得到了提高，这使他们安居乐教，愿意一辈子扎根于村小，做一名快乐、幸福的乡村教师。

总结近几年湖北省和湖南省泸溪县农村教师队伍建设实际情况，成功的经验主要体现为地方政府加强省级统筹，主导推进机制创新。政府主导是成功推进农村教师队伍建设的首要原因。2004 年以来，湖北省政府为“农村教师资助行动计划”提供高效的财力保障，将其列入省“十一五”规划，在经费、政策上给予全力支持。同时，在农村教师队伍发展上，不断强化省级统筹，促进湖北省义务教育在省域内均衡发展。湖南省泸溪县委、县政府突出树立了“抓教育就是抓经济、抓教育就是抓发展”的观念，把发展教育作为全县工作的 3 件大事之首来抓。泸溪县委常委会议 4 次重点研究提高农村教师待遇及解决农村教师住房问题，县政府常委会议 5 次研究加强农村教师队伍建设工作。县人大、县政协定期视察教育，开展了提高农村教师待遇调研活动，并组织人大代表、政协委员积极为加强农村教师队伍建设建言献策。政府主导有利于建立各部门密切协作的工作机制，为农村教师队伍建设营造良好的政策环境，从管理、资金和评价方面强化政府的统筹。政府财政的大力支持对于农村教师队伍建设十分关键。湖北省自 2004 年以来相继实施的各项工程、计划、项目，成本近 10 亿元，离不开政府主导对资金的统筹安排。在财政十分困难的湖南省泸溪县，要保证教师绩效工资和 1, 300 多万元农村教师奖励基金及岗位津贴全部到位，也必然离不开县委、县政府下大力气优先发展教育的决心。

二、多途径创新和完善农村教师补充机制

“百所村小”调查显示，被调查教师平均年龄为45.2岁：20～30岁年龄段教师占被调查教师总体的8.6%，30～40岁年龄段教师占12.4%，40～50岁年龄段教师占46.3%，50岁以上年龄段教师占32.6%。农村小规模学校教师老龄化现象严重且年龄断层现象也异常严峻。部分小规模学校教师平均年龄甚至达到55岁，很快就会面临老教师全部退休而又无新教师补充的困境。

农村小规模学校位置偏远，交通不便，生活条件艰苦，待遇有限，难以留住优秀的中青年教师，也很难吸引年轻教师加入，导致教师严重短缺。目前因为安全问题、周转房建设不到位等因素，地方教育行政主管部门也很难安排特岗教师进入小规模学校任教。对于师范毕业生而言，农村中小学是最无奈的选择，如果可以选择，他们首选大城市学校。对于在农村中小学执教的教师特别是优秀教师而言，他们也不同程度地存在由偏远地区小规模学校向其他农村学校流动、由农村学校向乡镇学校流动、由乡镇学校向县城学校流动的倾向。① 农村小规模学校成了被遗忘的角落，政策的普惠难以覆盖小规模学校。正如菲利普·库姆斯所言：“发展中国家农村地区常常像半干旱的教育荒漠一样而没有教育质量可言，不但教师通常都是水平最低的，而且贫穷儿童的比例也很高。这些儿童真正需要最好的老师，然而他们却是最后才得到。”② 据“百所村小”调研显示，我国农村教师数量缺口依然严重，师资短缺、年龄结构老龄化、教学水平低仍是当前农村小规模学校发展的最大困境。为此，国家及一些省市和地区牢牢抓住“教师”这个关键，及时补充新教师、对现任教师加强教育培训，以此来促进农村教育质量的提高和农村小规模学校的发展。

（一）“农村特岗教师计划”

2006年教育部、财政部、人事部、中央编办联合组织联合颁布《农村义务教育阶段学校教师特设岗位计划》（简称《特岗教师计划》）。该计划以不改变教师管理事权为前提，在现有教师编制内设立特别岗位；通过公开招聘高校毕业生到中西部地区“两基”攻坚县以下农村学校任教3年，引导和鼓励高校毕业生从事农村义务教育工作；旨在创新农村学校教师的补充机制，逐步解决农村学校师资总量不足和结构不合理等问题，提高农村教师队伍的整体素质，促进城乡教育均衡发展。特岗教师在聘任期间工资待遇执行国家统一的工资制度和标准，与当

---

① 秦玉友．农村小规模学校教育质量困境与破解思路［J］．中国教育学刊，2010（3）：1.

② ［美］菲利普·库姆斯．世界教育危机［M］．赵宝恒、李环，等，译，王英杰，校．北京：人民教育出版社，2001：126.

地正式老师享有同等待遇，绩效工资不足的部分由地方财政解决。津贴补助由各地根据当地同等条件公办教师收入和中央补助水平综合确定。政府为特岗教师提供必要的交通补助、体检费和按规定将转岗教师纳入当地社会保障体系，享受相应社会保障待遇。3年聘任期满后，《关于实施农村义务教育阶段学校教师特设岗位计划的通知》（教师〔2006〕2号通知）要求，“鼓励特岗教师3年聘期结束后，继续扎根基层从事农村教育事业。对自愿留在本地学校的，要负责落实工作岗位，将其工资发放纳入当地财政统发范围，保证其享受当地教师同等待遇”。对于重新择业的教师，各地政府为其重新选择工作岗位提供方便条件和必要帮助。此外，特岗教师还可以获得推荐免试攻读教育硕士的机会。

相比《免费师范生计划》而言，农村《特岗教师计划》还是比较有成效的，能够惠及村小及教学点，满足它们对青年教师的需求，受到了农村学校乃至农村小规模学校的欢迎。21世纪教育研究院农村教育调研组通过深入湖北省利川市某乡A、B、C、Y、Z 5所学校，对67位特岗教师开展访谈及问卷调查发现，《特岗教师计划》实施以来成就显著。

第一，从数量上看，为该乡提供了数量可观的教师。在5所学校中，特岗教师最多是C校，为28人，最少是A校，为7人；特岗教师占全校教师总数比例最高的出现在C校，为66.7%，最低出现在Y校，为22.7%；5所学校共有特岗教师67人，占5所学校教师总数的34.8%。5所学校特岗教师人数统计情况见表10。

表10　5校特岗教师人数统计

项目	A学校	B学校	C学校	Y学校	Z学校	总计
特岗教师/人	7	8	28	10	14	67
全校教师总数/人	23	28	42	44	47	184
资教生占该校教师比重/%	30.4	28.6	66.7	22.7	28.8	34.8

第二，特岗教师传播先进教学方法，完善课程教学内容，丰富学校课余教学活动，焕发学生青春活力。首先，传播先进教学方法。特岗教师作为“80后”、“90后”新生代力量，思维模式与教学模式敢于创新，将当地学校“以教师为中心”的授课模式变革为“以学生为中心”的教学模式。在教学场所上“标新立异”，由先前以教室为中心转变为将学生带出教室走向自然（如春游）。其次，由于该乡发展较为落后，新生产业文明对当地影响较小，当地社会生活更新速度慢于城市，反映到教育内容上则是教学内容陈腐化、不合时宜的现象突出。特岗教师在完善课程教学内容方面具体做到了：①“古今结合”，即注重以往的教学内容，在此基础上将社会新型产业文明引入课程。②“中西合璧”，即用普通话、英语开展教学活动，一改以前“方言堂”现象。③丰富学校课余教学活动，

焕发学生青春活力。该乡因师资严重匮乏，学生的课外活动被搁置起来。特岗教师除补充学校主要课程师资外，也肩负起课余教学活动。丰富学校课余教学活动，满足了学生的心理需求，焕发了学生的青春活力，改善了学校的精神面貌。

第三，优化教师学历结构，提升教师队伍的整体文化水平。在该乡，5 所学校教师文凭以中专、大专为主，67 位特岗教师分别来自湖北民族学院、长江大学、中南民族大学等 13 所本科院校，且均获得本科文凭。他们的加入使得教师学历结构趋于优化，改善了教师队伍的学历结构，使当地学校实力不断提升。不过，虽然《特岗教师计划》在补充农村师资不足、促进农村教育发展方面成就显著，但相对于我国农村教育对师资的偌大需求仍然是杯水车薪。

（二）湖北的“农村教师资助行动计划”

近年来，湖北省教师队伍建设取得了重要进展，但是农村教师队伍建设仍是整个教师队伍建设的薄弱环节，制约了农村教育质量的提高和城乡教育的均衡发展。在“城市支持农村、工业反哺农业”的历史新阶段，必须创新人才引进机制，发挥政府调控职能，落实科学发展理念，切实加强农村教师队伍建设。湖北省教育厅通过调研发现，湖北省教育问题主要表现为：在区域分布上，城区学校超编，乡镇学校缺编，农村教师数量严重不足；在年龄结构上，农村 50 岁左右的教师居多，30 岁左右的中青年教师缺乏；在学历层次上，农村中专或大专学历的教师偏多，第一学历为本科的教师偏少；在学科分布上，农村传统学科的教师多，外语、计算机教师的缺额大。为解除农村教育发展中面临的师资困境，湖北省委、省政府坚持把教师当作教育发展的第一资源来抓，坚持“优者从教”，保障“教者从优”。自 2004 年启动“农村教师资助行动计划”后，又于 2005 年开始实施“农村教师素质提高工程”，2012 年则开始对农村义务教育学校新进教师实行国标、省考、县聘、校用的新机制，并提高农村教师待遇，构建了优秀教师“进得来、教得好、留得住”的农村教师队伍建设的完整体系。

湖北省于 2004 年启动“农村教师资助行动计划”，通过对毕业生提供优惠政策吸引毕业生到农村任教。参加该计划的毕业生可以享受 6 项优惠政策：①由县（市）教育行政部门组织年度考核，考核合格的，省教育厅对每人每年奖励 5, 000 元，按年发放。对借有国家助学贷款的毕业生，此奖励款优先用于偿还贷款。②可提前定级，不实行试用期。其工资由县（市）按照国家规定的标准列入财政预算，按月足额发放。③毕业生来自具有推荐免试研究生资格的高等学校且符合推荐免试资格的，可先取得研究生入学资格、办理注册手续，服务期满后再回校攻读硕士研究生。④服务期满经考核合格的，经选拔可攻读教育硕士专业学位。⑤户档关系可自愿选择保留在原高校或省毕业生就业中心，也可直接转入县（市），免收户档托管费。⑥对非师范专业毕业的，由省教育厅组织免费培训，免收教师资格申请考试费。6项优惠政策的出台，极大地调动了高校毕业生参加行动计划的积极性。

2012年湖北省开始建立省级统筹的农村义务教育教师补充机制，实施“国标、省考、县聘、校用”的教师管理制度，即实行全省统招统派、经费省级负担、县级教育部门管理、农村学校使用的补充新机制。按国家规定的教师资格标准，经省编办核准招录数量后，在省人社厅指导下，由省教育厅统一组织笔试，各县市负责面试、聘用和日常管理，学校负责使用。新招录教师在乡镇以下义务教育学校任教。

湖北省自2004年有306名资教生走进29个贫困县（市）乡镇学校任教，2005年有1,029名资教生在54个县（市）310个乡镇任教，2006年有1,335名资教生在全省54个县（市）430多所乡镇学校任教，2007年有来自全国的2,400多名大学毕业生和78个县（市）教育局签订了协议，2008年以来资教生每年稳定在3,000名左右。到2011年年底，湖北省共选派省内外291所高校20,462名本科以上毕业生，充实到83个县（市、区）的1,900多个乡镇学校任教，占到了全省农村义务教育学校教师总数的4%左右，服务期满后，约有60%以上特岗教师和资教生自愿留在农村中小学校继续任教。广大特岗教师和资教教师爱岗敬业，成为农村学校新生力量，他们以实际行动和工作业绩，赢得了社会各界的信任和好评，有效缓解了农村教师年龄结构老龄化和学科结构不合理的矛盾，尤其是补充了短缺的学科教师，给农村教师队伍注入了新的活力。

（三）通过“联校走教”充实村小和教学点师资

对湖北省7县市的调查表明，农村学校应该补充外语、信息技术、体育、音乐、美术教师的比例，分别占需要补充总量的87%、37%、41%、54%和50%。许多地区农村小学虽已按规定开齐了课程，但任课者大都是非专业教师。例如，宣恩县68所农村小学中，共有英语教师17人，体育教师5人，音乐教师3人，美术教师1人，计算机教师2人。按省颁教师编制标准测算，部分县（市）农村教师的缺编问题依然严重。如红安县近几年每年退休教师均在130人左右，教师缺编人数达到385人。[①] 为解决农村教师学科结构失衡、部分学校师资数量不足的问题，各地探索出了“联校走教”的模式，实现师资的共享。

湖北省通山县根据该县山区、库区多，小学布局分散的实际，面对既不能简单撤并村小和教学点，又不适合大规模举办寄宿学校的山区教育县情，从学校自发的“走教”行动中，发现了制度创新的契机，率先在湖北省提出了“走教联

① 张雪艳．加强省级统筹，提升农村教师待遇——以湖北、湖南泸溪等为例［M］．北京：北京理工大学出版社，2014.

校”的办学新模式。所谓“联校”就是打破学校之间的界限，以一所完全小学为主体，按地理位置、生源范围将附近初小、教学点作为其分部，几校联合组成“教学联合体”，实现“人事统一调配，财务统一管理，教学统一协调”，让区域内的孩子同享教育资源。在教师资源调配上，教师行走到各校上课，以满足学生就近入学的要求。“走教”给偏远教学点带来了活力。该县实行的“联校走教”，不仅为“教学联合体”内的学校补充了基本的语数双科师资，还在这些学校里基本开齐了英、音、体、美和信息等师资短缺课程，农村小规模学校一样实现了规范办学。各中心校建立了联校走教的评价、激励机制，对走教教师在转正、提拔、评先等方面给予优待，极大调动了教师的积极性。虽然校园不同，老师们却可按一样的课表上课。刚刚结束的学期里，通山县 53 所完全小学分别与 132 所初小和教学点组成联校，初小、教学点终于可开齐课程了。中心小学和教学点成了一所学校，教学点没法开的课程，中心小学的老师会过来上课，大家执行统一的教学计划、统一的课表、统一的教学进度、统一的质量检测。

湖北省红安县根据《红安县中小学布局规划（2011—2020）》，在深入调研的基础上，制定切实可行的撤校并点年度实施方案，抓好保留学校基础设施和配套建设，重点抓好迁建项目和九年一贯制学校的合并工程。教学点建成以后，教学点的管理及资源配置成为难题。为了解决这一难题，红安县实施了“九年一贯，点校一体”区域式的管理模式，用整体统一和衔接的观念建立起以乡镇中心小学为中心的边缘学校体系。“九年一贯”即实行九年一贯制办学体制，根据国家义务教育法有关实施九年义务教育年限的规定组建起来，贯穿小学与初中教育的一体化办学模式；“点校一体”即教学点和中心学校联为一体，由中心学校委派教师去教学点轮流定教和走教，以整合教育资源，实现教育资源利用最大化，提高教学点教育质量的管理模式。九年一贯制学校一般为乡镇中心学校，结合“点校一体”管理模式，因此这种区域式管理模式又称为以中心校为轴心的卫星式支教系统，即以中心小学为核心管理周围村小的模式。学校最主要的服务功能是教学，因此，支援的重点措施是教师支教。在这一方面，红安县的陈升学校主要采取了两种形式：轮流定教和走教。轮流定教即学校每两年派出教师轮流到教学点任教，特别规定“45 岁以下教师必须到教学点轮流任教（至少两年）”。如全乐教学点有学生 60 人、4 个班，派出教师 4 名；易杨家教学点有学生 20 人、2 是个班，派出教师 2 名。走教即中心学校每周有老师到教学点上课，特别规定“体育、音乐、美术、英语、科学等学科教师必须每周到教学点走教”。定教的老师任主课，并兼任 1 ~ 2 门副课，走教教师主要为音乐、美术、体育等专业教师。桐柏九年一贯制学校根据学校实际情况，未实行轮流定教和走教的硬性支援形式，而更多是从福利方面支援村小。据该校副校长介绍，支援措施主要为：①外出听课、学习、接受培训等机会由村小教师优先享有。②村小教师经济待遇较原桐柏小学教师高，经济开支由村小负责人每月向桐柏九年一贯制学校即中心学校报账，由中心学校支出。③村小学生的中餐不收费，经费由中心学校承担。④由于村小教师的年龄较大，知识更新较慢，对于多媒体设备还不会使用，中心学校定期会对村小教师开展电教培训，对于硬件设施的维修，也由中心学校提供帮助。通过这种卫星式的支教系统，中青年教师轮流任教，短缺学科教师实行走教，建立起了经费保障和教师激励机制，确保了教学点的师资力量，提高了教学点的办学水平。

湖南省岳阳县实行“学校联管、教师走教”的农村办学模式，由一到两所完小牵头，联合周边的三五个教学点组成“片联校”，教学点里的英语、计算机、音、体、美等课程没有专业教师，同一“片区”的完小教师送教上门，这就是曾经红火一时的“走教”。这样做不仅为教学点的教师安心教学创造了条件，而且解决了过去简易小学教学资源严重缺乏的问题，使教学点的办学、教学都逐渐走向了规范化，也从根本上杜绝了过去那种教师“一人有事，全校放假”“三天打鱼、两天晒网”的现象。

四川省达州达川区为了提升村小办学效益，激活村小办学活力，对村小办学体制进行了改革。一是实施村主任教师选聘制度。100 人以下和 100 人（含 100 人）以上的村主任教师分别按中心校中层副职和中层正职进行聘任管理，聘期为 2 年；凡担任 2 年以上的村小主任教师在干部任用时与中心校同级干部同等对待。二是实施教师交流“走教”制度。45 岁以下中青年教师轮流到村小任教，乡镇范围内骨干教师巡回到村小授课，紧缺学科教师由中心校统筹安排，流动“走教”到村小教学。从 2015 年起，有 2 年及以上村小任教经历的小学教师，在评聘专业技术职务、岗位聘用、评优选先等方面同等条件下优先。三是实施村小教师招考补充制度。适度增加村小编制，适度配置音、体、美等学科教师，保证村小教学基本需求。进一步拓宽村小教师补充渠道，实行定向招聘的方式补充村小教师，新招聘的农村教师原则上安排到村小工作，以稳定村小教师队伍。鼓励教师长期在村小任教，每年评选 10 名“优秀村小主任教师”、10 名“优秀村小教师”，并给予表彰奖励。

（四）对口帮扶和城乡换岗支教模式

近几年，根据国务院《关于基础教育改革与发展的决定》和《关于进一步加强农村教育工作的决定》等文件精神，各地为规范支教工作的管理，纷纷出台相关工作的管理规定和政策。例如，北京市出台了《北京市城镇教师支援农村教育工作暂行办法》，明确城镇教师支援农村教育工作的目标、任务和方式方法，建立经费保障机制，制定了支教相关优惠政策等；上海市制定了《支教人员守则》《组长工作职责》《支教人员请假制度》和《区县教育局选派和管理支教工作规定》等。同时，各地相继建立城市对口支援农村帮扶制度。如天津市将 6 个市区及市教委直属学校与 12 个农村区县结成对口帮扶关系，组织城市百所中小学对口支援农村百所中小学，通过对口帮扶和对口挂钩支援建立起城乡一体的教育联合协作体。浙江省组织实施了“百人千潮名师送教下乡”活动，组建由 250 名骨干教师组成的专家名师讲学团，计划用 3 年时间，开展上千场农村中小学教师培训活动。广东省提出建立中小学教师交流制度，包括珠江三角洲地区与经济欠发达地区的“市对市”教师对口交流制度，地级以上市区域内的“县对县”教师对口交流制度以及县（区）内的“校对校”教师对口交流制度。广西壮族自治区一方面从当地学校和机关选派教师、干部到农村薄弱学校支教，一方面开展“扶贫助学”支教工作，发动社会力量资助农村学校家庭经济困难学生。河南省在推进对口帮扶工作的同时，每年拨出专项经费 1,000 万元，用于培训农村骨干教师。在财政支持上，各地也结合当地实际情况，保障对口帮扶工作的落实。天津设立专项经费，向支教干部和教师发放农村边远工作津贴、生活补助和交通补贴，并对到农村地区举办讲座的特级教师给予补贴。江苏省财政每年投入 4,000 万元，对参与支教的学校每校每年补贴 4 万元，同时对支教教师发放生活补助费和报销探亲差旅费等，并在评优、晋升等方面优先考虑支教 1 年且考核合格的教师。

2011 年年初，湖南省双牌县推出了学校对口帮扶、教师双向管理、实行捆绑考核的“组团式对口支教”模式，实现了教育资源城乡流动和均衡配置，破解了支教低效困局。针对义务教育阶段 70% 薄弱学校在农村的现状，第一，采取学校对口帮扶措施，规定凡晋升中、高级职称年龄在 45 周岁以下的教师，必须在任现职期间有在农村学校任教的经历。同时，每年拿出一定比例的指标奖励优秀支教教师，激发支教教师的干劲和热情。自 2010 年年初以来该县共选派了 67 名骨干教师下乡支教，对口帮扶了 11 个偏远乡镇场的 19 所学校。第二，提高支教教师工资待遇。双牌县教育局每月从绩效工资中上浮不少于 100 元作为支教教师的生活补贴。第三，组建联盟学校，打造城乡教育共同体。按照“共享、互补”原则，目前全县已组建了由 6 所城区优质学校与 24 所农村学校参与的 6 个城乡教育共同体，占整个义务教育阶段学校的 72%。同时，还选派了 24 位城区学校的管理和教育骨干到农村结盟学校任业务校长。实行组团支教，以送课下乡、农村校长和教师到城区学校顶岗学习、师徒结对、联合教研等多种方式，使城区学校先进的教育理念得到传播，优质的教学方法得到推广，使农村教师的业务素质明显提高。据最新测评，全县受援学校教学成绩平均比原来提高了 5 ~ 10 分，学生优秀率、合格率提高了 7 个百分点。

河南省灵宝市建立边远薄弱学校对口帮扶长效机制，实施城镇学校和教师对口支教帮扶边远薄弱学校及受援学校教师跟岗学习制度。市里每年组织局直 13

所学校对口支援 26 所农村薄弱学校，选派 120 名骨干教师到农村进行为期 1 年的蹲点支教，让山里的孩子与城区的名师零距离接触。此外，灵宝市在职称晋升、评优表模、生活津贴等方面实行倾斜政策，引导优秀教师去农村小规模学校支教。

湖南省泸溪县推行“城乡换岗”模式，中心完小教师和片村小教师按 30% 比例，以 1 学期或 1 个月为实践单位互换工作岗位，结成伙伴关系，共享教育资源。同时，泸溪县对骨干教师和学科带头人实行无校籍动态管理，要求骨干教师定期到农村薄弱学校开展教学指导，特级教师和高级职务教师须定期到农村学校服务，时间不少于 1 年。

开展对口帮扶和城乡换岗支教模式意义深刻：一是支教和受援学校的领导有了新的办学理念，明确了办学目标；二是支教教师在农村偏远学校艰苦创业、自强不息、乐于奉献教育事业的精神得到了发扬和升华；三是处在困境中的学生奋发向上的学习积极性得到渲染；四是有限的优质教育资源得到了共享，促进了教育人事制度改革的进一步深化和农村基础教育的均衡发展；五是受援学校得到了教学上和物质上的资助，改善了办学条件，增强了发展后劲。

（五）湖南省麻阳县补充农村教师的“2 +3”模式

麻阳县位于湖南省西部，是一个苗族自治县、省级贫困县，教育发展基础弱，底子薄。该县有村小和教学点 105 个，学生总数 3,571 人，教师 263 人（其中代课老师 51 人），45 岁以上教师占 80%。师资建设呈现年龄结构偏大、代课教师多等问题，村小和教学点的师资长期得不到补充的问题尤为突出。为破解村小教师紧缺难题，麻阳县提出了师资补充的“2 +3”模式。“2 +3”模式中的“2”是师资补充的 2 个主体方式，“3”是师资补充的 3 种辅助方式。2 个主体方式分别是“定向培养”和“定岗招聘”，3 种辅助方式分别是“走教”“支教”和“代教”。

（1）定向培养。湖南省从 2006 年下半年起，启动了免费定向培养农村教师计划，从省级教育经费预算中设立专项资金，选拔优秀初中毕业生，免费为乡镇以下小学培养 5 年制大专教师，力图从长远解决农村教师短缺问题。按照该计划，学生入学后前 2 年按中职学生注册学籍，学习基础文化课程；2 年期满后参加当年普通高校招生对口升学考试，考试成绩达到省当年划定录取控制分数线的，升入本科层次学习 4 年。本科修业期满，成绩合格者由湖南第一师范学院颁发初中起点本科文凭及学士学位证书。对口升学招生计划纳入当年湖南省普通高校对口升学招生计划。对参加了对口升学考试却由于成绩未达到省当年划定录取控制分数线而未升入本科层次学习的学生，则按 5 年制专科层次农村小学教师的培养目标进行培养。专科修业期满、成绩合格者由湖南第一师范学院颁发初中起点5年制专科文凭。公费定向生毕业后必须回定向县县以下农村小学从事教育工作不少于8年。县市区要保证升入本科层次和进入专科层次修业期满、成绩合格且获得相应学历文凭的公费定向毕业生有编有岗，上岗任教。麻阳县因地制宜，根据自愿原则，每年从本乡（镇）初中毕业生选择生源，然后由教育局与其签订定向委培合同，委托师范院校进行培养，毕业后回到所在乡（镇）的村小当老师。合同约定毕业后在本乡（镇）村小服务满3年方可转正、调动等，但不满5年不得离开本乡（镇）村小岗位，否则不再保留教师编制、身份及待遇等。这种模式类似于以前的中师培养模式，事实也证明这种方式对农村小学教育发挥了重要的作用。"2+3"模式重点放在"本土化"的不离乡式的师源培养上，当地教育行政部门根据实际需要，选择一些具有教育意愿的基础知识好的当地初中毕业生，送往各级师范院校深造，并签订相关协议，实行定向培养、定向安置，并给予学费、生活费、奖助学金等一系列优惠政策。这种定岗定编、约定服务年限、地点的教师培养模式，可以培养"本土化"教师，使教师离土不离乡，从而成为热爱教育事业的小学老师。

目前麻阳县的定向培养生源主要来自于湖南第一师范学院、衡阳师范学院和怀化市芷江师范学校等，计划包括6年本科和5年大专制，由省和当地财政共同培养农村教师。2013年所招聘老师大部分直接派往农村地区任教。毕业生通过该计划考察合格并成功分配后，就能入编，但需要按照合同在农村小学工作8年。

（2）定岗招聘。这个"岗"指的是村小老师岗位，具体是从师范毕业生中定岗公开选拔，以本地生源为主，实行"岗位合同管理"。合同约定被聘用者必须在某乡村小岗位服务满3年方可转正、调动，但不满5年不得离开本乡村小岗位，否则同样也不再保留教师编制、身份及待遇等。这样，无论是本地还是外地生源，由于自愿性及合约的约定性存在，都可保障招聘的顺利实施。但是偏向本土化的招生倾向，仍然会存在一些问题，其中最主要的就是教师来自本县，且多为初中和高中学历出身，这样相对局限的师源对于提高当地的教学质量有一定的不便。但是就农村小学现如今是优先解决生存问题的情况下，本土化倾向的定岗招聘也是补充师源的主要方式之一，起着同样重要的作用。麻阳县的定岗招聘主要包括3种方式：特岗计划、县自主招生计划和引进免费师范生计划。其中通过特岗计划招的人数占很大比例。特岗计划的教师工资前3年主要由中央财政负担，以后主要由地方财政承担。2013年麻阳县共上报了80个特岗教师名额，最终招得67人，留下65人。特岗计划的要求是服务3年再入编制，但仍存在教师服务未满3年就离开岗位的情况，这与农村教师性别比例、工作环境和心理因素有关。在麻阳县下面的农村，有的村小只有女教师。有的女教师因害怕周末一个人待在村子里面而最终服务期未满便提前离开。县自主招生计划和引进免费师范生计划（对高校应届毕业研究生招收有放宽政策）均实行3年合同制。2013年麻阳县引进了首个免费师范生。

（3）走教。走教是一种流动制教学方式。一般由乡（镇）中心小学统一安排教师到村小、教学点教学。县域内正在准备出台和完善相关文件，明确走教教师的相关待遇，如交通补贴、增加津贴、职称评定优先等。目前正要求各中心小学根据实际情况制定“走教方案”。在村小、教学点师资紧缺的情况下，“走教”发挥了不小的作用，充分利用了教育资源，促进了教育均衡的发展。这种方式，对于缓解村小教师不足有一定效果，特别是音乐、体育、美术、英语等师资短缺学科，但是仍然需要规范管理，建立相应考评机制，否则难以落到实处。

（4）支教。支教是一种定期服务的教学方式。它可以缓解师资紧张，缩小区域、校际之间的差异，为教学点带来优质教育资源。这种方式各地都有尝试，但多流于形式，主要原因是“支教”没有得到真正落实。如果教育行政部门认真制定城区中心小学、乡镇中心小学到村小的支教制度，在评定职称、工资补贴、评优等方面真正向支教老师倾斜，同时加强对支教老师的管理和考核，收效也许会更明显。现在麻阳县部分乡镇中心小学已经实行了到村小轮流支教的制度，一部分年轻教师成为村小教学的中坚力量。

（5）代教。由代课老师承担教学任务，这也是解决农村教师不足惯用的办法。一直以来，代课教师对村小的发展是功不可没的。虽然国家政策文件对代课老师有所限制，但当下在农村师资紧缺的情况下，聘请代课老师实为无奈之举，并且代课老师可能会在一段时间内继续存在。因此应出台相关配套政策，加强对代课老师的管理。比如限定代课资格，保障代课老师待遇，在入编考试时适当给予优惠等。

“2+3”模式在很多农村学校运用着，也取得了很好的成效。但是，每所村小或教学点都有其自身的特殊之处，有的可以将之作为了过渡形式，有的则可以让它长期发挥作用。所以，要结合实际情况，科学合理地运用“2+3”模式，使村小、教学点的师资源源不断，持续、健康地发展，使农村教育发展更为均衡化、公平化，为新农村的建设贡献新生力量。

（六）探索定向培养农村全科教师

发展农村教育，办好农村学校，关键在教师。为加快农村教师队伍建设，从根本上解决农村教师队伍存在的数量不足、质量不高和结构不合理等突出问题，很多地方积极探索培养农村全科教师。“全科教师”就是“语数外通吃，音体美全扛”的老师。首先，在培养上是全科培养，不分科培养，专业就是小学教育，不分语文、数学、英语或音乐、体育等，也不分文科、理科。学习的课程有通识课程、专业基础课程、专业课程、教师教育课程和实践课程等，同时强化师德教育和养成教育，而且特别注重对音体美素质的培养。“定向”就是实行定向招生、定向培养、定向就业。每年县教育局要与当地人社、财政部门根据本地区岗位实际和工作需要，共同研究上报本地区农村小学全科教师培养需求计划。

广西壮族自治区按照教育部、中央编办、国家发展改革委、财政部、人力资源社会保障部《关于大力推进农村义务教育教师队伍建设的意见》（教师〔2012〕9号）要求，从2013年起，实施农村小学全科教师定向培养计划。该计划立足农村教师素质需求，定向招录一批初中、高中优秀毕业生，分别按照5年制、2年制专科层次小学教育专业培养方案，培养一批既能适应基础教育改革发展和全面实施素质教育需要，又能承担农村小学各门课程教学任务的全科教师。目的在于到2017年，通过实施农村小学全科教师定向培养计划，培养5,000名左右“下得去、留得住、教得好”能胜任小学各门课程教学任务的农村小学教师。按照“全科培养、免费教育、定向就业”培养模式，定向全科师范生不分科培养，在校学习期间免除学费，免缴住宿费，并补助生活费，在安排国家和自治区各项奖助学金时，培养对象与同类学生享受同等待遇；毕业时，全科师范毕业生到教学岗位后，有关市、县人力资源和社会保障、编办等部门要及时为其办理录用、入编、工资等手续；毕业后，在农村乡镇以下小学从教时间不得少于6年，以进一步优化农村教师队伍结构，提高农村教育质量。

甘肃省出台政策培养农村小学全科教师和“一专多能”初中教师。该省还已启动实施贫困地区、边疆民族地区和革命老区人才支持计划教师专项计划，安排1,400名中小学、幼儿园教师赴60个贫困县支教。另外，该省还建立健全省级教师培训体系，实施陇原名师引领贫困地区教师成长计划、“百千万”乡村教师教学技能提升计划、万名乡村校长能力提升计划等3项计划，促进农村教师、校长专业化发展，提高教师队伍整体水平。同时，甘肃省提出要进一步优化教师队伍结构，加大幼儿园教师、农村中小学音体美教师补充力度，按需按岗招聘教师，面向乡镇以下农村学校培养小学全科教师和“一专多能”初中教师。

据悉，目前重庆市现有村小（含完全小学）3,472所，教学班14,301个，村小学生39.3万人，在编教职工2.7万人。现有的农村小学教师编制不足，专业结构不合理，多数以语文、数学教师为主，同时兼任英语、艺体等学科教学任务，班级规模小，基本上是一师一班，教学质量普遍不高，素质教育推进较难。根据调研统计和需求分析，如按班师比配备，乡村教师缺口较大。为缓解农村边远学校教师短缺问题，重庆市从2013年起采取市属高师院校3年、教师进修学院1年的“3+1”衔接本科培养模式，为全市农村小学定向培养一批“下得去、留得住、干得好”的本科层次全科教师。按照政策，培养对象在校就读期间，免除学费，免缴住宿费，并补助生活费。培养对象入学时需和培养院校及所在区县签署免费教育协议，毕业后服从签约区县安排，在农村乡镇以下小学从教时间不得少于6年。

浙江省也积极开展定向培养农村小学全科教师的探索。2013年，杭州师范大学面向丽水市所辖的松阳、遂昌两县招收了30名定向培养的农村小学全科教师，这也是浙江省首次开展农村小学全科教师的定向培养试点工作。30名新生在入学前就与两地教育局签订了定向就业协议，并由当地教育局资助他们大学4年的学费。毕业后，由教育局统一调配到具有事业编制的农村小学任教，服务期为6年。在校期间，杭州师大为这些学生制定专门的培养方案。根据培养方案，这些学生毕业后每人至少要能从事4门科目的教学工作。

开展农村中小学全科教师培养计划，对于我国农村教育具有极其积极的意义，主要表现为：第一，能满足“将小学教育逐步纳入高等教育体系”的要求，提升小学教师学历层次，同时既能继承和发扬我国小学教师培养的优良传统，又能为今后更高学历层次的小学教师培养工作积累经验；第二，在教师社会地位和经济地位不高的情况下，大专学历小学教师相对本科生更容易下到农村尤其是边远贫困地区的学校工作，这有利于教师队伍的稳定，促进教育均衡发展；第三，有利于培养具有职业意识、道德、情感和较强职业能力的小学教师。初中学生正处在由少年走向青年的转换期，人格特征尚未定型，有很大的可塑性，“5年一贯学制”培养模式使他们可以在一个相对较长的学程中得到系统、持续的培养，从而可取得良好的效果；第四，“5年一贯学制”的师范教育不同于高中后或中师后再续的专科教育，为解决“学科课程”和“师范课程”在时空分配上的矛盾提供了更大的自由度和可能性，有利于培养专科层次的全科型小学教师。

三、探索多样化、适切性的教师培训

对于农村小规模学校而言，教师的专业发展主要依靠对外培训和对内研修。对外交流与合作是一项成本不低的活动。目前，中小学的公用经费是按学生人数拨付的，学生数量的多少决定了学校的经费多寡。虽然教育部规定，学生不足100人的学校按100人的标准划拨经费，但这在很多地方并没有得到执行。村小和教学点的经费一般由其所属学区的乡镇中心小学负责接收和划拨，乡镇中心小学也是根据当年学区内的学生人数得到相应的拨款。因为学校经费总量不足，为了能够确保基本教学活动的正常开展，很多学校只好放弃对外交流的机会，结果就会失去给教师提供提升专业发展水平和能力的平台，导致对外交流“绝对贫穷”。

据“百所村小”调研显示，92.5%的受调查教师明确表示自己曾参加过学校组织的各类培训：其中31.71%的受调查教师所在学校是全体教师“依次轮流”参训；26.16%的受调查教师所在学校在选择谁去接受培训时是“无须标准，所有人都可以参加”；仅有39.24%的受调查教师所在学校是选择青年教师和骨干教师接受培训。“依次轮流”和“无须标准，所有人都可以参加”的培训方式在分享有限的教师培训资源上看似公平，但却因缺乏针对性而严重影响到教师培训的效果。82.4%的被调查教师表示自己接受的培训内容针对性不强，虽然相关教育、教学理念的培训对农村小规模学校教师同样适用，但是在教育对象及一些具体教育、教学方法上，农村小规模学校有很大的特殊性。如小规模学校面对的对象多为留守儿童，需要解决成绩之外的情感关爱等问题；小规模学校教师少，如何培养具备全科教学能力的教师是个问题；小规模学校因为人数少，在教学组织形式方面多采用复式教学法，如何使教师掌握动静搭配、同静同动、垂直互动等复式教学方法至关重要，等等。

（一）国家及各地的教师培训计划

作为教师专业化发展的重要环节，教师培训伴随着中国当代教育改革与发展的进程得到不断的加强与完善。在中央及地方对教师培训投入巨大的背景下，教师培训的成效仍面临着诸多挑战。近3年来多项教师培训调查都反映教育体制内部教师培训实践中存在着颇多矛盾和问题。“我国义务教育阶段教师培训机制研究”课题组[①]和中国教育报调查中心“中小学教师远程培训调查组”[②]的调查均显示培训课程的供给与教师专业成长的需求没有实现有效的对接。以培训内容为例，教师认为自己接受最多的培训内容与研修平台提供最多的课程是教育教学理论，而教师最希望自己从培训中学到的内容或最期待的培训资源是教学方法及策略。在现代教育报及新浪网教育频道的“中小学教师培训调查”[③]中，4成教师坦言集中培训效果不如意。为此，国家及地方积极开展了关于教师培训方面的探索。

2010年，为了提高中小学教师特别是农村教师队伍整体素质，国家教育部、财政部实施了“中小学教师国家级培训计划”（简称“国培计划”）。国培计划开拓了农村教师专业化培训的曙光。而在偏远及农村地区，教师专业发展受城乡二元结构的影响，叠加了教师培训的问题和矛盾，偏远地区教师获得因地制宜、个性化的培训机会仍然不足。“国培计划”的实施范围比较有限，目前全国仅有18家教育部推荐的“国培计划”教师远程培训机构，这远远无法满足广大西部地区农村教师的培训需求，区域性、多元化的教师培训创新模式还有待探索。城市学校教师参与的各类培训次数均多于农村学校教师，农村学校教师的培训层次、

---

① 陈向明，王志明．我国义务教育阶段教师培训现状调查报告［J］．北京大学中国教育财政科学研究所科研简报，2012（9）：73.

② 李孟华，肖人翔，王娜，夏青，王纬虹，李阳．教师培训：接地气才有更好效果——六省市教师远程培训调研报告［N］．中国教育报，2013年5月27日．

③ 赵艳国，曹阳，郑祖伟，缪华．教师培训怎样叫好又叫座［N］．现代教育报，2013年6月3日．

地域也明显受限，培训成本分担的压力超过了城市的教师群体，等等，因地制宜、个性化的培训服务和实践效果远未满足现实的需要。

湖北省教育厅于2005年起正式启动“农村教师素质提高工程”。“农村教师素质提高工程”的重点，是加大农村乡镇中小学教师、校长培训力度，大面积、大规模组织农村乡镇中小学教师、校长到武汉高校免费集中培训（免培训费、免住宿费、免资料费，提供交通费和伙食费）。通过培训，提高农村教师、校长素质，提高农村教育质量，缩小城乡教育差距，促进教育公平，办好让人民群众满意的教育。“农村教师素质提高工程”采取“政府招标购买培训服务，受训者全免费接收培训，严格考核培训各方情况，根据绩效给予奖励”模式，每年安排2,000万元，组织2万名农村教师、校长到武汉高校免费集中培训。自2005年“农村教师素质提高工程”实施以来，各地各有关单位高度重视，精心组织，培训工作取得显著成效。

校本培训是指以学校为单位，面向全校教师的培训方式，内容以学校的需求和教学方针为中心，目的是提高教师的业务水平和教育教学能力。学校积极开展校本培训，让教学经验丰富的老教师做新进教师的指导老师，在学科建设上有利于学科朝着更好的方向发展，对新进教师而言，也可少走弯路，更好更快地进入教师角色，更早地为农村教育服务。例如，2011年度山东省德州市教育局制定了《关于加强义务教育师资队伍建设的意见》和《校本培训工作评估标准》等文件，培训小学班主任2,750名，新招聘教师2,000余人。深入建设教师读书工程，购置、调集了30万元的教育教学文化类书籍，免费提供给广大农村中小学教师。采用读书沙龙、征文、演讲等多种形式，提高农村教师的参与度。校本培训计划实行月报制度，49,900名专任教师每周集中培训4学时、分散自学4学时的规定得到落实。湖南省泸溪县每学期以中心完小为主阵地，对农村教师进行两次业务培训（全年4次）；每年暑假组织全县村小教师分批进行培训，给教师传授新的教育理念和科学的教学方法。2011年暑假，泸溪县组织453名农村片村小教师分3批进行了培训，受训的教师普遍反映效果很好。

据“百所村小”调研显示，农村小规模学校教师使用网络获取最新教学资源的机会仍然比较少。在培训、交流，教参、杂志和上网3种可获取专业资源的渠道中，培训、交流是提及率最高的，有97.78%的被调查教师表示曾经通过培训、交流获得有效的专业资源；而网络资源的获得是提及率最低的，有58.09%的被调查教师表示自己曾经使用网络查找专业资源或教学资料。这种现象的产生，一方面说明了教师培训在大部分贫困地区落到了实处，另一方面也说明了在我国的农村贫困地区教育信息化建设程度不高，教师使用网络获取最新教学资源的机会仍然比较少，优质教育资源在城乡之间的共享程度仍有待提高。中、西部地区的村小及教学点在获取教学资源方面处于不利地位，主要体现为在网络资源和培训、交流方面，东部地区的比例都高于中部和西部地区；在通过教参、杂志获取教育教学资源的方面，西部地区的比例明显高于东部和中部地区，这可以理解为，西部地区教育资源的获得仍然停留在一些静态的、更新和传播速度比较慢的传统媒介上，教育信息化程度有限。

网络远程研修改变了知识本位的传统教学方式，实现了知识传授与能力培养的并重，还可促进学习者自主学习、合作学习、研究学习，提升学习者的学习能力、创新能力与实践能力。网络远程研修凸现出 4 个方面的特点：第一，节约了经费。第二，解决了工学矛盾。网络远程研修不受时间、地点的限制，参训教师可灵活安排时间，利用网络进行研修学习，培训地点安排在学员所在学校，学员可以就近参加学习，工作学习两不误。第三，突出了学员的主体地位。在研修实施过程及研修管理各个环节，充分体现以人为本的理念，突出学员的主体地位，调动学员的学习积极性，注重学员的问题和需求，尊重学员的经验与智慧，扩大学员自主选课的权利，利用网络优势为学员搭建相互交流与合作学习的平台。第四，采取新型学习方式，全程贯穿多种形式的活动设计和评价方式。如案例分析、问题情境创设、主题活动、班级沙龙、优秀学员评选、优秀教师评选、招募学科研修活动主持人以及成果展示等，使培训更具针对性和实效性，研修成效显著。网络远程研修为农村教师提供了最现实、最经济、最有效的教师专业发展平台，各学校将校本培训、校本教研、校本研究有机结合，形成三位一体的校本研修制度，利用网络平台，积极探索网络环境下的教师专业化发展规律，全面推进教师专业发展，对教师培训模式是一个创新。例如，山东省淄博市临淄区皇城中学针对网络远程研修成立了技术指导小组，分清责任，各司其职，严格过程管理，建立周通报、月集中制度。该市桓台县田庄中学投资近万元购买了专业宽带路由器，为部分计算机拓展了内存，同时整改校园网，成立网络保障小组，以确保学校研修工作顺利进行，并及时公布教师研修进度和动态，先后 2 次组织教师集体参加专家在线答疑活动，提高了研修效果。该市张店区实行网上、网下结合，寒假期间以学校为单位集中研修 4 天，各科教研员到学校进行指导。该区房镇中学为研修教师更换耳麦和计算机硬盘，并成立技术保障小组，确保网络畅通，研修工作取得实效。淄博市周村区南郊中学加强了教师用机配备，为参训教师配备了新耳麦，为每个级部配备了打印机，保证了研修工作的顺利进行。淄博市高新区对参训人员学习情况实行周通报制度，将工程实施情况列入年终对学校的综合督导评估中，推动了研修工作的进展。

（二）教育公益组织的教师培训项目

教育公益组织以其特殊资源优势和非体制化特征，能够有效弥补“国培计划”等国家培训的不足。目前，教育公益组织从事教师专业化发展培训和服务主要具有这些特点：其一，教育公益组织在教师培训特别是农村教师培训方面，已经开展了许多有意义的积极探索和实践并取得了相应的成效，一批教育公益组织教师专业化发展培训项目已具备推广价值。其二，教育公益组织正在逐步探索将教育制度创新融入教师专业化发展领域，在教师培训项目的设计与运行过程中，与地方教育部门、学校的合作渠道和方式得到了进一步的拓展和优化。其三，教育公益组织开发了更为丰富、系统和有针对性的培训课程，开展了系统、持续和务实的资源辅助工作。与教育体制内部教师培训相比，教育公益组织的教师专业化发展培训在合作方及培训对象的选择、培训规划、培训方式、培训内容等方面表现出更大的灵活性和自主性。其四，教育公益组织的教师专业化发展项目，从传统的学科领域培训逐步发展到乡村教育教学理念和方法等的本土化、内涵式培训上，显示出与偏远地区、农村地区教师实际需求结合更紧密的特点。教育公益组织所推动的教师专业发展项目大致可以分为 3 类：一是包含教育制度创新的教师培训项目；二是创新教学模式的教师培训项目；三是短期学习、目标定向的教师培训项目。

1. 包含教育制度创新的教师培训项目

尽管包含教育制度创新的教育公益组织教师培训项目现在还比较少，但对区域教学培训模式的改变和政府服务方式的改变等具有引领性的价值。

“青葵花导师计划”作为乡村教师学习、激励、成长培训项目，拓展了教育公益组织与地方教育局的合作渠道。项目的执行方为北京市西部阳光农村发展基金会，合作方为山东省潍坊市教育局、寿光市教育局和甘肃省礼县教育局、成县教育局、宕昌县教育局以及甘肃省礼县、成县、宕昌县相关学区学校。“青葵花导师计划”以网络学习平台为依托，以实用型、个性化课程设计为本让农村教师学能致用；以导师制为核心，由东部地区优秀一线教师一对多指导西部农村教师。甘肃每年约有 70 名农村教师参与“青葵花导师计划”，其中 30 名优秀教师将被选拔出来组成当地教师成长计划的技术团队，他们有能力在项目期结束后进行自主培训。

“我的家庭大学”项目采取跨界合作模式，打破了教师培训的既有条块格局。好人好事（Teach for China）公益教育发展中心在广东省河源地区，与 2 家教育局签约后举办“我的家庭大学”系列项目，整合深圳地区 10 家机构和 20 名以上的公益导师，给当地的校长、教师、家长提供讲座、工作坊、试点技术支持等服务。运营成本仅 10 余万元，让超过 20 所学校的 250 名的校长和老师，600 名学生受益。好人好事（Teach for China）公益教育发展中心在提供教师专业化发展服务方面的项目还包括教育主题校长论坛、校园心阳光—国学师资培训、县级心理辅导师资培训班等。

北京市泓德中育社会发展中心的“阿克苏双语教师能力建设”项目，与新疆阿克苏教育部门合作，开发出一套可促进辖区内教师专业发展的模式。项目建立起了8县1市的18个教育培训基地，以收集网络教育资源，整合提炼本地教学示范经验，并向每个基地传输教育信息和资源。从各基地校选拔50名种子教师进行了两期专业性培训，并整合编辑了一套适合当地的教师培训教材供基地培训使用，还由一线教师编写出一本适合学生使用的地方教材。

青海省玉树州慈行喜愿会的“藏语文教师培训项目”，是其积极向当地教育部门进行申请，承办由玉树州教育局主办的玉树州藏语文骨干教师培训活动，帮助当地年轻藏语文教师进行系统培训。目前已成功举办了3期（每期为期一个月）藏语文骨干教师培训，包括2008年玉树县和囊谦县藏语文骨干教师培训、2009年全州藏语文教骨干教师培训。

江苏省扬州市的阿福童教育学院在上海百特教育咨询中心的支持下，从2009年8月起对全国17个省市，37个县区的100多所学校进行教师专业培训。到2013年8月底，一共培训8,242人次，共计1,986个小时，受益学生8万多名。阿福童教师培训的特点主要有4个：第一，观念、内容与技能的统一。一般培训关心的是技能，如教学设计、课堂组织、学习指导等，阿福童课程首重观念和内容的改善。如“以儿童为中心”一般被看成是教学的原则。但是，阿福童教师培训强调的是价值观念，进而引入各门学科，与各种设计与指导的技能相结合，这样就把“知与行”紧密结合起来。此外，阿福童教育学院还开发了不少适合当地情况的各类课程，如生涯发展课程、社会技能课程、青春期课程、公民课程、团队建设课程、理财课程和志愿者课程等。第二，强调传递与分享。每一位接受公益培训的教师都有义务去培训别人，一方面能够扩大受益范围，另一方面阿福童教育强调只有在教别人的时候才是学得最快最好的时候。因此，在阿福童教育培训的城乡普通教师中诞生了20多名培训师。第三，培训关注每一个教师的成长。通过各类软技能培训，让参与培训的教师“在做中学”，从而使每个人都能有所收获。

2. 创新教学模式的教师培训项目

一批教育公益组织创设了创新乡村教学模式的教师培训项目，以深入挖掘教师专业化发展资源，扶持乡村教师的自我成长。

中国滋根乡村教育与发展促进会的乡村种子教师培训，形成了资源积累较为丰富、体系较为成熟的“培训者”培训和“一线教师”培训模式。中国滋根乡村教育与发展促进会经过连续5年的课程开发和教材编写，2年多的试点实践，开发了一套成熟的乡村种子教师培训教程，已培训了120名农村种子教师。在“培训者”培训阶段，从项目县教研员和一线教师中选拔40名左右优秀教师开展为期9天的“参与式”培训；从初级“种子”培训教师中择优再培训，帮助其成长为中、高级“种子”培训教师。在“一线教师”培训阶段，由第一阶段培养的本土教师培训团队对全县一线教师进行全面、可持续的培训。

桂馨科学课项目在基础课教学领域，开展了系统、持续和务实的多元教师培训及资源辅助工作。它是北京桂馨慈善基金会为支持中国乡村小学提升教学质量，完善和规范基础课教学而特别设立的乡村教师支持项目。项目资助乡村小学科学课教师集中培训，帮助教师改善基础知识、提升教学技能等综合能力和专业素质；资助乡村小学购买科学课教学资料和科学课实验工具，为部分小学设立“桂馨小科学家实验室”；支持发达地区与落后山区农村学校互换科学课教师；设计制作了1套包括专家专题讲座、知识点和实验解析以及优秀示范课等方面的优质视频资料。

香港乐施会在甘肃、青海开展复式课堂教学组织与管理新模式的探索。2008—2010年，由乐施会出资、甘肃省联合国教科文组织协会主持、甘肃省和青海省的7县（区）教育部门合作共同实施了“西部农村小学复式教学课堂创新模式教师培训项目”。乐施会2008年在甘肃、青海8个县培训复式教师约400人次，同时培训县教育局教研员、乡教管中心辅导员50人次。2011年兰州大学和香港乐施会“甘肃农村地区复式教学实践创新与理论研究”推广项目先后在甘肃省临夏自治州康乐县及定西市渭源县举行，教导主任、校长和边远地区小学教师共250余人参与了培训。

3. 短期学习、目标定向的教师培训项目

短期学习、目标定向的教师培训项目是当前教育公益组织主办、承办较多的培训项目，其成本相对于包含教育制度创新的教师培训项目和创新教学模式的教师培训项目而言较低，其运行方式也相对简单。

梦想灯塔教练计划等教师培训源于灯塔计划，一个发源于广州的面向农村教育的纯公益性质活动。2010年灯塔计划与上海真爱梦想基金会合作的“梦想灯塔教练计划”，旨在使乡村教师们能够使用“梦想课程”。培训的主要目的是让教师们全面了解11门“梦想课程”，亲身感受“梦想课程”的课堂环境，一起探讨“如何上好梦想课程”。这次的培训，灯塔组织、培训并派出200多名志愿者奔赴全国16个地区，覆盖甘肃、四川、重庆、贵州、广东等省市130余所中小学校，对学校的老师开展为期3周的梦想课程培训，受惠教师达2,500名。

“爱飞翔·乡村教师培训”项目的倡导者是知名主持人崔永元。从2007年至今，崔永元公益基金和“爱飞翔·乡村教师培训”组委会分别在北京和上海举办了7期乡村教师体验式培训活动，邀请边远地区的乡村教师，利用假期到北京或上海进行为期10天的体验式培训，帮助乡村教师开阔眼界，接受新知，提高人文审美综合素质。历时5年，共有来自全国11个省市的689名乡村教师参加了该培训项目。

光华科技基金会的山区校长培训项目，系原及人教育公益机构举行的“中国贫困山区优秀校长国际领导力奖学金项目”。2010 年及人教育从四川、青海、云南、安徽、海南等省的贫困山区选拔 15 位校长到北京进行为期 1 周的集中培训。到 2013 年该项目已连续举行了 4 届。该项目以“教育扶贫”为公益使命，致力于改变贫困地区落后的教育面貌。

第6章　改善农村小规模学校教育质量的实践探索

虽然现存的农村小规模学校，存在校舍和办学条件差，经费来源缺乏保障，教师负担重、师资水平较低等一系列问题，但小规模学校有其潜在的优势。它不仅能够保障农村学生的受教育机会，有利于亲情的呵护，有利于降低重大自然灾害、流行疾病中的伤害率等，而且小班小校是农村学校的主要样式，是现代学校教育的基本趋势，有利于实现“自主、合作、探究”的教育理念，能够关注个体差异，满足不同学生的学习需要。为实现其应然价值的发挥，许多地方已经因地制宜地进行了卓有成效地探索。这些探索，为未来农村小规模学校的教学质量提升提供了典范。

一、通过建立学校质量评价体系，加强督导

目前，大部分地区在评价农村小规模学校教师的教学质量时，一般单纯把学生的考试分数作为唯一或者重要的评价指标，而没有考虑到农村小规模学校的特殊性。因为在农村小规模学校中，学习优秀的学生一般都离开了农村，剩下学生的家庭文化水平相对较低。因此，农村小规模学校与其他学校学生的素质存在着明显的差异。如果用统一的绝对标准进行衡量，不同规模学校的教师教学质量提升的程度和幅度是体现不出来的，因而也就无法考察农村小规模学校教师取得的教学效果。此外，由于对教师的工作态度、教育教学效果无法进行考评，使农村小规模学校并未开展教师绩效考核工作。由于缺乏这样的评价体系，也使学校教学处于随意状态。

（一）建立学校质量评估体系

建立学校质量评估体系，旨在通过量的统计透视质的提高。为此我们应建立包括教育需求、教育投入、教育参与、教育收益等多方在内的指标体系对学校发展进行评估。然而，当今学校的质量评估并不十分科学。现行小学教育教学评估体系把着眼点放在对学生学业成绩的评估上，而不是从小学教育的全局着手，不是从我国教育发展的整体出发，因而这种评估体系很不完善，缺乏一定的科学性。为此，要完善现行的小学教育教学评估体系，必须以全面发展为出发点，不

仅要看学生的整体素质，还要看学校在发展和培养学生特长方面有无特色。对教学的评估不但要看常规教学工作，还要看在教学改革方面的成果。对一所学校教育面貌的评估，不仅要看学校的校容、校貌和硬件建设，还要看学校全体师生的态度与精神风貌，等等。应该说，建立和完善教育教学评估体系，减少人为因素，增加科学性，已是亟待解决的一个重要课题。湖南省汨罗市教育局对各乡镇的小学教育质量进行管理的重点工作之一，是对各乡镇的小学教育质量评价工作进行全面评价。对评价工作进行评价，不仅大大减少了评价的工作量，而且保证了评价的全面性；不仅充分调动了基层抓教育管理的主动性，而且有利于上下级之间在管理上的有机衔接。基于这一认识，在评价方案中，汨罗市教育局用了 11 分的权值来评价各乡镇的小学教育质量评价工作，具体如图 24 所示。

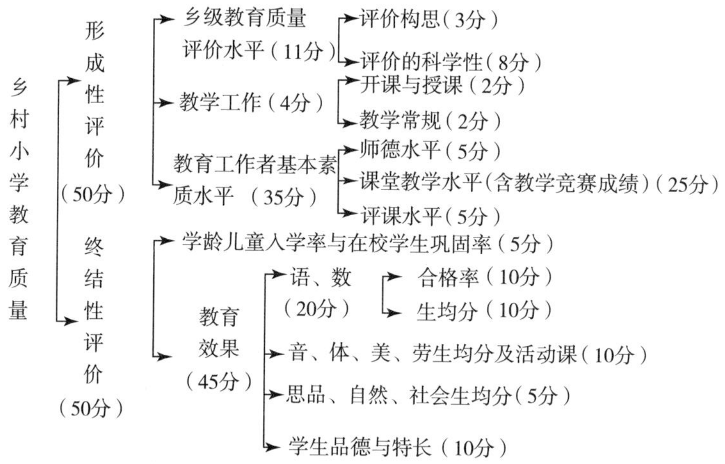

图 24　汨罗市乡级小学教育质量评价体系

广东省肇庆市为提高小学教学质量设计了如表 11 所示的评价指标体系。该体系涵盖了教学评价、课时安排、学科教研集体备课、教师教案、作业布置和批阅、辅导和培优转差、教研科研情况等各方面指标，比较有特色的是将“辅导和培优转差”作为评价的二级指标。

（二）加强督导体系建设

教育督导制度是《中华人民共和国教育法》规定的基本教育制度之一。该法第二十四条规定：“国家实行教育督导制度。”教育督导对村小评估的作用主要表现在这几方面：①考评结果作为村小学评优评先、办学水平等级评估的重要依据。②考评结果作为村小学教职工学年度考核优秀指标和教师中高级职务评聘指标分配的重要依据。③考评结果作为村小学校长政绩考核及使用的重要依据。

续表

A级指标	B级指标	权重	评估等次标准			评估方法	自评记实	复评记实	评估结果	
			一等 0.9～1.0	二等 0.7～0.8	三等 0.5～0.6				自评得分	复评得分
A2 物质条件（权重16）	B4 校园校舍	6	1. 无危房、危厕，无安全隐患，防范措施、器具到位（1） 2. 校园建设有规划，布局合理，校园整洁、平整，有围墙、校门、旗杆、领操台、甬路等（2） 3. “三化”工作有规划，效果显著（2） 4. 学校有标准的综合室、微机室（1）	1、2、3稍有不足 4. 学校有综合室、微机室	明显不足	1. 查阅相关资料 2. 查实物及器材账				
	B5 基地和设备	10	1. 体、音、美器材按村小必备标准100%配齐（2） 2. 微机室有10台以上带硬盘微机（2） 3. 学校有彩电、VCD、打印机、3台以上投影仪，班班有录音机（2） 4. 综合室配齐教学仪器，生均图书10册以上，必备的卫生器材5种（身高坐高计、体重秤、灯光视力表、药品箱、5种以上常用药）（2） 5. 学校设有校本课程、科技、体育、艺术教育、劳动等实践基地设施3项以上（2）	1. 体、音、美器材配备85%以上 2. 微机室有8台以上微机 3. 有彩电、VCD、2台投影仪，两班一台录音机 4. 生均图书8册以上，卫生器械3种以上 5. 学校设有校本课程、科技、体育、艺术教育、劳动等实践基地设施2项以上	明显不足	1. 查实物 2. 查图书账、器材账				

续表

一级指标	二级指标	评价标准	分值	等级分值			得分		备注
				A	B	C	自评	他评	
学校教学活动	4. 教师教案的完整、规范	A. 教师教案记录完整规范，能依照课程标准要求精心进行教学设计，详细分析课文重点、难点内容，构思巧妙，利于学生理解 B. 教师教案记录完整规范，能依照课程标准要求进行教学设计，课文重点、难点内容突出 C. 教师教案不够认真，记录不完整，没有依照课程标准要求进行教学设计，没有突出课文的重点、难点内容	10	10～9	8～6	5～0			
	5. 作业布置和批阅	A. 学生课业负担合理，课外作业不超过相关规定，不增加学生心理负担；教师能及时、认真地批阅学生的作业，善于总结，指出学生问题所在 B. 学生课业负担合理，课外作业不超过相关规定，不增加学生心理负担；教师能及时、认真地批阅学生的作业 C. 学生课业负担不合理，课外作业偏少或偏多，影响学生心理发展；教师批阅学生作业不够认真，拖时较长	10	10～9	8～6	5～0			
	6. 辅导和培优转差	A. 有严格的第二课堂教师轮值制度，教师按轮值制度对学生进行课堂辅导，并能在课余时间热心解答学生的疑难；每学年有培优转差计划，按计划执行并有过程记录；学生犯罪率为零 B. 有第二课堂教师轮值制度，教师按轮值制度辅导学生；每学年有培优转差计划，按计划执行；学生犯罪率为零 C. 没有第二课堂教师轮值制度，或有制度但教师没有严格按轮值制度辅导学生；没有培优转差计划，或有计划而不执行；出现学生犯罪事件	10	10～9	8～6	5～0			
	7. 参加教研活动、业务进修和发表论著情况	A. 教师能积极参加上级部门组织的教研活动、培训和业务进修，积极参加本校教研活动并发挥自身作用；努力钻研教育教学理论，善于总结教育教学经验，形成论文、著作并在市级以上刊物发表 B. 教师能参加上级部门组织的教研活动、培训和业务进修，参加本校教研活动；努力钻研教育教学理论，善于总结教育教学经验 C. 对于上级部门组织的教研活动、培训和业务进修时有缺席现象，教师参加本校教研活动不多；不善于利用业余时间钻研教育教学理论和总结经验	10	10～9	8～6	5～0			

④考评结果作为学校建设、经费投入和师资调配的重要依据。⑤对改革工作成效显著的村小学和校长给予精神和物质奖励，对工作拖沓、见效缓慢的学校校长给予限期整改、诫勉谈话、降（免）职等处理。

吉林省桦甸市是一个县级市，1995年通过“两基”验收。为了推动“两基”的巩固提高，从1998年开始，桦甸市将对村级小学的督导评估列为常规工作，开展了对村小的全面督导评估。之所以对村小进行督导评估，是基于这几点考虑：一是要有效地控制初中学生的流失，必须从提高村小的教学质量入手。“控流”工作一直是“两基”巩固提高的重点、难点。桦甸市通过反复调查发现，学生流失的原因主要是厌学，而学生厌学的根本原因是基础知识打得不牢，从而对学习失去了兴趣，最终走上辍学之路。二是农村小学教育的“大头”在村小，教育督导的着力点要向村小转移。桦甸市2002年有农村全日制小学135所，其中村级小学119所，所占比例为88%，学生数占农村小学生总数的60%。这组数据表明，村小占农村基础教育的比例很大，可开发的潜力也很大，于是他们得出了“村小不小”的结论。三是村小的建设与管理处于薄弱状态，必须加大对村小的督导力度，要用一定的督导评估策略和方法，加强村小的管理，促进其创造性发展，办出特色，以满足普通农民对优质教育的要求。

基于以上现状及认识，桦甸市自1998年开始设立了对村小进行常规督导检查的载体——“村小建设三年提质工程”，制定了对村小督导检查的评估方案和评估指标体系。当时下发的评估体系含3个A级指标，9个B级指标，31个评估要素，涵盖了村小教育教学工作的方方面面。确定了第一轮评估周期为3年，并明确督导室每年至少深入村小检查两次。在几年的督导评估中，桦甸市不断简化评估体系，增加评估指标的内涵，引导学校在创办特色上下功夫。从2002年开始，桦甸市又重新设立了评估载体，即“示范性村小建设工程”，同时开展“村级小学创造性发展评估指导策略研究”课题，截止到2005年，在理论上已基本探索和建立起一套促进村级小学创造性发展并可提高整体办学水平的三级评估两级指导策略；在实际工作中，也探索和建立起了一套对村级小学创造性发展和提高整体办学水平科学有效的评估机制和评估体系。

1. 村级小学创造性发展评估指导策略，即采取三级评估两级指导的策略

一级评估，即课题组对村级小学的督导评估，每学期进行一次，由课题组制定评估办法和符合村小发展实际的评估体系，评估人员由课题组成员担任。评估采取分类评估、对比评估指，专项评估、综合评估等形式进行。其中分类评估指，为使全市村级小学的整体办学水平都有提高，并使村小形成可比性，每个乡镇选取两所办学条件、办学规模、师资水平等基本持平的村级小学，由课题组组织评估，评估以综合评估形式进行，每学期评估一次。评估结果以通

报形式上报上级主管部门，下发乡镇政府及各级学校。对比评估指，无论对村级小学任何形式的评估，对前一次评估和后一次评估都要对比分析，找差距、找不足，课题组会提出整改意见，限期整改。对比评估与学校的自评相结合，有效地促进了学校的自主发展。评估小组每年对评估校进行一次分析，上升到理论性认识，形成工作经验或论文。单项评估指，课题组成员对各实验校进行某项特色工作进行的随机评估，以促进学校的特色工作的创新发展。各实验校要建立自己特色工作的子课题并进行研究。单项评估在实验中期可每年评估一次并与综合督导一并进行，实验后期可单独进行，评估其创造性发展的特色工作。综合评估指，对实验校的全面评估。评估体系由课题组研究制定，每学期进行一次评估，评估成员由课题组成员担任，评估注重实效性和可操作性。评估结果以通报形式下发到本市各级各类学校，激励学校向高一层次发展。

二级评估，即各乡镇中心校对所属村级小学的评估。二级评估采用综合评估的方式，由督导部门委托乡镇中心校对所辖的村小进行评估。各中心校根据市课题组制定的评估办法和评估体系，制定对村小的二级评估细则。细则中体现了学校实际发展过程中发展性的改进目标。每学期中心校对村级小学评估3次，分为学期初摸底性评估、学期中进展性评估和学期末形成性评估，评估工作由乡镇督导评估组实施。乡镇督导评估组由主管教育乡镇长任组长，成员由教育助理、中心校校长和部分村小校长担任。评估结果中心校以通报形式上报到督导室，下发到所辖村级小学。在二级评估中，中心校起到了承上启下的指导作用。

三级评估，即各村级小学的自我评估。各村级小学根据一级二级评估细则，认真开展好自评工作。自评应做到客观实际，注重工作实效性，从自我评价中找差距，并加以完善。村小自评每月进行一次，自评后认真填写自评表，形成自查报告，上报中心校，作为课题的研究材料。

一级指导，指市课题研究小组成员在评估时的指导。一级指导是在课题组的领导下，组成由督学人员牵头，教研、科研和其他教育行政部门相关人员参加的课题研究小组对村级小学进行指导。一级指导采取定期指导、随机指导和定向指导相结合的方法。定期指导是在对学校进行一级评估中具有针对性的评估指导，评估指导时要有明确指导意见。随机指导是研究人员随机到实验校调研观察时的指导。随机指导也要有针对性，可帮助实验校解决实际问题。定向指导是指研究人员对实验校某项工作的方向性指导，可促进其办出特色。一级指导可选用评估前导和评估后导两种形式，可在研究中根据实际情况自行调整。

二级指导，指中心校对村级小学的指导。中心校采取一级指导的方法和形式对村级小学的工作进行具有目的性、方向性和可操作性的指导。二级指导更具有针对性、时效性，更有利于促进村小的发展。

桦甸市通过实施三级评估两级指导策略，形成了对村小各项工作的评估机制，促进了村级小学的全面发展。其成功主要体现在这几方面：一是采取4种形式搞好一级督导，树立了一级评估的权威性。4种形式，即把握可比性进行分类评估；把握针对性，进行专项评估；把握全面性，进行综合评估；注重自我完善，进行对比评估。二是建立乡镇督导组，形成了市、乡、校三级督导网络。2004年，桦甸市政府以文件形式下发了《桦甸市教育督导暂行规定》，其中第五条明确规定了各乡镇设立教育督导组，组长由主管教育的乡镇长担任，成员由教育助理、中小学校长、业务副校长组成，并明确了其5项具体职责。乡镇督导组在课题运行过程中，充分发挥二级评估指导的作用，使评估更具针对性和实效性，对村小发展具有直接的促进作用。三是强化自评制度，搞好三级评估，促进了村小的自主发展。四是强化两级指导，促进了学校的发展和督导人员工作水平的提高。

2. 构建了科学合理的村级小学督导评估指标体系（具体如表12所示）

构建科学合理的村级小学督导评估指标体系，从根本上讲就是建立村级小学发展的目标体系，这对加强村级小学建设与管理起到了导向的作用。2002—2005年，桦甸市共完善了5个评估指标体系，在体系的完善中，他们重点把握了这几点：①注重评估体系的简明、易行、切实有效。为了有效地指导、评价村小的实际工作，本着兼顾全面突出重点，简明和便于实际操作的原则，体系依据党和国家对新课程改革背景下义务教育的基本要求和学校自身发展实际制定。②注重引导学校管理的规范化。在制定评估体系时加大了“常规管理”的指标权重，通过工作计划、学科开设、教学管理、教育科研活动、业务手续、课堂教学以及校长听评导课等具体评估要素，引导村小校长把主要精力用于加强学校的规范化管理及提高自己的领导和管理水平上，以向管理要质量、要效益。③注重引导学校办学条件的标准化建设。党和国家对九年义务教育的办学条件有明确要求，他们根据实际，从校园校舍建设、综合室装备、信息技术装备和课桌椅等方面提出了具体的指标要求，引导各级政府和学校千方百计筹措资金，有计划地投入标准和超标准建设，有效地改善了办学条件。④注重与时俱进，不断创新，促进村小的不断发展。随着桦甸市示范性村小创办工程的实施，他们为村小发展铺设了一个标准化平台。为了适应日新月异的教育改革和发展要求，他们对体系进行逐步修改和完善，将一些新思想、新理念、新要求纳入指标体系中。如2004年增加了示范性村小校校有微机室（6台以上），有县级科研课题，有办学特色，实施互动合作教学，培养学生可持续学习能力等评估指标，极大地调动了中心校、村民委员会和村小三位一体的办学积极性，促进了村小的创造性发展。在桦甸市现有的79所村小中，90%建起了微机室，远程教育辐射到了所有村小和教学点。

表 12　桦甸市村级小学创造性发展评估体系表

单位：　　　　　　　　　　　　　　　　年　月　日

A 级指标	B 级指标	权重	评估等次标准			评估方法	自评记实	复评记实	评估结果	
			一等 0.9～1.0	二等 0.7～0.8	三等 0.5～0.6				自评得分	复评得分
A1 办学方向（权重 6）	B1 办学指导思想	1	坚定不移地实施素质教育，落实课改，思路清晰，目标明确，有体现上述办学思想的具体措施（1）	坚定不移地实施素质教育，落实课改，思路清晰，目标明确，有体现上述办学思想的具体措施	明显不足	查阅相关资料，与教师座谈				
	B2 依法办学	2	1. 依法办学，依法治校，规则完善（0.5） 2. 教育法律、法规学习面达 100%（0.5） 3. 坚持做好控辍工作，无辍学学生（1）	依法办学，教育法律、法规学习面达 95% 以上，年辍学率 1% 以下	依法办学，年辍学率 1.5% 以下	查阅相关资料、手续				
	B3 素质教育评价	3	1. 重视素质教育评价，积极探索新课改背景下的评价方式（1） 2. 学生评价手册、教师评价表使用规范、有效（2）	学生评价手册、教师评价表使用规范	明显不足	查阅相关资料				

续表

A级指标	B级指标	权重	评估等次标准 一等 0.9~1.0	评估等次标准 二等 0.7~0.8	评估等次标准 三等 0.5~0.6	评估方法	自评记实	复评记实	评估结果 自评得分	评估结果 复评得分
A2 物质条件 （权重16）	B4 校园校舍	6	1. 无危房、危厕，无安全隐患，防范措施、器具到位（1） 2. 校园建设有规划，布局合理，校园整洁、平整，有围墙、校门、旗杆、领操台、甬路等（2） 3. “三化”工作有规划，效果显著（2） 4. 学校有标准的综合室、微机室（1）	1、2、3稍有不足 4. 学校有综合室、微机室	明显不足	1. 查阅相关资料 2. 查实物及器材账				
	B5 基地和设备	10	1. 体、音、美器材按村小必备标准100%配齐（2） 2. 微机室有10台以上带硬盘微机（2） 3. 学校有彩电、VCD、打印机、3台以上投影仪，班班有录音机（2） 4. 综合室配齐教学仪器，生均图书10册以上，必备的卫生器材5种（身高坐高计、体重秤、灯光视力表、药品箱、5种以上常用药）（2） 5. 学校设有校本课程、科技、体育、艺术教育、劳动等实践基地设施3项以上（2）	1. 体、音、美器材配备85%以上 2. 微机室有8台以上微机 3. 有彩电、VCD、2台投影仪，两班一台录音机 4. 生均图书8册以上，卫生器械3种以上 5. 学校设有校本课程、科技、体育、艺术教育、劳动等实践基地设施2项以上	明显不足	1. 查实物 2. 查图书账、器材账				

续表

A 级指标	B 级指标	权重	评估等次标准			评估方法	自评记实	复评记实	评估结果	
			一等 0.9～1.0	二等 0.7～0.8	三等 0.5～0.6				自评得分	复评得分
A3 学校 管理 （权重 61）	B6 德育 工作	4	1. 德育工作有计划，有记录。德育活动丰富多彩，有实效（1） 2. 开足、开好思想品德课（1） 3. 针对学生实际进行品德、政治、纪律、法制、国防、科技、心理健康及安全教育，措施得力，成效显著（1） 4. 坚持每周一升旗制度。纪律、卫生日检查、周评比，学生行为习惯、精神风貌好（1）	稍有不足	明显不足	1. 查阅相关资料、记录 2. 查课表 3. 问卷 4. 座谈				
	B7 队伍 建设	9	1. 村小校长把领导教职工创造性地实施素质教育、落实新课标作为重要职责（1） 2. 积极开展教职工思想政治工作，加强教师职业道德修养（2） 3. 有教师业务培训和提高的计划、措施和经验（2） 4. 重视对骨干教师、青年教师的培养。有示范、带头、辐射作用明显的骨干教师 1 名以上（2） 5. 各科教师按编制配齐，年龄结构合理，学历达标率 100%，提高率 30% 以上（1） 6. 校长大专以上学历，精通业务，善于管理，公平、公正，民主测评满意率 80% 以上（1）	1、2、3 稍有不足 4. 有骨干教师，作用较好 5. 学历达标率 90% 以上，提高率 20% 以上 6. 民主测评满意率 70% 以上	1、2、3、4 明显不足 5. 学历达标率 80% 以上，提高率 10% 以上 6. 民主测评满意率 60% 以上	1. 查阅相关资料、记录 2. 民主测评 3. 与教师座谈				

续表

A级指标	B级指标	权重	评估等次标准 一等 0.9～1.0	二等 0.7～0.8	三等 0.5～0.6	评估方法	自评记实	复评记实	评估结果 自评得分	复评得分
A3 学校管理（权重61）	B8 行政工作	6	1. 学校章程和各项规章制度健全。“校务日志”等办学记录真实完备。档案管理规范、科学。注意信息和资料的收集与统计分析（2） 2. 严格按省规定收费项目实行收费公开和收费卡制度。无乱收费、代收费现象（2） 3. 建立健全安全工作责任制，安全保护措施严密。学校管理和设备设施不存在事故隐患（2）	稍有不足	明显不足	1. 问卷 2. 查阅相关资料、记录 3. 实查				
	B9 教学工作	36	1. 建立符合素质教育，适应新课改要求的教师考评制度，考评工作做到实处（2） 2. 严格按国家课程计划、课程标准和省规定的教材使用意见，开齐学科、开足课时、开好课程，各项业务手续完善、规范（16） 3. 加强校本级课程的开发，建立教育与生活、学校与社会、学生与家长、知识与实践之间的联系，并有保障措施。形成校本教材，并有效实施（2） 4. 课堂教学体现新课改精神，优化课堂教学模式，改进教学方法，加强对学生学习习惯与学习能力、创造精神与实践能力的培养（6） 5. 严格遵守“减负”有关规定，积极提供场所、设备，组织学生参加课外、校外活动，活动面80%以上（2） 6. 教、科研工作有计划，活动有记录。学校能领导和组织教师抓住课改有利契机积极、大胆地进行教学研究和改革实验，并取得一定成果（8）	1、2、3、4、6稍有不足 5. 学生活动面70%以上	1、2、3、4、6明显不足 5. 学生活动面60%以上	1. 查阅相关资料、手续、记录、课表 2. 听课				

续表

A 级指标	B 级指标	权重	评估等次标准 一等 0.9～1.0	二等 0.7～0.8	三等 0.5～0.6	评估方法	自评记实	复评记实	评估结果 自评得分	复评得分
A3 学校管理（权重61）	B10 学前工作	6	1. 学前有独立的教室，配备专职教师，学生使用法定教材（2） 2. 学校按教育局规定对学前实施科学、规范管理。儿童身心健康发展（3） 3. 学前工作有特色（1）	稍有不足	明显不足	1. 查阅相关资料 2. 实查				
A4 教育质量（权重17）	B11 德育	2	1. 学生思想品德课成绩优秀，有良好的个性心理品质（1） 2. 熟知《守则》《规范》内容，相关问卷成绩优秀。操行合格率100%（1）	1. 成绩良好，有较好心理品质 2. 操行合格率95%以上	操行合格率90%以上	1. 查阅相关资料 2. 问卷				
	B12 智育	10	1. 基本知识扎实，基本技能熟练。各年级检测及格率：低年级100%，中年级95%以上，高年级90%以上（5） 2. 大多数学生具有较强的学习能力、动手能力和一定的创新精神。具有较好的听、说、读、写和计算能力（5）	1. 在一等的基础上各降5个百分点 2. 稍有不足	1. 在二等的基础上各降5个百分点 2. 明显不足	1. 测试 2. 听课 3. 查作业				

续表

A 级指标	B 级指标	权重	评估等次标准			评估方法	自评记实	复评记实	评估结果	
			一等 0.9 ~ 1.0	二等 0.7 ~ 0.8	三等 0.5 ~ 0.6				自评得分	复评得分
A4 教育质量（权重 17）	B13 个性发展	5	1. 绝大多数学生体、音、美、劳动、卫生等方面的知识与能力达到国家课程标准要求，检测及格率 90% 以上（3） 2. 学生兴趣、爱好得到充分培养和发展。参加校内外兴趣小组学生比例在 80% 以上。学生在专项特长类竞赛中取得奖项（2）	1. 检测及格率 85% 以上 2. 参加校内外兴趣小组学生比例在 70% 以上	1. 检测及格率 80% 以上 2. 参加校内外兴趣小组学生比例在 60% 以上	1. 查阅相关资料 2. 实查 3. 抽测				
A5 附加内容	加分		1. 交流经验，国家级加 2 分，省级加 1.5 分，市级加 1 分，县级加 0.5 分 2. 受国家级表彰加 2 分，省级加 1.5 分，市级加 1 分，县级加 0.5 分							
	扣分		1. 学校有重大责任事故扣 10 分 2. 教职工有违纪、违法的扣 5 分 3. 学生有犯罪的扣 5 分							

单位：　　　　　　　　　　　　　　年　　月　　日

村级小学是基础教育的最基础部分，《国务院关于基础教育改革与发展的决定》指出："农村义务教育量大面广，基础薄弱、任务重、难度大，是实施教育的重点和难点。"因此，村级小学建设和发展的好坏关系到实施义务教育的成败，关系到素质教育的全面落实。实施三级评估两级指导，促进村小创造性发展的评估指导策略是可行的。它有利于村级小学办学水平的整体提高和特色化发展，有利于素质教育在村级小学的全面实施。桦甸市建立的评估指标体系，符合农村教育实际，具有一定的科学性、可操作性，具有导向功能、评价功能和激励功能，有利于调动学校的办学积极性，有利于促进村级小学的规范化建设和创造性发展。但随着教育的不断发展，评估体系也需要不断改进与完善。

湖南省泸溪县为提高农村小规模学校的教育质量，让留在农村的孩子同样能上好学，制定了村片小教育质量评价体系，使村片小教育教学质量与教师岗位津贴挂钩，大大提高了农村教师的积极性。同时，还加强了对村片小的日常管理。2008 年，泸溪县教育局修改了村片小管理规定，规定村片小作息时间等全县统一，充分保证教师在校时间，还规定了农村教师"几有几不准"，由中心完小派人不定期抽查。为保证村小教学质量，各镇中心完小也采取了不少措施。达岚镇中心完小对下辖 6 所村小建立了领导班子联校帮管机制，设立一月一次负责人会议制度和教师绩效工资分配方案等。这使村小教育教学质量得到了提高，在 2012 年期末的教学质量检测中，达岚镇村小的教学教育质量总体评价排在了全县第五名。

总之，对农村小规模学校教学质量的评价要结合实际，考虑农村学校办学力量薄弱的特殊性，不能简单用统一标准衡量，更不能一味向城市靠拢，评价不能光看结果、比业绩，更重要的是能够对教师教学过程进行评价和指导，帮助农村小规模学校教师成长，从而充分发挥评价的激励和改进作用。在完善评价手段的同时加强对小规模学校的督导有利于克服农村学校办学松散、教学随意的弊病，因此，对小规模学校的督导管理也必须落到实处，为小规模学校教学质量的提高把好关。

二、通过引入新的教育理念，开展教学改革实验

农村大部分小规模学校受限于自身条件，难以突破现有的教学模式。传统的教学已难以适应目前的教育需求和社会需求，一些有远见的地方已经开始向外寻求新的教育理念和教学模式，力图打破目前的困境，重新焕发生命活力。

（一）以"新教育"理念提升村小品质

山东省莱芜市三面环山，有 1, 200 多个自然村，大多分布在山区、库区。近年来，该市实行了学校布局结构调整，如何在调整中保障学生接受最方便、最适

合的教育成为莱芜市考虑的首要问题。在学校布局结构调整中，莱芜市依据现实需求保留了必要的村小和教学点，并在积极推进村小办学条件标准化的同时，下大力气补充新教师，同时在全市区域推进新教育实验，以先进教育理念促进村小品质的全面提升。

第一，以生为本，改善村小办学条件。莱芜市遵照因地制宜、就近入学的原则，首先将教育资源配置向农村、山区、库区薄弱学校倾斜，加强农村薄弱学校办学条件改善和标准化建设。仅 2011 年，莱芜市校舍安全工程就投入资金 1.66 亿元，富家庄小学、白座小学、丈八丘联小、南朱家庄小学、福山小学等一大批原址新建和加固改造的工程已相继完工，吐丝口小学、牛泉中心小学等一批异地新建的学校正在加紧建设。与此同时，莱芜市以农村学校为主，新增微机 3,163 台，图书 53 万余册，新配备多媒体教室 145 个。自 2008 年以来，莱芜市农村标准化学校建设项目实际已投入 1.3 亿元，一大批设施齐全、环境优美的农村“袖珍学校”，办学条件达到市级规范化学校标准，成为农村孩子向往的地方。

第二，抓住关键，加强村小师资力量。首先，公开招考选聘了一批有理想、有思路的年轻校长到村小任职，带领村小“突围”。其次，加大力度补充新教师，近两年就补充新教师 381 名，大大改善了师资状况。

第三，理念引领，助力村小特色发展。2011 年莱芜市开始在全市区域推进新教育实验，力图通过“营造书香校园、师生共写随笔、聆听窗外声音、培养卓越口才、构筑理想课堂、建设数码社区”等实际行动，以先进理念引领村小传统教研和教育教学方式的改变，贯彻落实课改精神，构建理想课堂，让师生过一种幸福完整的教育生活。同时实行教育干部听评课制度、教研人员“蹲点包校”制度和“联系点”制度，强化教学一线指导和研究，促进了课堂教学效率的不断提高。还定期组织各种形式的大型研讨活动和“送课下乡”活动，提高了村小教师的业务水平，推动了农村小规模学校的内涵发展。此外，一批农村小学注重特色办学，如牛泉中心小学的老师积极探索网络教研模式，逐步形成了以互动群组、博客论坛等为载体的“四位一体”网络教研模式，网络教研已成为偏远农村教师专业成长的得力助手，在全区得到推广，激活了农村小规模学校教研的一池春水；南朱家庄小学全力打造绿色生命课堂和综合实践教育特色活动，推进了农村小规模学校学生的全面发展。

莱芜市根据自身山区、库区村落分散的特点，因地制宜，将教育资源向薄弱学校倾斜，使得“袖珍学校”也能够完全达到市级规范化学校标准，实现孩子就近入学，接受标准化优质教育的目标。同时，践行科学发展观、以人为本的教育理念，加强村小师资力量建设，并通过新教育实验的开展，推动村小教学方式、整体风貌的发展革新，构建了一种提升村小内在品质的制度模式。

（二）用“生活教育”理念为孩子未来发展奠基

吉林省抚松县践行陶行知所倡导的“生活教育”，推进课堂改革，倡导读书计划，建设“课程超市”，开设多样性的特色课程，调动了学生的学习积极性，丰富了校园文化。在这样的理念指引下，十几个人的学校也办得有声有色。引领抚松教育发展的抚松县教育局局长陆世德提出“文化立校”的发展构想，并确立了以课程文化建设为重点，推进教育文化建设的战略性目标。在推进学校文化建设的过程中，坚持“高起点、内涵式”的原则，把着眼点不仅仅放在培育学校文化上，更重要的是让学校文化获得师生的认同并转化为学校发展的持久动力。在全县的共同努力下，“用心去做”、“对自己负责，对社会感恩”、“规范习惯，成就人生”、“以博砺德，以博启智”等学校精神慢慢内化于师生，成为推动抚松教育发展的精神力量。①

吉林省抚松县兴参小学过去没有塑胶跑道、体育馆，没有可用自来水冲洗的厕所，任课的老师大多只有高中学历，很难找到一位大学本科毕业生。后来通过践行陶行知的生活教育思想，学校将地方课程“家乡”“成功训练”与综合实践课程进行了校本化整合，以“生活实践活动日”为载体，优化课程资源。比如，老师每周一次带学生去储蓄所学习如何计算利息；带学生去河边测试河水的污染情况并写出调研报告；利用社区资源学习中药材种植等；带上画笔去大自然中寻找春天和秋天，等等。同时，学校通过激励阅读提高教师自身的素质。

用生活教育改造农村孩子。“让农村孩子享受更好的教育”，是一句写在兴参小学墙壁上的口号。而在县教育局的指导下，学校找到了让口号从墙上走到地面的途径：践行陶行知的生活教育思想。这所农村小学有大约 10 亩林地和菜园，有食堂、宿舍和图书室。镇上储蓄所、敬老院、派出所、卫生院、加工厂以及风光秀美的大自然，也都可以成为它探索生活教育的资源。学生们每月有两三天的时间走出教室，去实践学校开设的生活课程。比如，学生以“环保小卫士”的身份考察家乡的河流并用 pH 试纸测试采集的河水，并写出调研报告，以呼吁“制止人们污染河流的愚蠢行为”；学生利用“小记者在行动”的课程机会，向信用社请教了存款利率的问题、在派出所了解兴参镇的老年人口比例和暴力犯罪情况，观看了人参的加工流程并学着分辨它们的种类；还有“亲近大自然”、“今天我当家”、在学校组织的跳蚤市场学会“经商”与“营销”等课程实践。这些丰富的教育活动弥补了学生生活教育的缺失，使学生在反思、体验社会生活与亲近自然的过程中积累一定的社会经验和实践能力；更重要的是，它们也培养

① 别晓梅，李小卉．一位好局长就是一方好教育——记抚松县教育局局长陆世德［J］．吉林教育（综合版），2009（6）：26.

了学生改造社会的精神。

重视提高教师素质。兴参小学通过推动教师阅读来提高教师素质。比如，在每周的例会上，请老师们抽签来谈读书。一开始，当时这群平均年龄为 44 岁的老师毫不在乎，“没有人愿意抽。抽了，也没什么可讲。”学校就以教研组的形式开展读书竞争，用金钱（最多 1,000 元）和加减分的方式刺激这些好面子的乡村知识分子，这样先带动了年轻人的积极性。学校还用击鼓传花这样传统的手段鼓励中年教师在玩乐中分享读书乐趣，这样也带动了年长教师的积极性。同时，兴参小学的老师们一学期可报销不超过 80 元的书籍费用。教师享受读书乐趣的同时也提升了自己的专业水平。

仙人桥镇仙人桥中学是抚松县的一所明星农村初中。学校三面环山一面抱水，环境优雅，风景宜人。仙人桥中学立足学生生活实际，多角度文化浸润，全方位立德树人，形成了校园文化建设的鲜明特色。会“说话”的石头、善“讲理”的竹简、能“传情”的墙壁，甚至花草石木都有了特殊的意义。

校园文化建设立德树人。仙人桥中学的文化石遍布于学校的各个角落，或独立成“章”，或众星捧月，有的刻着“惜时、勤奋、立志、成才”，有的刻着“教书育人，良师益友”，更多的则是名言警句，如“放弃时间的人，时间也会放弃他”、“人若有志，万事可为”，等等。这些文化石鞭策着师生们共同进步，营造了浓郁的德育氛围。刻于学校北侧教学楼旁百米悬岩上的一字校训——“博”，以令人瞩目的姿态呈现在人们眼前。这些刻着名言警句、造型各异、大小不一的石头，与校园内的“博园”和“雅园”融为一体。“师生要博学博爱，这比单纯的知识学习更重要。”郭宪军校长的愿景便是将农村孩子培养成为“语言文雅，行为儒雅，情趣高雅，心灵美雅之人”。

仙人桥中学“博园”命名源于仙中校训，以博砺德、以博启智，是集学习、劳动、休息和观赏于一体的自然人文景园。它既为劳动教育提供了实践场所，又为师生创设了优雅的学习、休闲环境。师生既可以在此博赏众草，享受自然，又可以在此博览群书，提升品位。它鞭策仙中人：关爱生命、厚德博学、保护环境，达到人与自然的和谐统一。“博园”东南伫立着一排排醒目的竹简，上面写着富于哲理、启迪智慧的名言警语。“古之立大事者，不惟有超世之才，亦必有坚忍不拔之志”，启迪全校师生成大事必先立志，更要有毅力。新落成的教学楼里，“立志”“励德”“启智”和“笃行”4 个主题的竹简分列于 4 个楼层，催人奋进，意味深远。

“育感恩之情，养儒雅之气”，这是雅园的主题，也是仙人桥中学开展“孝亲教育”的有效载体之一。为了教育学生感恩父母、亲人、师长，仙人桥中学组织了系列活动。“感恩作业”，每天为父母倒一杯水、每天帮父母做一件家务等；“亲情周记”，记录一周的亲情体验、亲情感悟；定期召开以“感动”为主题的班会；每学期评选一次“校园十大孝子”，等等。学校还在西面墙专门设立了以“孝亲感恩”为主题的版块，用无声的语言发挥榜样的力量。

立足生活，培养学生热爱生活的情感。仙人桥中学为农村孩子们所做的努力是值得赞赏的，学校条件有限，但仍然为孩子们做着力所能及的改变。仙人桥中学的所有教师都被要求自学一门特长，以便让学生的兴趣爱好得到一点满足，如乒乓球、太极拳、十字绣、根艺和石头彩绘等。学校最初只有一名负责后勤的老师会打太极拳，他责无旁贷地成了拳师；心理学专业毕业的特岗教师读书时选修过“心理小品”，便成了学生们的表演课老师。

学校的这种改变，促成了“状元节”的出现。“状元节”，顾名思义，就是对学校日常兴趣爱好、文化活动中表现突出的孩子们的鼓励。几十位“小状元”的照片和获奖感言被张贴在学校的宣传栏里，作为荣誉的展示。跳绳有跳绳小状元，趣味数学有趣味数学小状元。也许这些状元荣誉和孩子们学到的东西，与城市里的孩子相比，既平常又简单，但是仙人桥中学带给他们的，恰恰就是这份简单的快乐和自信。

（三）以“自主教育”理念、区域行政力量推动课堂教学改革

湖北省郧西县地处鄂西北边陲，自然环境恶劣，办学条件滞后，师资力量薄弱。随着教育经费保障新机制的深层推进，农村山区学生辍学的主要原因不是家庭经济困难，而是他们在学校感到学习困难，不愿在学校“受罪”；传统学校“满堂灌”“填鸭式”的教学方式，导致课堂上参与的学生愈来愈少，学生学习积极性愈来愈低，“差生”愈来愈多。近年来，郧西县在“自主教育”理念的引领下，用区域行政的力量强力推进教育内涵发展，在“创新人才培养模式，注重学思结合、知行统一、因材施教”方面，探索出了一条适合教育实际、具有郧西本土气息的县域教育内涵发展之路。郧西教育内涵发展的模式发源于有本土气息的、充分体现自主教育理念的自主课堂改革。在促进教育均衡、公平过程中，郧西县通过实践“行政推动、理念领航、示范引领、整体联动”4大行动策略，实现了教师、课堂、学校和学生学习方式的改变，形成了区域教育内涵发展的郧西自主教育模式，具体措施主要有以下几条。

第一，自主教育，推进全县教育改革。开展自主教育改革，鲜明地提出郧西学校内涵发展模式，即“小组合作＋教学案”，把课堂还给学生，让课堂充满生命力；“自我教育＋自主管理”，把班级还给学生，让班级充满凝聚力；“五步备课＋集思广益”，把创新还给教师，让教师充满创造力；“有事大家议＋多彩的活动”，把民主还给师生，让学校充满吸引力。

第二，行政推动，助力学校高效教改。实施“教改一把手工程”，“绘蓝图、创机制、抓领导、重执行”给力行政推动。着力打造“一把手亲自抓，分管领

导全面抓，学校校长（干部）全员抓，教研人员具体抓，后备干部全力抓”的教改推进格局，按“选苗子、搭台子、压担子、用尖子”的工作思路，建立起项目化管理、课题式考核的教育干部管理新机制。其中，明确校长必须亲自蹲点年级（班级）、学科，把学校校长推进教改和任课情况纳入考核。

第三，理念领航，引领校长、教师科研。以课堂教学改革为突破口，转变满堂灌、题海战、补课等提高成绩的陈旧教学方式，提出“把课堂还给学生，让课堂充满生命力；把班级还给学生，让班级充满凝聚力；把创新还给教师，让教师充满创造力；把民主还给师生，让学校充满吸引力”的教改教研理念，通过“观摩感悟、理论研读、专家培训、外出考察、思想研讨”等举措，统一思想，做到先改思想，再改课堂。

第四，整体联动，县域教改促内涵发展。建立、完善推进城乡教改一体化长效机制，坚持一手抓教改推进，一手抓质量监测评价，两手都过硬。通过“内外带动、教研拉动、城乡互动、区域联动”，充分尊重不同层面的主体性，在县域层面上县委、县政府和教育局是主体，在教育管理层面上校长是主体，在学校层面教师是主体，在班级里学生是主体。

郧西县从本县实际出发，在自主教育理念的引领下，全县学校都实行了“小组合作+教学案”的自主教育，实现了教师、课堂、学校和学生学习方式的改变。近几年，高考综合评估名列全市前茅。城乡学生享受优质教育的差距逐渐缩小，学生综合素质全面提升，初步实现了均衡发展。同时，实现了学生从“要我学”“我要学”到“我会学”“我乐学”的转变，促进了学生的主动发展、全面发展和持续发展。此外，自主教育把教师从“时间+汗水”的教学中解放出来，让教师不必游离于教学之外搞“教研”。通过自主教育改革的协作发展，教师迅速成长，体验到职业的尊崇和幸福感，同时看到了对未来的希望。

浙江省丽水市，为了让边远艰苦地区的农村小规模学校学生不仅“有书读”而且“读好书”，充分利用现代信息技术教育，通过搭建教育信息资源平台，创新教育教学手段。如通过农村现代远程教育工程，让农村孩子也能看到、听到省特级教师、优秀教师的讲课，以实现优质教育资源城乡共享的目的。这样既能为农村教师的备课与教学，为学生的自主学习提供便利，也使农村的教师和学生因需学习，因材施教变成现实。在课堂教学上，倡导把学习的主动权还给学生，激发学生的学习兴趣；并强调和谐的师生互动、生生互动、多维互动，形成主动学习、自主高效的课堂氛围。还根据农村学生不同的生活背景和成长条件等实际情况，进行分类辅导，把辅导练习的责任落实到每一位教师，让每一位教师都参与到学生的成长指导过程当中；让每一个学生都能享受到教师提供的亲情化全方位的教育服务。鼓励每一位教师不仅在学习上帮助学生，而且在生活、思想、心理等方面关注学生的成长，主动积极地做好在思想上引导、在学习上辅导、在心理上疏导、在生活上指导等工作；对各自联系的学生实行承包制，建立专门档案，跟踪研究。确保学生在公正有序的环境里潜心学习，提升素质并健康成长。

由上可见，观念是行动的先导，富有成效的实践活动需要正确、先进的理念做指导。农村小规模学校引入新的教育理念有利于在新时期引导教学实践改革，探索出更加合理有效的小规模学校办学模式。但教育理念不是随意创造的，不是口号，它是和学校教育目标、发展方向一脉相承的，渗透在学校日常教学活动中，也体现在学校改革发展上。

三、创新复式教学，提升教育质量

复式教学是指同一位教师，在同一个教室里、同一个课时内，对两个或两个以上年级的学生进行教学，是相对于单式班教学而言的。在传统的班级授课制中，相同的教师使用同样的教材，运用相同或相似的教学方法进行教学，学习者的年龄和心理特征也颇为相似，即一个班级只有一个年级的学生。复式教学是对传统班级授课制的一种变形，是教学组织形式的一种。因此，同单式班教学一样，复式教学要求采用有规律的方法对课堂上的学习者进行教学①。除年级分组外，还可以根据学生语言、年龄，甚至水平、能力的不同进行分组，用复式教学的形式组织教学。复式教学的共同要素是在同一课时对学生进行分组教学②。有学者总结复式教学具有“三多两少”的特征，即年级多、科目多、自动作业时间多；直接教学时间少、同一年级人数少③。

（一）复式教学的形式

复式教学主要是针对农村地区生源少、教师少、生源不稳定的情况而存在的。因此，按照不同的现实情况，复式教学的存在形式也多种多样。按照同一课时中所教科目和年级的不同可以分为3种：①异级同科。即教室中的学生来自两个或两个以上的年级，在同一课时中，同一个老师教授的是同样的科目。在这样的课堂中，虽然是同一个科目，但是用的是不同的教材，不同的年级教授的是不同的内容，针对的是不同的教学目标。②异级异科。即教室中的学生来自两个或两个以上的年级，在同一课时中，同一个老师对不同年级的学生教授不同的科目。在这样的课堂中，教师要分段对不同年级的学生教授不同的科目。③同级异科。即教室中的学生来自同一个年级，但是教师要将其分为两个或两个以上的组别，分别教授不同的科目。这种授课方式也称为“单式复教”。

---

① 蓝建．开展复式教学研究，推进复式教学发展［M］．复式教学创新研究——中国教育学会复式教学专业委员会第七届学术年会优秀论文，兰州：甘肃人民出版社，2006（10）：4－5.

②③ 吕晓虹．复式教学在义务教育中的地位及前景［J］．教育评论，1999（3）：36－38.

复式教学中教师对不同组别的学生有不同的教学任务，教师对每个小组的直接教学有限，按照教学中的直接教学和间接教学（即“动静”）搭配方式的不同可以分为3种模式：①动静搭配式。这是比较传统的复式教学形式，即在一节课内，直接教学与自动作业分别在两个或多个年级中轮流交替进行，也就产生了在同样的时间和空间下，教室中呈现一静一动的形态。②同动同静式。这种形式是针对“动静搭配”模式存在的年级割裂和声浪干扰等不足提出来的，是指两个或两个以上年级的学生在复式教师的合理调控之下同时进行直接教学和间接教学①。这种形式以“静动同时、静中有动动中有静、强调年级互动性”为特征，要求相邻年级编班、同科搭配，并且强调应用小组合作形式，频繁使用教学用具。③垂直互动式。这种模式主要是通过整合教学资源，打破年级与学科间的界限，强调不同年级间学生的互助，通过整合发展课程与教材，变固定的排课为应变的排课，运用参与式的教学方法，将教师的“教案”变为“学案”。

（二）复式教学的演变历程

根据复式教学的教学组织形式特点，复式教学可以追溯到孔子创办的私塾。到了清朝康熙年间，复式教学已经成为一种较为普遍的教学形式。而在国外，1854年德国制定的“单级学制”——普鲁依森无等级平民学校，是较早采用复式教学的，后来被日本借鉴。我国在辛亥革命后，全国开始推行复式教学。1914年，在中华民国教育部的有关文件里，就有“满二百户以上者，设单级小学校”的规定。到20世纪30年代，复式小学已遍及全国广大农村，有关复式教学的著述大量出版。抗日战争爆发之后，抗日根据地多在山区的农村，复式教学便成为根据地小学教育的主要教学组织形式。新中国成立前，我国广大农村地区的小学，有95%以上采用复式教学。

新中国成立后，复式教学进一步得到发展。在20世纪50年代，曾呈现空前的昌盛局面。80—90年代，由于计划生育的实施，学龄儿童逐年减少，农村小学的设点、编班发生新变化，在农村小学中，复式教学现象明显有所增加。据1985年的统计显示，河北省在49,346所小学中，有教学班195,579个，其中复式班43,397个。陕西省千阳县开设复式班的小学有38所，所占比例为46.3%；小学阶段共418个教学班中，复式班有69个，占比16.5%；598名小学在任教师中，担任复式教学的教师有134人，占比22%；全县10,263名农村小学生中，接受复式教学的学生达1,887名，占比18.4%。经济文化比较发达的江浙地区，同样有较大比例的复式小学。据江苏省1986年的统计，在全省183,233个小学

① 孙冬梅，曾涛，黄坤．西部农村复式教学新模式研究［A］．“公平、质量、效率：农村教育政策的抉择”国际学术研讨会论文集［C］．2009：175－178.

班中，复式班有 17,000 个；南京市的 11,857 个小学班中，复式班有 937 个；浙江省杭州市在所辖 7 个郊区中，复式小学和设有复式班的小学有 3,068 所，占全部小学总数的 75%。

根据形式的发展与需要，近几年来，随着农村城镇化进程的不断加速，许多地区对农村中小学的学校布局进行了合理化的调整，但小学中、低年级的复式教学仍占有举足轻重的地位。截至 2009 年，甘肃省会宁县 28 个乡镇分布有复式教学点共计 88 所；全县共有小学教学班 2,748 个，其中复式教学班 214 个，占全县小学教学班总数的 7.78%；临洮县全县的初级小学近 80% 采取复式教学，全县共有 179 个复式教学班。

（三）复式教学在小规模学校的应用

1. “垂直互动”模式——以临洮县为例

临洮，古称狄道，地处甘肃省中部，定西市西部，素有“彩陶之乡”“文化县”的美誉。全县总面积 2,851 平方公里，辖 18 个乡镇、323 个行政村、6 个社区，54 万人口。现有中小学 243 所，其中完全小学 195 所，172 个教学点，教学点学生数 1,619 人，占全县小学生总数的 5.38%。临洮县南北狭长，以黄土地貌为主，尤其在农村地区路途崎岖，下雨天更是泥泞难行。这种特殊的地理特征导致临洮县的小学“点多面广”，加之每个行政村的人口少，导致学校生源少、教师少，因此临洮县的农村存在着大量的小规模学校，复式教学的使用也因此而相对较多。自 2001 年撤点并校政策实施以来，临洮县先后撤并中小学 216 所，初步建成和改造了 64 所中小学。截至 2013 年年底，临洮县共有 179 个复式教学班，占临洮县小学数量的近 80%。这些小学/教学点大多只有 1 ~ 2 名教师“教”着学前班、低年级的一二十名学生。这些教学点仅依靠有限的教师和资源，只能保障孩子们的基本入学权利，却无法保障教育质量。

2004 年 4 月，甘肃省联合国教科文组织协会（以下简称“甘肃省 UNESCO 协会”）与美国福特基金会合作，在 3 个县 53 所农村小学启动了复式教学课堂教学创新模式实验研究工作，着力于探究更为有效和科学的复式教学模式，开发出“垂直互动参与式”的复式教学新模式。2005 年，包括临洮县在内的 5 个县加入了实验项目。2014 年，垂直互动模式覆盖全临洮县，甘肃省 UNESCO 协会对全县的复式教师做了培训。围绕垂直互动的教学模式，甘肃省 UNESCO 协会还组织了编写教材，并对教师、校长、教育主管人员和培训者等进行了有针对性的系统培训。

垂直互动模式最重要的特征就是打破了年级限制、学科限制，将知识彻底整合在一节课中，分环节进行，达到了用有限的课时、有限的教师来完成规定教学任务的目的。

※案例1 二年级美术——“小扇子”&四年级作文——“记一次小制作”

1. 二、四年级学生相互展示小扇子制作的准备材料：小剪刀、双面胶、透明胶、卫生筷、胶水等材料。

2. 师生共同欣赏老师课前已备好的一篇手工制作说明文。

3. 老师与二年级学生相互合作，共同制作小扇子；四年级学生观察、收集作文的素材，并构思写作提纲。

4. 师生相互展示自制作品——小扇子，汇报、交流各自制作小扇子的过程与感受。

5. 四年级学生朗读自己的习作，并对制作的小扇子进行评价。

“垂直互动”模式有以下关键特征：

（1）互动性。在“垂直互动式”教学模式中，互动方式分为两种：一种是师生互动；另一种是生生互动。师生互动主要以问题情境的展开而开始。在课堂中，教师会提前设计或随机提出问题，以问题唤起学生的学习动机，让不同年级的学生通过积极主动探究获得知识，实现知识和技能的自我建构。因此，提问成为教师的重要技能，要求教师要抓住教学内容的内在联系，在不同年级中分别以不同的层次递进的问题支撑课堂教学的框架。

※案例2 六年级数学——“整理和复习、行程问题”&五年级语文——《飞夺泸定桥》

数学：

1. 行程问题中的距离、速度、时间各可用什么算式表示出来，画线段图说明。

2. 编应用题，求出《飞夺泸定桥》中我军的速度：1935年5月28日7时，红四团出发，他们要在29日7时赶到距此120公里的泸定桥。红军翻山越岭，到晚上7点钟，距泸定桥还有55公里。红军摸黑前进，终于按时到达。问红军速度在下雨前后各是多少？

语文：

1. 红军为什么要“飞”？是怎样“飞”的？

2. 红军的速度为什么先快后慢？这能称为“飞”吗？

生生互动是该模式的重点。不仅包括同年级学生的互动，还包括不同年级学生的合作——由高年级学生指导低年级学生，由低年级学生协助高年级学生。这种方式不仅可以减轻教师负担、协助教师进行课堂管理，更有利于学生社会性交往、合作互助精神的发展，而且无论对于高年级还是低年级学生来说，体会到帮助别人的乐趣，可以增加其自我效能感，利于儿童更自信地面对学习。

※案例 3　一年级数学——“数一数”& 四年级体育——“跳绳”

第一环节　教师给四年级学生做跳绳示范，四年级学生一边看，一边帮助一年级学生数数。

第二环节　四年级学生练习跳绳，一年级学生数数，教师巡视、指导。

第三环节　四年级开展跳绳比赛，一年级学生当“小裁判”，进一步巩固数数。

第四环节　四年级学生做“小老师”，让一年级学生尝试跳绳的乐趣，边跳边数。

※案例 4　三年级美术——“怎样画人体轮廓图”& 五年级科学——“人的消化系统”

教学环境：高低年级同学交叉分组。

1. 由教师讲解，共同认识人体的外部结构及轮廓。

2. 低年级同学学画人体轮廓，教师引导高年级学生阅读教材，观看挂图，认识人体的消化器官及排列次序。

3. 教师说明各年级同学的合作任务。

4. 高年级同学画出各消化器官，由低年级同学剪下来，然后共同合作，按顺序贴在低年级同学完成的人体轮廓图内，完成整个作品。

5. 分组展示作品，并说明人体的各个消化器官的作用。

（2）自主性。垂直互动模式注重学生的学习自主性，这与新课程改革倡导的“自主探索，合作交流与实践创新”的学习方式相符合。垂直互动强调在师生互动、生生互动的前提下，突出学生的学习主体地位，以学生的实际需要及能力水平为出发点来组织教学。教师依据每节课的教学目标，组织、帮助和指导学生有效地开展自主性学习。例如，在语文教学中，给学生一定时间进行独立学习，在这一过程中，以学生的自学为主，让学生在课本上圈、点、勾、画，大胆地进行批注、分析，自己提出有价值的问题；对于数学学习，可让学生围绕学习的主要问题，结合生活实际，初步认识课本上的知识概念，然后再与课本相对照，找出异同点。在这个教学过程中，学生可充分发挥独立学习能力，而对自己不能解决的问题，就可以发挥集体的力量进行年级互动学习，发挥以大带小、以小促大的作用，以达到优势互补，共同研究解决疑难问题的目的。而自主性学习能力的培养，离不开平时对学生搜索与运用学习资料的习惯的培养，还有自我评价、互评的运用。

※案例5　一年级数学——“找规律”&三年级——作文

先出示练习：

①1、3、(　)、7

②(　)、4、(　)、8

③21、(　)、31、(　)、51

1. 学生自主练习，再说说为什么这样填。

2. 三年级学生为一年级学生设计练习题，一年级学生做完后，说说做的过程，结合练习情况谈谈发现了什么规律，再请三年级学生做出评价。

3. 一年级学生自己设计练习，与同伴交换完成；三年级学生做作文。

三轮活动，一年级学生找规律，在练习巩固中掌握了知识，三年级学生也在做游戏，在设计练习中积累了习作素材。学生在学习过程中的角色不断变换，体验也在逐渐加深，教师为学生学习创造了多角度体验、感悟的情景，学生在自我探究中实现了知识、情感、过程、方法等多维的发展。

※案例6　一年级音乐——《快乐的青蛙》&二年级语文——《坐井观天》

先给两个年级的学生同时教授歌曲《快乐的青蛙》；然后让一年级学生唱歌，二年级学生阅读《坐井观天》，再把故事讲给一年级学生听。一年级学生向二年级学生发问，二年级学生能解释的给予解释，不能解释的作为疑问在随后的质疑环节中提出，供大家合作探究。

(3) 弹性的教学环境。垂直互动模式打破了教材、活动、年级等的限制，这些都需要营造一种弹性教学环境。传统单式班的教学有固定的教学时间、固定的教材，教学严格按照教学计划进行；而传统复式教学中的课堂环境营造又偏重于纪律约束，以避免不同年级之间的相互干扰。与这两者不同的是，垂直互动模式课堂教学环境的营造则是为了加强不同年级学生之间的互动互助。

垂直互动教学要求按照“灵活、实用、方便”的原则，实施动态排课。具体做法有特定年级走动、期中调整、同科组合以及临时调整等。

特定年级走动式指选定一至两个年级为走动班，其他年级保持不变，在上课时教师根据其他年级的教学需求，将走动年级与其他年级组合成变化的复式教学班，而不是像传统的复式教学中，年级组合一旦形成便不再变更。例如，将三年级确定为走动班，第一节课，教师要为二年级上语文阅读课《村居》，三年级学生同在二年级的教室学习课文《放风筝》；第二节课，教师为四年级上数学课“解简易方程”，三年级学生则被一同安排在四年级教室上数学课“加减法各部分之间的关系”；第三节课，教师为二年级上品德课“爱惜粮食”，三年级又被安排到二年级的教室上品德课“一粒米的来历”。

期中调整是开学初确定相对固定的教学班，教师在制定教学计划时尽量将本册教材中可以实行年级互动的教学内容整合在一起，其他教学在后半学期可与另外的可以组织年级互动的年级组合起来进行。

同科组合是指定“专用教室”，某一间为语文教室、某一间为数学教室，在具体操作时哪个教室由哪些班级上什么课，由教师视具体情况而定。

临时调整，是在排课时先排出固定不变的课表，在具体操作时教师视教学内容的需要再灵活调整。除去教学计划的编排，教室环境的安排也可以根据教学内容随机变动。如，教室可以划分几大功能区，以方便学生阅读、展示、交流、活动；讲桌、黑板、教学仪器以及其他装饰等都可以做出别出心裁的变动，以使教学更加生动、便利；学生座位可视具体的教学要求安排成马蹄形、长方形、圆形或交错形等。

软性环境包括班级学习的秩序、纪律，互动交流的氛围等，需要教师和学生在长期的教学中共同营造。教师尤其要注意营造安全、平等、开放的心理氛围，让学生可以尽情自主探究。

垂直互动的复式教学法秉承新课改精神，克服了“动静结合”模式中以教师为中心、学生被动接受等缺点，建立起了以学生为中心、探索型、合作型的学习模式，学生之间充分合作，共同参与，可极大地激发学生们的学习兴趣。同时，整个培训项目构建了以中心校为依托，单复式教师共同参与的研究——培训——改善教学的新机制，促进了教师尤其是复式教师的专业发展。对学校管理者的培训，则使校长们成长为教学的领航者和创新者，与老师们一起推进复式教学发展。

2. *“同动同静”模式——以渭源县、康乐县为例*

兰州大学西部基础教育研究与培训中心长期关注、研究农村边远山区复式教学。“同动同静”模式是兰州大学西部基础教育研究与培训中心历经近 10 年的教育行动研究成果。2003—2005 年，他们承担了香港成长希望基金会资助的“甘肃贫困山区复式教师培训计划”项目，对传统“动静搭配”的复式教学模式进行了改革，代之以“一个主题，两个打破”（打破动静结合，打破年级界限）。

2007—2009年，他们在香港乐施会资助的“甘肃农村地区复式教学实践创新与理论研究（推广）”项目中，通过复式教学调研、教师培训、教学支持活动、教师自主探索等一系列理论和实践的教育行动研究，在传承原有复式课堂教学模式优点的基础上，逐渐总结探索出了复式课堂教学新模式——“同动同静”模式。

“同动同静”模式是针对“动静搭配”模式存在的年级割裂和声浪干扰等不足提出来的。所谓“同动同静”模式，是指两个或两个以上年级的学生在复式教师的合理调控之下同时进行直接教学和间接教学。“同动同静”模式比传统的“动静搭配”模式内涵丰富。“动”不仅包含教师面向全体学生进行新知识、新技能的讲解过程，同时还包括教学的反馈和指导环节。这是教师和各个年级的学生共同参与、共同思考、共同交流的直接教学的过程。“静”不仅包含学生的自动作业，还包括以小组为主的自主学习、合作交流。在这个间接教学的过程中，教师随机进入各个年级小组，根据学生的学习需要给予引导和支持，以保证各个年级顺利完成任务，达成学习目标。此时的小组交流，根据学习任务可以是同年级交流，也可以是跨年级交流。

“同动同静”是一种新颖的复式教学模式，它有效地解决了传统模式存在的诸多问题。与此同时，该模式在操作层面上有其特殊要求。第一，要求相邻年级编班，同科搭配。相邻年级的学生年龄相近，相同课程的知识点相互衔接，在这种状态下的跨级学习，不仅使低年级“吃不饱”的学生可以提前学会高年级的知识，还可以使高年级“吃不了”的学生有一个重新温习的机会，有效地解决了不顾学生个体差异使其认知水平跟随生理年龄“走”的问题。第二，要求以小组教学形式组织课堂活动。教师根据教学目标的要求和教学内容的特点，既可以同年级组合小组，也可以跨年级混合分组，关键是教师要将复式班级看作是由不同年级小组构成的单式班级进行小组教学。这就要求教师掌握组织小组教学的技巧，保证小组学习活动的有效性。第三，要求频繁使用教学用具。复式教师可利用身边唾手可取的纸盒、木棍、玉米粒、碎布等废旧材料制作简易朴素的教学用具，如大书、模型、卡片、计数器等。大书是一种承载了教学信息的厚纸板，具有容量大、可永久保存、使用方便、易于接受等特点，是“同动同静”模式中中极具特色的教学手段。教师在备课时用大书把重点教学内容准备好，上课时，根据教学需要随时将之放置在展示架上，以协助教学。这既可以节省宝贵的课堂时间，又可以明晰各年级的学习任务。

“同动同静”模式坚持“以儿童的发展为中心，以活动为主，平等参与”的理念，将学生创新精神和实践能力作为培养的重点，将“小组合作、探究学习”确立为教学方法的核心和基础，成功克服了年级间的声浪干扰，便于教师对复式课堂的组织与管理，有利于调动复式教学教师和学生的积极性。研究数据表明，“同动同静”复式教学模式在促进学生互动学习、教师课堂组织和教学设计等方面起到了积极的作用。2011—2012 年，在香港乐施会资助的“甘肃农村地区复式教学实践创新与理论研究（推广）”项目中，兰州大学西部基础教育研究与培训中心将“同动同静”教学模式在甘肃省渭源县、康乐县进行了推广，并取得了良好的效果。

渭源县、康乐县位于甘肃省中南部，两县都属于典型的老、少、边、穷地区，经济落后，教育投入较少，经费紧张，学校办学条件差，受到地理环境的影响，交通闭塞，村落分散，复式教学大比例地存在着（见表 13）。复式教学质量如何，教师素质怎么样，教学组织是否合理，直接影响到两县基础教育的发展。

表 13　复式教学的比例

复式情况 / 地理位置及总计	学区数/个	学校数/所	班级数/个	学生数/人	老师数/人
渭源县	22	59	76	1, 275	135
康乐县	11	31	34	1, 084	56
总计	33	90	110	2, 359	191

基于上述两县复式教学仍然大比例存在，以及传统复式教学模式被大范围应用，却未能高效率运用有限的教学资源，教学质量不高的基本情况，兰州大学西部基础教育研究与培训中心在香港乐施会的资助下，在两县实施了“甘肃省农村地区复式教学实践创新与理论研究（推广）”项目。项目着重复式教学“同动同静”新模式在两县的推广工作，通过对两县复式教学教师为期 6 天的培训（每县分别 6 天），帮助复式教学教师掌握复式教学的特殊规律，认清“同动同静”新模式的有效性，掌握新模式的基本原理，促使他们在教学过程中熟练运用“同动同静”新模式。下面呈现一些学员们设计的“同动同静”复式教案（表 14 和表 15）。

表 14　小学语文复式教学设计展示（飞天组）

项目	一年级　《两只鸟蛋》	二年级　《葡萄沟》
教学目标	1. 能正确认读 12 个生字； 2. 能流利地朗读生字	1. 能正确认读 11 个生字； 2. 能流利朗读课文，了解课文大意
重难点	会认读 12 个生字	正确认读课文中的生字
教学过程		
同静	读一读　画一画　认一认 结合课文插图自读课文，同时画出不认识的生字；和伙伴一起识字	读一读　画一画　认一认 结合课文插图自读课文，同时画出不认识的生字；和伙伴一起识字

续表

项目	一年级　《两只鸟蛋》	二年级　《葡萄沟》
同动	游戏一　鸟蛋归巢 一年级将写有生字的鸟蛋放在对应的鸟巢拼音中，认读并组词，二年级判断并指导 游戏二　找朋友 一、二年级玩拼音生字配对游戏，一年级读拼音，二年级找生字、组词语，教师协调指导	
同静	读一读　看一看　说一说　写一写 1. 自读课文，把课文读通读顺； 2. 观察生字在田字格中的占位，并与伙伴说说记住生字的方法	读一读　看一看　说一说　写一写 1. 自读课文，把课文读通读顺； 2. 观察生字在田字格中的占位，并与伙伴说说记住生字的方法
同动	汇报学习结果 1. 出示一年级生字卡，一年级学生认读，二年级观察帮助，教师根据反馈指导 2. 出示二年级生字卡，二年级学生认读，一年级倾听、观察或小声跟读，教师根据反馈指导 3. 一年级学生读课文，二年级倾听、指导评价，教师帮助 4. 二年级学生读课文，一年级倾听，教师帮助	

表 15　小学数学复式教学设计展示 3

项目	一年级　《6 和 7 的认识》	二年级　《乘法的初步认识》
教学目标	1. 通过观察、操作和演示，使学生熟练地数出 6 和 7 两位数； 2. 会用 6 和 7 来表示物体的个数、事物的顺序及位置； 3. 培养学生的观察、操作及表达能力	1. 能通过情景图引出乘法； 2. 通过动手操作，解决实际问题，认识乘法
教学过程		
同静	看一看　数一数　圈一圈 观察课本第 42 页情景图，认识 6 和 7（数一数，图中有几个人、几张桌子、几把椅子），并先用圆圈表示，后用数字表示	看一看　想一想　算一算 1. 创设情境，认识乘法； 2. 观察课本第 44 页情景图，提出数学问题，并尝试解决提出的问题
同动	大家一起学 年级汇报自己的学习结果，二年级倾听、评价、帮助； 二年级汇报自己的学习结果，一年级观察、倾听，教师讲解并点评	

续表

项目	一年级　《6 和 7 的认识》	二年级　《乘法的初步认识》
同静	摆一摆　找一找 1. 用 6、7 根小棒摆出图形； 2. 在计数器上找一找 6 和 7； 3. 在直尺上找出 6 和 7，观察它们的位置	摆一摆　数一数 1. 每个学生用小棒摆出不同的图形； 2. 小组合作算出每种图形共用了多少根小棒
同动	反馈并评议 1. 根据一年级的展示，引导一年级认识 6 和 7，了解 6 和 7 的顺序。二年级可以参与帮助，教师根据反馈指导； 2. 根据二年级展示，引导学生认识乘法是相同加数相加的简便运算。一年级倾听； 3. 布置家庭作业	

兰州大学西部基础教育研究与培训中心在长达近 10 年的行动研究中探索出的复式教学“同动同静”模式，得到了甘肃省教育厅的认同。为更好地将这一研究成果运用到农村边远小规模学校复式教学实践中，切实提高农村边远小规模学校教学质量，从 2012 年起，该中心先后承办了“国培计划”（2012 年、2013 年）与“省培计划”（2012 年、2013 年）——“农村边远小规模学校教师培训”项目，对来自兰州市、定西市、平凉市、临夏回族自治州、庆阳市、张掖市、武威市等地的 1,060 名县教研员、教学专干、复式教师进行了“同动同静”教学模式的培训。平凉市华亭县和定西市通渭县已在全县小规模学校推进“同动同静”复式教学模式，并将“同动同静”复式教学模式的研讨培训纳入到各学区的日常教研活动中。“农村边远小规模学校教师培训”项目被一线老师评价为“农村教学史上的革命”和“最接地气的教学研究”。

（四）对于复式教学提升小规模学校教育质量的思考

小规模学校的复式教学，教师是关键。这是近十几年来农村教育研究和实践达成的基本观点。因此政府、研究机构、公益组织等在介入小规模学校的复式教学时一般都以教师培训为着手点，近年来比较成功的实践经验也都在教师培训上下足了功夫。教育改革是一个整体，任何一个环节的变革都不能脱离其他环节的配合。教师培训如果想成为复式教学质量的突破口，那么这种培训应该形成一个链条，从教育管理部门到学校管理部门，甚至到学生学习都应该成为培训的对象，这样才能真正保证培训的效果。

复式教学若想取得良好的教学效果，单靠对教师进行复式教学法的培训提高教师的课堂教学技能是不够的。尽管对于广大农村地区特别是偏僻山区的学校来说，实施新课改是一件很难的事，但是对现有教学内容的有机整合、开发复式教学适用的特定教材就成了西部偏远地区农村小学新课改实施成功与否的关键。因此，开发出大量符合复式教学特点，又融合新课改理念、主张和目标的复式教学课程对提高落后地区教育教学质量起着至关重要的作用。

目前，小规模学校存废的争议已经过去，大多研究倾向于承认小规模学校的独特价值。面临小规模学校继续存在的现实，提高教育质量就成为新的讨论中心，而小规模学校的教育质量并不能单以传统学校的标准进行衡量。这就要求研究者们重新为小规模学校的教育质量定义，建立“小规模学校的教育质量评估体系”。目前陆续出现的新型复式教学方法和模式是对复式教学理念和内容重构的尝试，而尽快构建出同传统教学法一样的复式教学目标、教学内容、教学组织和实施、教学评价的系统不仅是现代教学理论丰富发展的需求，也是响应目前广大运用复式教学方法的山区小规模学校的迫切需要。

四、开发乡土资源，开展乡土文化教育

费孝通曾对乡土文化作出这样的判断：“从基层上看，中国社会是乡土性的。我说中国社会的基层是乡土性的，那是因为我考虑到从这基层上曾长出一层比较上和乡土基层不完全相同的社会，而且在近百年来更在东西方接触边缘上发生了一种很特殊的社会。”人类物质文化的进步并不必然地促进人类精神文化的进步。就教育自身的发展来说，物质进步了，带来的只是学校办学条件的改善，当学校的条件达到一定程度的时候，过于优裕的物质条件就可能给学校教育带来一定的损害。一种优秀文化在其发展过程中可能会出现被割裂的现象，但生长出那种文化的土地不会发生改变，那山、那水会铭刻着那种文化的精神，生活在那块土地上的人的血脉里依然流淌着那种文化的精神。被割裂的文化一旦遇到适宜的环境又会得以再生，焕变出一种代表着先进性的时代精神。因为我国乡土社会生活是地方性的、亲近自然的和建立在传统的礼治基础之上的，这种生活孕育了丰富多彩的乡土文化，滋润着世世代代淳朴的村民和中华民族的传统文化。[①] 乡村文化彰显了乡村淳朴、仁厚的民俗习气，表现出自然而独到的文化品格，在这种文化中既有“天人合一”的自然主义情结，也有“趋福避祸”的民间信仰；既有“乌鸦反哺，羔羊跪乳”的朴素道德观，也有“出入相友，守望相助”的良善交往原则；既有平和淡然的生活态度，也有充满希望的未来期冀。可以说，乡村文化是中国人独特生命样式的基本背景与内在结构，既呈现出农民特有的人与人之间亲密的情感，也为中国农民在艰苦环境中做到自强不息、坚强图存提供了强大的精神动力。但近年来，由于城市化进程的加快，中国农村的青壮年劳动力大量

---

① 谢治菊. 转型期我国乡土文化的断裂与乡土教育的复兴［J］. 福建师范大学学报（哲学社会科学版），2012（4）.

涌入城市，传统村落里剩下的都是“留守老人”和“留守儿童”，而寄宿制学校制度使村落和家庭的作用减弱，降低了社区和家庭对儿童的影响。由于学校与社区的关系趋于淡漠，学生与所在村落的联系也日渐疏远，学生基本上不了解也不关心农村发生的事情，城市文化对学生更具有吸引力，农村学生对于农村社区和文化的认同感下降，乡村社会文化逐渐处于“空心化”状态。

好的教育应该是学校和社会，教育和生活相互联系的。一切学问都是从生活中来的，是人们在对自然和社会的观察中归纳出来的。乡村地域文化中原本就蕴藏着丰富的教育资源。在传统的乡村教育体系中，以书本知识为核心的外来文化与以民间故事为基本内容的民俗地域文化的纵向传承相结合，学校正规教育与自然野趣之习染相结合，专门训练与口耳相授相结合，知识的启蒙与乡村情感的孕育相结合——这样的教育才是“活教育”，“有根的教育”。植根乡土的教育，不一定是农业科技教育，而应以学生的人格养成为目标，让孩子从小形成乡土记忆和乡土意识，增强他们的乡土情感，倡导平民教育、生活教育的价值，促进教育与农村社区发展紧密结合，应是一种“为生活做准备的教育”。通过实行乡土教育，促进学生的人格发展、公民道德和能力培养。这样，无论学生将来是继续升学、进城打工还是回乡务农，都获得了赖以安身立命的“通行证”。很多案例学校通过发展、传承乡土文化，成了当地的特色学校。

（一）将乡土文化融于学校教育与家庭教育之中

河北省秦皇岛市青龙满族自治县马丈子村小学位于该青龙镇。青龙镇临近县城南部，由 5 个自然村构成，村民 498 户，共 1, 332 人，全部为满族。村民生活来源以种植板栗和外出打工为主，村庄留守人员以妇女、儿童及中老年人为主，壮男较少。在“中国滋根”与“为中国而教”两个公益组织的帮助下，马丈子小学和村里发生了明显的变化。学校围绕新农村建设和国家教育事业发展的方针政策，结合当地人口、经济、文化、民族等实际情况，开展生活教育与乡村建设相融合的实践探索，并逐渐成为当地文化中心和乡村建设的咨询中心。

第一，乡土文化、学校教育、家庭教育三者相融合。在“中国滋根”和“为中国而教”志愿者们的建议与协助下，村里成立了老人协会，编写村史和乡土教材，并将村庄老艺人、老工匠请进课堂。本村的故事传说、好人好事、生活经验、风俗活动和民族传统手艺等，通过老人们的编写、讲述和展示，重现于课堂。这种教育内容和方式极大地激发了学生的学习兴趣，孩子们的自豪感也油然而生：没想到自己的家乡虽然只是山中一隅，竟也是如此美丽且神奇的地方。这种方式也受到了村民们的热烈响应，村头村尾闲时都在回忆家谱、本村的来源、各种山石和庙宇传说等。这一举措，不仅解决了农村学校缺乏音乐、体育、美术老师的问题，还为本村乡土文化艺术的传承搭建了桥梁，实现了教育和乡土文化的可持续发展。

村小还发起了校报行动，每期1,000份，让学生带回家的同时，也在全村发放。其内容涉及多个方面，通过展示学生的课业表现和作品，刊登一些简单的家庭教育知识，让学生和父母重新认识彼此并相互沟通，从家庭教育的角度提高农村教育质量，帮助贫困家庭摆脱自卑的思维方式。同时，校报还成为一个群策群力的平台，吸引村民共同探讨乡村发展建设的问题，尤其是文化教育问题。校报逐渐成为家庭与学校沟通、村民动员、乡土文化教育、乡村风气建设的平台。此外，志愿者们还协助村里成立秧歌队，学校提供场地，将学校建设成为村民文化活动的中心广场。

以上这些举措，在激活村小教育教学的同时，也使村里的老人有了发挥自己余热的空间，使村民有了文化交流的场所，极大地密切了村里长辈、家长与学生之间的关系，体现出乡土文化强大的生命力。

第二，课程整合与生活教育相融合。培养健全人格是当代教育的主题，学校教师们积极探讨适合农村学生的教育教学方式，尤其是课程整合方式。教师们一方面在课堂教学中引入适当的案例、故事和活动，激发学生的学习兴趣，使其产生自主学习、合作学习的动力，从而对学生的学习产生积极的促进作用。另一方面，通过实践活动，整合多方面的知识与技能，全面发展学生的多元智能，使其养成完善的人格。例如，为了改善学校的教学条件，同时锻炼孩子们的生活能力，师生携手以课程整合的方式，共同修建乒乓球台与篮球架。在修建过程中，整合了语文（作文日记）、数学（比例体积计算）、绘画、设计、材料配比、历史（的乒乓球外交）、励志（国球争第一、姚明）、团队合作、动手等方面的知识与技能，激发了学生的兴趣，加深了师生、学生之间的感情，并培养了学生的生活实践能力以及自信心。这种教育教学方式为学生们生活技能的养成和个人全面发展打下了良好基础。

第三，环保实践课促进学生公民意识的培养。2012年，在“中国滋根”公益组织的资助下，学校动员全体村民与学生们一道修建垃圾处理池。在3天的时间里，清理掉了全村多年沉积在河道内的垃圾。恰逢青龙县爆发30年一遇的大洪水，因新清理的河道水流通畅，马丈子村免遭水灾。通过这堂生动的环保实践课，学生们收获了很多。

第四，“家长学校”共谋家庭发展。学校利用“中国滋根”奖学金评选成立家长委员会，结合村民秧歌队，成立晚间“家长学校”。教师由学生们担任，学生们白天学习，晚上成了家长们的“小老师”，学生和家长的关系更加紧密。家长学校的主要教育教学内容是“养兔”。为帮助当地家庭解决生计发展问题，结合当地经济发展状况和优势，“中国滋根”公益组织支持并资助学生和家长科学养兔。这实现了“学生劳动技术教育+自然教育+理财教育+学生家长互教的亲子教育＋家长小型经济合作项目＋语数科美”等多方面知识与技能的融合。

图25为马丈子小学教育成果展望。

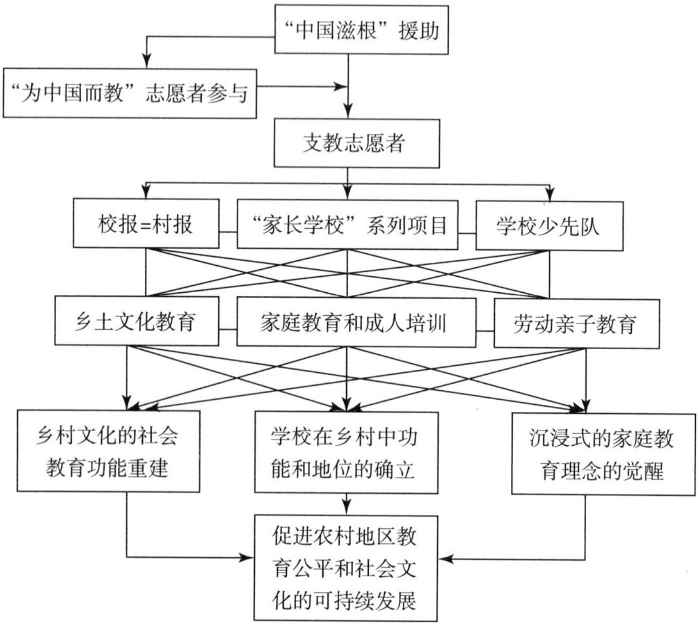

图25　马丈子小学教育成果展望

（二）根植乡土文化的特色个性教育

浙江省上虞市以乡土文化作为有效抓手和切入点，开展园区实验，把6个学区分别确定为6个特色教育实验园区：以气象学家竺可桢、科普先驱杜亚泉等乡贤人文资源为依托的东关科普教育实验园区，探索科普教育特色；以盖北葡萄、二都杨梅、小越花卉、海涂水产等农产品重要基地为依托的小越农科教育实验园区，形成农科教育特色；以城区示范性、实验性学校为依托的百官心理健康教育实验园区，探索学校心理健康教育的内容体系及实施途径；以省级艺术特色学校——崧厦中学为龙头的崧厦艺术教育实验园区，探索农村学校艺术教育一体化的改革实践；以丰富的山区资源为依托的章镇劳技教育实验园区，建立与本地经济发展相配套的劳技教育基地；以四明山革命老区、老县城的深厚历史和人文积淀为依托的丰惠传统教育实验园区，开发德育校本课程。

上虞市学校结合自身办学实际，从抓特色项目入手，使项目连点成线、连线成体，把物质、制度、行为、精神文化系在一起，全方位、多角度、整体性地对学校的办学实践进行优化。在实践中，各校通过渗透特色意识，围绕特色调整管理制度，开发乡土文化校本课程，开展校本教研、创新课堂教学等，让师生完成对特色文化的认同，并最终实现由学校特色向特色学校的转变。

（三）民族文化的传承与乡土教育

随着全球化、城市化、现代化进程的加快，传统生活方式发生了巨大的改变，大量农民外出务工导致乡村空巢现象严重，原本植根于乡土民俗的少数民族文化的“断裂”现象愈演愈烈，乡村文明价值感降低。贵州省黔南州长顺县长寨镇冗雷中心学校（简称“冗雷小学”）作为最早尝试乡土教育的学校之一，积极参与乡土教材编写和课题调研，把民族文化引进校园，将乡土课程引入地方课程，使农村基础教育充分发挥其文化的保存与传承的功能。

第一，率先编写校园民族知识读本。2008 年，在县政协、教育局、民宗局和相关专家的指导下，长顺县率先设立乡土课程项目，成立了以县教研室研究人员和冗雷学校教师为主的课题组。历时 5 年，依靠当地师生和乡土人才的力量，编写完成出教材——《这方热土这方情》和 3 本教学辅导用书，培养了 40 多名乡土课程教师，将乡土课程纳入地方课程，全县 40 所学校 4 ~5 年级的学生受益。还成立了屯堡地戏、花灯小组、苗族芦笙舞小组、布依歌舞小组等兴趣小组，并与社区的民族文化活动紧密结合，既丰富了乡土文化，也增进了学生对家乡的了解和热爱，增强了他们的民族自豪感。冗雷小学最早尝试乡土教育，2006 年，在县民宗局的支持下，组织教师编写了校园民族知识读本——《浓浓布依情》，开始把民族文化引进校园。

第二，开展多样化的地方乡土文化课。贵州省基础教育新课程改革逐渐明确了乡土文化的传承对培养学生的情感态度和价值观的重要意义，要求各地根据自身情况自主开发乡土课程。但是各地都是等米下锅，一缺资金，二缺师资，三缺教材。在这样的情况下，长顺县政协与多年在贵州从事人道主义救援、农村生计和基础教育扶贫工作、主张多元文化素质教育的香港乐施会达成共识，由乐施会提供项目资金，长顺县组织以试点校教师为主的课题组，在省内专家的指导下开发编写反映本土民族文化且适宜小学 4 ~5 年级师生使用的乡土教材。教材编写完成后首年在试点校 4 ~5 年级使用；乡土课程开发过程中组织开展村校互动的民族文化活动；筹建民族文化陈列室；对 40 所村校教师进行乡土课程教学培训，然后在 40 所村校推广试点校乡土课程，最后进行教学经验交流、课程评估和宣传，等等。最终，通过这一系列举措，冗雷小学开发出了丰富多彩的地方乡土文化课，如“家乡歌声飞”“学生自编布依歌谣”“神秘的屯堡地戏”等。

第三，校内着重文化传承，校外着重村校互动。2009 年长顺县乡土课程开发项目落地冗雷小学，给学校和社区都带来了转变。一是教师认识上的转变。教师们都认识到，乡土教材一是要具有本土气息，适合学生的认知特点，教学方式要灵活多样。二是教学上的转变。过去有的教师常把乡土课当成语文课来上，以讲为主。经过乡土课程培训，教师大胆采用“参与式”教学，根据教学内容的需要采用多元化教学方式，有的以课堂学习为主，课外实践为辅；有的以课外实践为主，课堂学习为辅；有的是课内课外相结合，小课堂和大课堂相结合。多元化的教学方式使得学生自主学习的积极性大大提高，学习效果也较好。三是校园文化构建的转变。冗雷小学是一所服务布依族村寨的学校。在校园文化构建中学校力争充分体现民族特色，努力做到“五个一”——有一处民族风格建筑，有一本民族知识读本，有一套民族服装，有一台民族文艺节目，有一组民族传统体育项目，从而使校园文化建设保持鲜明的特色和个性。四是学生综合素质大有转变。

参与式的乡土课程教学，给了学生很大的学习空间。学生们课堂上踊跃发言，自编自唱民族歌曲，自己“设计”民族服装，民族自尊心和自豪感大大增强。同时，学生们也更乐于参加课外实践活动。在传统的布依族节日里，孩子们唱布依歌、跳布依舞、吹木叶、吹唢呐、下布依棋，等等，个个玩得开心、尽兴，孩子们那种童真、灵气得到了充分展现，整个校园充满了生机和活力。而村校互动的增加，使得学校与社区的关系更加和谐。学校主动请村民担任民族文化活动的指导教师，主动承担村里民族节日的庆祝活动，使村民有一个活动的舞台。无形中也拉近了学校与村民的距离，使得学校逐渐成为村里文化活动的中心。

北京天下溪教育咨询中心（简称“天下溪”）成立于2003年6月，是一家工商注册的民间非营利教育机构，致力于民间多元教育的探索与实践。“乡土教育”是其核心项目之一，目的是培养学生对家乡的关注态度和对乡土价值的理解与认同，推动乡土文化传承及可持续发展。2003年，天下溪以“一方水土一方人”的文化理念，尝试在环境教育的项目地与项目地教育局合作，由一线教师参与教材编写乡土文化教材。“乡土教育”的核心即为“乡土教材”。“乡土教材”以当地地理、历史、民风民俗、传统文化、资源、生计、经济发展等为主题，同时融入天下溪特有的教育资源——活动与游戏。在形式上，与当地教育局合作，培训当地教师，将“乡土教材”嵌入到当地学校教学环节中。教学形式为参与式学习，主要包括调查研究、故事讲述、民族语言学习、互动游戏、实践活动、分享反馈等。同时，阶段性组织“夏令营”等课外活动。近10年来，天下溪已开发《草海的故事》《白鹤小云》《霍林河流过的地方》《与鹤共舞》《扎龙》《我爱拉市海》《家在科尔沁》《奇奇格的故事》《美丽的湘西我的家》及羌族文化语言教材《沃布基的故事》等多部乡土教材。

爱世界，从爱自己开始；热爱祖国，从热爱自己的家乡开始。“乡土教育”的意义在于，学生通过乡土知识的学习，能够深刻理解本地的生活方式与当地自然生态文化和历史的关系，并从中体会到本地的生活智慧和民族精神。“乡土教材”贯穿“乡土教育”始终，使学生在学习过程中提升了学习兴趣和生活能力，并深入了解了家乡的历史、文化和价值，最终使学生既能走出家乡，也能留在当地更好地生活——这是目前尤为值得国内西部助学机构关注的一点。不过，民族文化项目的开发，首先需要对民族文化和历史有所钻研和了解，以及对民族语言进行深入解读。这类项目对开发者的本土知识背景要求较高，如果不能充分地结合本地人力资源，项目将无法达到预期目标，且容易产生文化误差。

除冗雷小学外，还有很多地方和学校也开展了乡土教育实践和探索。山西省晋中市太谷县通过村委会聘用一些懂美术和二胡、懂民间艺术的兼职老师，到学校开展素质教育，借用乡土文化资源发展素质教育。甘肃省定西市安定区的大平小学，利用远程教育设备与资源，为社区居民提供技术培训；利用学校的场地、图书资料，建设社区文化广场，开展民间剪纸培训，活跃了社区文化生活，正在走向一种科技、教育、信息、人才的综合性教育之路。甘肃省榆中县夏官营镇农村社区学习中心依托原有的乡村小学，整合了农村小学、成人学校、原乡村农民文化技术学校、学前班等教育资源，也统筹了县级农、林、水、牧、医疗、卫生、安全、供销、青年、妇女、科技、教育等多个涉农部门在农村开展的教育、培训、咨询、服务功能，还容纳了民间文化、民俗、传统社火、庙会、棋牌、文艺演唱和节庆活动。“中心”的核心是乡村小学，同时它也是社区的教育中心、科技中心、信息中心、文化中心和人才中心。

在保留的村小、教学点中开发乡土教育课程，不仅能够焕发小规模学校的活力，办出学校特色，更重要的是能够传承乡土文化，挽救日渐失落的乡村文明。我国乡土文化源远流长，可以说正是生长于乡土的传统民间风俗、手工工艺、戏曲民谣等让中华文化大放光彩，也是这些乡土文化增加了人们之间的凝聚力和民族认同感。在城市化快速推进的今天，乡土文化逐渐被喧嚣的现代都市文明淹没，村小、教学点恰可以充分利用接近乡土的优势，将乡土文化融入学校课程中。但在内容的选取、师资的配备、课程的开展上应该注意避免机械化、刻板化，注重实用性和实效性。

由上我们可以看到，农村小规模学校的建设有其复杂性，因此提升教育质量的路径和方法也是因地制宜各不相同的，有乡土资源的开发利用，有信息技术的辐射，还有教学模式的提炼等。但核心的一点就是，好教育应该是学校和社会、教育和生活相互联系的。小规模学校，它通过跟社区的互动，在生活视野中，也更能焕发活力，这一点需要引起我们的重视。同时，我们也应看到，小规模学校在很长的时间内必然会存在，它的功能，尤其是它在资源配置和农村的功能，可能不仅仅是为农村儿童提供一个有质量的教育，还应该在生活教育的框架下，真正地成为新农村建设的一个文化生长点，这也是20世纪80年代农村教育综合改革的一个核心命题，即农、科、教结合，把农村、科技与教育相结合。

五、吸收社会力量，创新办学模式

大部分地区的农村小规模学校因政府财力有限而无法改善办学条件和提升教育质量，而政策的制定和实施也有一个过程，很多时候不能解一时之困。但社会、特别是学校所处社区的力量在义务教育领域又往往被忽视。义务教育特别是农村地区的义务教育，严格意义上来说应该属于公共产品，公共产品理应由政府负担。当涉及社会力量这个话题时，大部分人均不会考虑农村社区本身，而大多“眼光向外看”，公益性质的企业善款、基金会和社会组织的援助往往构成了人们对“社会力量”的印象。而学校所处社区的居民对学校办学的积极性，却被排斥在外。社区力量，可能恰恰是村级学校可持续发展的重要保障。创新办学模式，是“激活”农村小规模学校又一条可行之道。

为提高村级教育教学水平，增强公办学校活力，贵州省兴仁县于 2012 年 3 月启动部分村级学校公办转私立试点工作。按照这一工作的计划，学校原有的公办教师将被撤离，学校将移交给村两委，村两委通过收取 1 元租金的形式招募办校能人。学校班子包括老师由承租人自行组建，一切以提高教学水平为前提。政府为学校原教学覆盖区域内的学生缴纳学费，同时对学校教育教学质量进行监督测评，测评标准以家长、学生满意度为主。工作试行期为 3 年，对测评不合格的学校，政府将更换办校人或恢复公办性质。

2013 年 5 月，在 21 世纪教育研究院的介入下，福建省连城县宣和乡培田村小学开始试点“公办民助”的办学方式。该小学挂牌作为 21 世纪教育研究院的实验小学，吸收社会组织提供的教育资源，如教师培训、支教志愿活动、课程设置建议等。此外，该小学所在的社区——培田村，由村教育促进会出面，为该小学的教师提供岗位津贴。整个学校的教学管理仍属乡中心校管理。在 2013 年 9 月开学前，全村为了迎接村小学恢复完小，出动了 200 多个义务工，连 80 多岁的老人家都连续好几天来到学校，帮助清理校园环境。整个村庄在办学上出现了少有的大团结局面。2014 年 2 月，培田小学成立了校董会和校委会。校董会由乡中心校长、研究院代表、村书记和村委成员、村元老等共同组成，主要负责解决学校的重大事务，并对校委会的运作进行监督。校委会由常务校长、副校长、教务主任、总务主任和大队辅导员组成，负责学校日常事务的管理，每周开一次会议，解决学校出现的各种日常问题。

众人拾柴火焰高，农村小规模学校的发展本就关系着农村社区家庭子女切身的教育利益，因而增加学校与社区的互动，让社区力量参与到学校建设中来，是农村小规模学校自我发展的重要途径之一，同时这也可充分发挥农村学校“文化中心”的作用。但如何调动社区力量、学校是否适合与社区合作、以什么方式进行合作还需要充分考虑当地实际，在这些方面社会的实践探索还比较少。

第7章　改善农村小规模学校发展困境的建议

经历21世纪初大规模撤点并校的大震荡之后，农村小规模学校面临着留存下来元气恢复和生态发展等显性问题，也存在着因人口数量急剧下滑和受城镇化大趋势影响过度撤并的隐性问题。学校撤点容易而恢复和重建难，加上农村小规模学校本身就是劣势学校中的弱势群体，因此，必须采取强有力的政策及管理措施，不断加强和改善农村小规模学校的建设。

一、明确农村小规模学校建设的责任主体

农村小规模学校的建设，包括恢复和重建，必须由各级政府负责。一方面，建设好农村小规模学校，确保适龄儿童“就近入学”，是贯彻义务教育法的基本要求。普及义务教育又是公平教育的底线要求。各级政府必须承担起这个法律责任。另一方面，义务教育学校规划和布局设点的管理权都在政府手中，所以，“政府主导”必须成为农村小规模学校建设的基本形式。

加强和改善农村小规模学校建设，教育行政部门和学校义不容辞。教育行政部门应制定合理的学校布局设点方案，为政府当好参谋。对保存下来的农村小规模学校建设问题要引起高度重视，纳入薄弱学校的范畴给予倾斜和扶持。对过度撤并的学校和教学点应予恢复和重建。学校在“规模效益”与“就近入学”关系的权衡上必须顾全大局，重塑“就近入学”高于“方便教学”的理念。

建设好农村小规模学校，必须取得学生家长的支持。小学生因校点撤销去异地远道上学，存在巨大的安全隐患。过早地离开父母进入寄宿制学校，不利于年幼儿童的身心健康。对于这些若明若暗的问题，学生家长应有知情权。学校要通过家长会、家校联系和家长学校，向学生家长和社会进行广泛宣讲，使大家在思想上达成共识。

二、建立农村小规模学校基本办学标准

实现基本教育权利公平要有标准可依，要坚守底线。建立学校办学底线标准，不能滥用“因陋就简”的原则，不能用“比过去好”的标准。对于特别贫困的地区，特别落后的教育角落，判断是否实现了基本的社会公平与教育公平，

不能靠宏观的进步数字标准来判断，也不能用“比他们以前好多了”的相对标准来判断，必须设置底线标准。

中央和省政府实施的中小学校舍安全工程、中小学校舍维修改造工程等，不能把建设范围和重点仅仅放在示范学校、标准化建设学校和大规模学校之上，不仅应当有序纳入农村小规模学校，而且还须重点扶持和倾斜。对于处在边远地区规模特别小的学校，应当因地制宜、实事求是地保障其最基本的办学条件，可以在国家标准原则的基础上有所变通，但就近、安全、卫生、健康的底线是不能突破和迁就的。

应当逐步提高边远地区的教育质量标准。从国家的层面上讲，教育质量标准由国家课程体系以及与之相适应的教师配置、设施设备配置保证。但是，对于贫困地区的农村学校而言，质量标准主要应当强调的是受教育的条件和过程，再综合学生的学习成绩（分数）来设定。

三、制定专项政策，设立专项配套资金，建立相应管理制度

农村小规模学校、微型学校和教学点既“农”又“小”，长期以来经费缺乏，办学条件差。加强农村小规模学校建设，首要条件是必须确保必要的办学经费，为改善农村小规模学校的办学硬件条件设立专项资金。首先，要根据教育部关于“不足100人的学校按100人计算”的生均公用经费划拨指导意见，探索该政策在地方操作的具体模式。建立低于100人的学校的经费申报和批准流程，逐步推动义务教育经费保障机制从基数制向预算制转变。其次，针对农村小规模学校公用经费普遍不足的现象，设立专门的小规模学校建设资金，通过专项资金的划拨方式，调动地方政府保留和建设小规模学校的积极性。

探索农村小规模学校的财务管理新模式。针对目前村级小学和教学点的经费普遍被乡镇中心校截留的现象，探索村级小学（完全小学）开设独立公用账户的财务管理模式。村级小学开设独立公用账户不仅可以保证公用经费的足额划拨，还可以保证一些社会的资助，比如免费午餐等，能够全额到位。

四、加强和改善农村教师队伍建设

提高小规模学校的教育质量，要进一步加强教学点教师队伍建设。2012年9月教育部等5部委出台《关于大力推进农村义务教育教师队伍建设的意见》，探索建立农村义务教育教师补充新机制，逐步实行城乡统一的中小学编制标准，对农村边缘地区实行倾斜政策，突出了“底部攻坚”的概念，是十分准确和必要的。加强和改善农村教师队伍建设，具体应从以下几方面着手。

一是要在破解编制不足上动脑筋。按现有根据“生师比”确定学校教职工

编制数的标准，即使满编配置农村学校教师，一个教师还是要同时负责好几个班级的教学工作。改变农村小规模学校教师配备标准十分必要，考虑到农村小规模学校的特殊性，可以根据一个学校的班级数量、不同班级的课程门数、教师的课时上限等，制订农村小规模学校的编制底线，以保证基本的师资需求。同时，把教师编制从“生师比”变为“班师比”，按照 1 班配置 1.5 名教师的标准确定小规模学校的教师编制数。2012 年，浙江省教育厅对山区、海岛等边远地区小规模学校实行“班师比”核定教职工编制数，编制使用向农村学校、薄弱学校适当倾斜，增加小班化教学学校和农村寄宿制学校教师编制，比较好地解决了农村小规模学校教师编制紧张，工作时间长，工作强度大等问题。

有条件的地区，可通过大力推广“联校走教”的模式解决乡村教师结构性缺编问题。由中心学校统筹安排，对音、体、美等小学科和新开学科，如计算机、外语、科学等专业性比较强的学科，安排中心学校的教师到村小或教学点开展“走教”，学校可以给小学科和新开学科教师配置一定的交通工具，发放一定的交通补贴和提供一定的住宿条件，保证小学科和新开学科的教师能够专业对口，同时减少其他科教师的教授科目数量，让农村小规模教师都能把有限的时间和精力更集中地投入到所主教的科目，从而提高教育教学质量。

二是设立“农村小学定向免费师范生”计划，建立农村小学教师补充长效机制。相关调查显示，仅有 8.2% 的部属师范大学免费师范生愿意到农村地区学校任教，他们的就业大多集中在城市和县城，没能有效补充农村，尤其是农村小规模学校师资。湖南省积极创新体制机制，通过设立“农村小学定向免费师范生”计划，比较好地解决了农村小学教师补充困难问题，建立了农村小学教师补充的长效机制。2006 年，湖南省启动实施了“农村小学教师定向培养专项计划”，为农村乡镇及农村小规模学校免费定向培养初中起点 5 年制专科学历的多科型小学教师。2008 年，又在湖南第一师范学院开展了高中起点 4 年制本科小学教育专业师范生免费教育。公费定向培养的学生毕业后必须回到生源地所在的县、市、区以下农村学校从事教育教学工作不少于 8 年，定向培养的县市区教育行政部门负责落实任教岗位和编制，实现定岗到校，以优化农村教师年龄结构、专业结构和资源配置，长期定向为农村小学输送优质师资。

与此同时，提高农村小学教师岗位的吸引力也是解决农村小学教师补充困难问题的重要途径。适当倾斜农村教师职称晋升的指标，保障农村教师的住房条件，探索建立农村小规模学校教师的任教专项基金，才能最终保障农村小规模学校教师留得下、用得住。

三是参照“乡村教师生活补助”设立“农村学校教师特殊岗位津贴”，缓解教师的经济压力。调查发现，91.2% 的教师在“改善农村贫困地区教师生活状况的建议”中提到，要“提高教师收入，使教师付出和收入成正比”。农村小规模学校教师工作时间长、压力大，工资收入、福利待遇却十分有限。随着消费水平的持续上升，教师生活质量开始出现不同程度的下降，每年都有大量农村小规模教师因为收入过低而转行或通过各种渠道调入城镇学校，导致农村学校优秀师资流失严重。小规模学校的发展，教育质量的提高，师资是关键。美国很多学区在留住包括小规模学校在内的薄弱学校和农村偏远地区学校教师方面采取特殊的鼓励政策。如，美国政府从2006年起设立教师奖励基金，密西西比州和阿肯色州为农村教师提供进修奖学金、住房贷款和租房服务等，为提高学历后去农村学校任教的教师额外加薪。加利福尼亚的政策是，如果新教师愿意到包括小规模学校在内的薄弱学校和师资短缺的学校任教，从教后4年每年提供3,400美元的奖励。

2013年，教育部、财政部印发《关于落实2013年中央1号文件要求对在连片特困地区工作的乡村教师给予生活补助的通知》，决定对在连片特困地区义务教育乡、村学校和教学点工作的教师给予生活补助，这一政策有效提高了连片特困地区农村教师的待遇，一定程度上缓解了连片特困地区教师的经济压力。我们建议在相关政策背景下，参考借鉴地方政府的有效举措，尽快将“乡村教师生活补助”覆盖的范围扩大到大量非连片特困地区的农村小规模学校，以解决教师工资待遇偏低问题，保障教师基本生活所需。

湖南省泸溪县从2009年开始实施“农村教师岗位津贴制度”，农村小规模学校教师岗位津贴连续3年翻了3番。2011年达到每人每月1,200元。绩效工资也坚持向农村学校倾斜，设立农教补贴，补贴农村村小教师每人每月200元。政策实施以后，有效缓解了农村教师的经济压力，甚至出现中心完小及城镇学校教师申请到村小和教学点任教的新局面。

四是关注农村教师身心健康，完善教师社会保障制度。农村小规模学校教师职业病发病率高、健康缺乏保障，业余生活单调、精神生活匮乏，他们的身心健康问题应引起教育行政部门的足够重视。调查中，问及对提高教师身心健康的建议时，许多教师提出，有必要为教师进行定期的体检，以预防或避免重大疾病的出现，保障教师们基本的身体健康。因此，建立农村教师体检与重大疾病救助制度迫在眉睫。教育行政部门应关心教师的心理健康，定期对教师开展心理健康和保健知识培训，有针对性地开展专题讲座，提高教师的心理调适能力与对心理健康的认识。有条件的地区在专家指导下，可以以乡镇为单位开设教师健康热线或咨询室，解决教师心理健康存在的普遍问题。

在保障教师身体健康的同时，应该丰富农村教师的业余生活，提供必要的娱乐设施和场所，保障农村教师在工作之余可以丰富自己的精神世界。教育就是不断丰富教育者和受教育者精神生活的过程，是“向内”的心灵成长而非“向外”的逐利。苏霍姆林斯基曾经说过，“教育在广义上说，就是精神上的不断丰富、不断更新的过程，无论对受教育者还是教育者来讲，都是这样。”丰富农村教师的业余生活，不但有利于教师劳逸结合，促进他们的身心健康，而且有利于教师的情感宣泄，使各种消极情绪得以及时化解，这对于提高教师情感素质，丰富学生精神世界大有裨益。

五是综合构建农村教师成长平台，提升农村小规模学校教师的专业发展水平。综合构建农村教师成长平台不仅可以有效提升农村教师的职业吸引力，可以一定程度上解决农村教师补充困难问题，同时也能较好地缓解教师的职业怠倦，激发教师的专业发展动力，为教师专业发展夯实基础。农村教师成长平台的建设是一项系统工程，主要包括以下几方面的内容。

第一，落实职称倾斜政策，激发农村教师专业发展内驱力。职称晋升对于农村教师而言，不仅关系到工资待遇的提高，更关系到整个社会对自己所从事工作价值的认同，这些都会直接影响教师工作的动力与专业发展的内驱力。当前农村小规模学校教师存在一定的职业怠倦，与职称晋升机会有限直接相关。2013 年，教育部联合国家发改委、财政部共同出台了《关于全面改善贫困地区义务教育薄弱学校基本办学条件的意见》，其中明确提出“职称晋升和绩效工资分配向教学点专任教师倾斜”。贯彻落实该政策，职称晋升向农村教师适度倾斜，打造农村教师成长的制度平台，对于提升教师工作积极性、激发教师专业发展内驱力有着非常重要的意义。

第二，提高教育信息化水平，打造农村教师专业发展平台。教育信息化是提升教师教学水平、促进教师专业发展的有效手段，也是城市优质教育资源辐射到农村小规模学校的重要途径。当前，以“农村义务教育薄弱学校改造计划”与教育信息化“三通两平台”建设为契机，我国许多农村地区都实施了远程教育工程和教育信息化建设工程。应利用好这些工程，开发建立开放灵活的教育资源公共服务平台，从专业知识、技能和解决实际工作中的困难两种需求出发，专门设计为教师教学服务的网络教育资源平台，增强农村教师自主学习的能力，帮助他们更新教学观念，改进教学方法，提高教学效果。

第三，提升教师培训水平，畅通农村教师专业发展渠道。首先应建立培训经费保障长效机制。按照教育部、财政部的规定，中小学每年要拿出学校生均公用经费的 5%、教师工资总额的 1.5% 用于教师培训。而对于农村小规模学校而言，由于学生和教师人数较少，因而相应的经费不足以满足小规模学校教师参与培训的经费需求。因此必须建立农村小规模学校教师培训经费保障的长效机制。建议在“国培”计划中单列一定指标用于小规模学校教师培训。省级或县级教育行政部门应该为小规模学校的教师提供专项的培训基金，使之与大规模学校教师的培训标准相一致。

其次应提高增强教师培训的针对性。在偏远贫困的农村小规模学校，年轻教师和骨干教师是教育、教学工作的主力，也是维持农村教育可持续发展、改善农村教育质量的关键，应将优质的培训资源有针对性地向这部分人群倾斜。必须改变现有的“依次轮流”“无须标准，所有人都可以参加”的培训模式，年轻教师和骨干教师应当更多地“走出去”参加培训，去教育发达地区开阔眼界，打开思路，学习先进的教育理念和教学方法。

再次是提升教师培训内容的实效性。在培训内容和培训课程方面，教育行政主管部门必须考虑到农村小规模学校教师工作与教学的实际需求，在培训之前开展培训需求调研，以切实提升培训内容的实效性。如新课程理念与教育改革的培训、小规模学校教师复式教学的能力训练、“小学全科教师”的培训等，这样才能真正有效保障培训质量，为农村小规模学校教师专业发展提供畅通的渠道。

五、加强乡镇教育统一领导建设，带动学区整体发展

下放农村教育管理的重心，加强乡镇教育管理和督导职能，把下放权力和乡镇中心学校建设结合起来。转变中心学校的职能，把学区的行政管理、教学指导、师资配置三位一体的职能交给中心学校，把分散的弱小的教学点统一管理起来，以方便协调学区的各类资源配置。小规模学校主要存在于人口分散的广大农村和边远地区，均为乡镇所属的村小或教学点。县市教育行政部门应在加强宏观管理的前提下，把对于这些微型学校的行政管理、教学指导、师资配置等职能交给乡镇或中心学校。由于微型学校特别贴近当地村民，也应把这些校点纳入所在村委的管理、支持和监督范围。

在生源多、学校多的乡镇可以设立专门的学区教育管理委员会（学管委），主要承担全乡镇所有大小学校的教育管理职能、教师流动和教师培养职能以及学校后勤保障职能。加强学区建设，充分发挥学校管理、协调与带动作用。无论是区域性的生态学区，还是乡镇范围内的体制学区，也包括乡镇中心学校，都有义务和责任带动农村小规模学校的建设和发展。尤其是要协调学区内各类资源的优化配置，比如名师资源、现代化信息资源以及体育场地、图书资料等，这些都可以在区域内打通使用，资源共享。发挥中心学校对一般学校和教学点的示范作用、引领作用和指导作用，学区或中心学校开展教研活动都应吸纳小规模学校参与。

采取非常规式管理措施，满足农村小规模学校办学需要。由于微型学校普遍具有位置偏远、交通不便等特点，因此建议主要安排家庭负担不重的年轻教师和本乡本土教师到这些地方从教。同时，鉴于这类学校规模小、师资短缺的实际，对于音体美等小学科和小学英语等部分教师不适应的学科，可以由学区统筹安排，实行“走教式”教学。除单班校点以外，原则上应控制教师的“包班制”教学，尽可能安排教师在不同班级交叉任教相同学科的课程。在两个年级以上的

校点，如若学生人数极少，应实行复式教学班级体制。对于微型学校的教师备课、学生作业等要求应与完小以上学校有所区别。对于长期坚持执教在微型学校的教师应给予肯定、表彰和宣传。

六、鼓励社区力量参与办学，创新办学模式

村小和教学点由于处在农村最基层，直接关系农民切身利益，因而非常受农民和社区的欢迎。河北省丰宁县主要通过村委会筹资改建教学点的经验，使我们看到农村基层有很大的参与和发展教育的积极性。好的教育应该是学校和社会，教育和生活相互联系的。在农村办教育，还是应当强调政府和基层的积极性，这是当前办好农村小规模学校的一个重要思路。当然不能重蹈卸除政府责任、“人民教育人民办”的旧路，而是在尊重农民需求、满足农民意愿的情况下，调动发挥乡村办教育的积极性，从而在生活教育的框架下，使农村学校真正成为新农村建设的一个文化生长点，真正有效促进农村教育、科技、经济的结合，促进基础教育、成人教育和职业技术教育的融合。

在有办学积极性的社区，要开放群众参与的渠道，吸引社区资金和人力投入到办学中来。例如，很多农村小规模学校的图书室因无人管理而无法开放，如果能在社区里找到一位居民来管理这间图书室，则既可节约学校自身的人力成本，又能保证学生正常阅读活动的开展。其他诸如村庄中的民间艺人，擅长乐器、书法和手工艺的村民，均可吸纳到学校中来，这样既能保证学校开齐课程，又可使学校的办学更具特色。

附　　录

附录1　美国小规模学校建设与发展之反思

张　旭*

19 世纪中期的南北战争为美国经济腾飞打下了坚实的基础，衔着第一次工业革命与第二次工业革命交织进行的绝佳历史契机，美国工业化与城市化迅猛发展，由此对人才提出了迫切要求，而当时传统意义上“一师一校”式小规模学校严重掣肘着美国的人才培养。为此，一项以通过合并小规模学校为手段，建立具有一定“规模”的农村学校为目标，创建一个“共同”的、“标准”的、具有一定“学术内涵”的学校体系的教育改革运动在美兴起，构成了美国整个 20 世纪教育发展的一个基本特征，① 从而引领国际农村教育改革之风尚。对其进行思考与研究，对于我国现阶段开展的“农村中小学布局调整”具有重要的实践价值与理论意义。

一、美国“农村学校合并运动”背景

美国农村小规模学校在 19 世纪中期发展缓慢。农村经济低迷致使农村学龄人口不断减少，农村学校规模小带来农村教育现代化受阻，农村学校学龄儿童在校时间较短，农村学校人员缺乏分工、教师专业化水平偏低②等都为美国当局所诟病，一场以提高农村教育办学质量为目标的革命呼之欲出，“农村学校合并运

---

* 张旭，21 世纪教育研究院项目官员。

① National Rural Education Association. Rural School Consolidation Report. http：//www. nrea. net/2005 - 4 - 1/2007 - 03 - 10.

② 王强 . 20 世纪美国农村“学校合并”运动述评［J］. 外国中小学教育，2007，8：1 - 4.

动”应运而生。

（1）农村经济低迷致使农村学龄人口不断减少。伊丽莎白·比森（Elizabeth Beeson）通过研究指出，美国进行农村学校合并的主要原因在于农村经济持续低迷。[①] 南北战争为美国经济发展扫清了障碍，随之而来的工业化与城市化浪潮席卷美国，大量农村人口流入城市、进入工厂，为此农村出现劳动力欠缺、经济发展后劲不足等问题，致使农村经济出现持续低迷。同时大量农村务工人员子女也附着于该潮流被裹挟入城，在全美儿童数量基本保持常态时，城市与农村学龄儿童出现两极分化，农村学龄儿童不断减少。再者，由于美国学校拨款以每日学生平均入学率为依据，大量资金流向学生数量较多的学校，大量小规模学校面临着经费严重不足等现实问题。在这种情况下，农村小规模学校只有被迫裁减教员，或采取“抱团取暖”的方式维持学校的正常运营，即几个小规模学校通过合并成一所较大规模学校以获取较多教育经费支持。[②]

（2）农村学校规模小带来农村教育现代化受阻。通常情况下，农村学校一般建在学龄儿童每天步行上下学范围内，美国也概莫能外。由于美国农村人口居住较为分散，这就催生了大量“一师一室”式学校。美国 1918 年农村有“一师一室”式学校 196,037 所，占当年美国公立学校总数的 70.8%；约有 500 万名农村学龄儿童就读于这些学校，约占美国小学生总数的 25%。[③]“一师一室”式学校面临的最直接的问题就是这些学校的教师往往缺乏专业化的训练，自身知识与教学方法长期得不到更新，难以推动农村教育的现代化。除此之外，“一师一室”式学校因教学资源严重匮乏，兼之以学校办学、教学欠规范化，极易出现“一人有事，全校放假”的现象。这些都为美国开展“农村学校合并运动”提供了现实依据。

（3）农村学校学龄儿童在校时间较短。学生在校时间的长短直接影响着教育质量的高低。通常情况下，学生在校时间长短与教育质量高低呈正相关关系。据美国有关部门统计，在 1935—1936 学年，农村学龄儿童年平均上学天数为 136.1 天，城市学龄儿童年平均上学天数为 156.3 天，农村学龄儿童年平均上学天数比城市学龄儿童年平均上学天数少 20.2 天，占农村儿童年平均上学天数的 14.8%。由此可推测，19 世纪美国的农村儿童在校时间不容乐观，学校教育质量受到了挑战。这与 19 世纪末美国工业化与城市化对高质量人才的迫切需求相左。同时，美国学者对农村学校采取的抽样调查显示，在农村，学年长度随着学

①② Elizabeth Beeson. Rural Schools: Facing Unique Challenges [J]. Principal, Vol. 81. No. 1. 2001: 22－24.

③ Blose, D. T. Statistics of State School System. 1935－1936 Biennial Survey of Education in the United States. 938: 126.

校规模由大到小出现从 179 天到 166 天不等的变化。① 大规模学校让美国“农村学校合并运动”支持者看到了希望，这为推动“农村学校合并运动”提供了内在动力。

（4）农村学校人员缺乏分工、教师专业化水平偏低。自 19 世纪中后期开始，美国城乡教育差距日益扩大，其中重要的一点便是师资队伍的分化。城市学校在管理与教学方面专业化水平逐步提高，校长专门负责管理的体制逐渐形成，学校教师科任化与年级化日趋完善。② 在城市学校管理人员、教学人员、后勤人员加快分工，学校质量迅速提升的同时，美国广大农村地区“一师一室”式学校仍大量存在。分工源于人员相对充足，从而为每个人能够从事相对专门的工作提供了可能。“一师一室”式学校的大量存在制约着农村学校分工协作场景的出现，由此带来的农村教师教学、管理、后勤一肩挑现象严重阻碍了教师的专业化发展。教师专业化道路中城乡之间出现了分歧，唯一的结果就是城乡教育差距越来越大，不得不通过“农村学校合并运动”来促进教师的专业化发展。

二、美国“农村学校合并运动”阶段

美国“农村学校合并运动”构成了 19 世纪至今美国教育改革的一个基本特征。从 1880 年马萨诸塞州决定取消“一师一室”式学校至今，美国“农村学校合并运动”走过了 130 余年的历程。这项“世纪教育改革”中可分为这几个阶段：萌芽阶段（1880—1907 年）、起步阶段（1908—1944 年）、高涨阶段（1945—1969 年）、总体停滞阶段（1970—1982 年）、局部调整阶段（1983—1999 年）、小规模学校复兴阶段（2000 年至今）等 6 阶段。

（1）萌芽阶段（1880—1907 年）。1880 年马萨诸塞州决定取消“一师一室”式小规模学校，并要求在适当的地点建立中心学校，为保障学龄儿童正常入学由公款配备校车接送居住地较远的学生上下学。这为其他各州实施合并奠定了基础，为后来农村学校合并在全美范围的兴起铺平了道路。③ 紧接着在 1897 年，美国全国教育协会在提交的题为《农村学校 12 人委员会报告》中提出，采取积极举措推动农村小规模学校合并与重组。此报告标志着“农村学校合并运动”由一州波及全美，全国范围内的“农村学校合并运动”拉开了历史序幕。

（2）起步阶段（1908—1944 年）。1908 年时任美国总统罗斯福（Theodore

① Cook, Katherine M. Review of Conditions and Development in Education in Rural and Other Sparsely Settled Areas. 1934—1936 Biennial Survey of Education in the United States, 1 (5), 1937: 70.

② Leight, Robert. L. Country School Memories. Westport: Greenwood Press, 1999. 9.

③ 王娟娟. 当代美国农村中小学合并研究［D］. 西南大学，2013.

Roosevelt）任命成立乡村生活运动委员会，标志着解决农村衰退问题的乡村生活运动的大范围展开。① 该委员会的一项重要职责便是推动农村小规模学校进行积极合并，这大为加速了“农村学校合并运动”的进程。据统计，在1919—1929年10年间，美国南部农村小规模学校减少了37%，西部农村小规模学校减少了32%，东部农村小规模学校减少了23%。② 同时，美国各州通过各种政策、措施保障“农村学校合并运动”的顺利开展，如威斯康星州于1913年颁布《建筑援助法》，对农村规模比较大的学校提供更多资金，用于改善其办学条件。在此背景下，美国大量小规模学校被合并，农村学校数量骤减。③

（3）高涨阶段（1945—1969年）。第二次世界大战后第三次科技革命推动了美国的农业现代化，使农业人口再次剧减，加之以该时期州教育行政领导积极支持学校合并及舆论对大规模学校的强大支持，声势浩大的“农村学校合并运动”在全美铺展开来。同时，1957年苏联卫星上天震惊美国朝野，美国加紧了对农村教育进行反思的进程。以此为背景，美国著名教育家科南特（James Bryant Conant）于1959年出版《今日美国中学》，提出减少美国小规模高中数目，扩大高中规模，使每个年级的人数不少于100人。科南特的“规模效益”理论对美国“农村学校合并运动”起到了推波助澜的作用。④ 据统计，1961年全美有学区1,436,402个，1970年降至17,995个，“一师一室”中学比10年前减少了80%，全国2/3的学生在大型综合中学就读。⑤

（4）总体停滞阶段（1970—1982年）。该时期大规模农村学校合并处于停滞阶段，究其原因在于美国出现了迁居农村小城镇的热潮。1970—1979年，从城市和城郊流向乡村的人口总数达1,292.6万人，除去乡村地区迁往都会地区的929.1万人，乡村地区净增长363.5万人。⑥ 农村人口的增加使得不用通过合并学校来扩大单位学校的在校人数，农村人口的净增长基本满足了学校对规模人数的需求。再者，20世纪70年代资本主义世界的经济危机使得教育发展速度明显放缓。在两者的共同作用下，农村学校合并基本上处于停滞阶段。

（5）局部调整阶段（1983—1999年）。1983年美国国家教育优异委员会颁布《国家处在危险中——教育改革势在必行》，强调要提高教育质量。同时，长

① Gail Dillingham Buckner. Full Circle: A Case Study of the Consolidation, Closing and Restoration, and Reopening of Barnardsville Elementary School [DB/OL]. 2007-09-09.

② Sher, Jonathan P. Education in Rural America. Colorado: Westview Press, 1977: 15, 40.

③ Bingler, S. Diamond, Lawrence, etc. Dollars and Sense: the Cost Effectiveness of Small School and Community Trust [M]. Konwledge Works Foundation 2002.

④ National Rural Education Association. Rural School Consolidation Report. http: //www. nrea. net/2005-4-1/2007-3-10.

⑤ 杨孔炽，徐宜安．美国公立中学发展研究［M］．武汉：湖北人民出版社，1996：257.

⑥ 陈奕平．人口变迁与美国当代社会［M］．北京：世界知识出版社，2006：188.

期以来农村学校合并诱发的负面影响不断扩大，美国学校数目出现略微上升的迹象。到 20 世纪 90 年代，美国出现了小规模学校运动。如比尔及梅林达基金会（Bill & Melinda Gates Foundation）斥巨资支持这类小规模学校，纽约州的改革者们也积极将大的综合高中分解为几个更小的学习单位来支持“小规模学校运动”。①

（6）小规模学校复兴阶段（2000 年至今）。2000 年时任美国总统克林顿（Bill Clinton）签署通过了由“小规模农村学校成就项目”（Small Rural School Achievement Program，SRSA）和“农村低收入学校项目”（Rural Low-Income School Program，RLIS）组成的“农村教育成就项目”（Rural Education Achievement Program，REAP）来扶持农村小规模学校的发展。2002 年布什政府又重新对 REAP 进行了授权，力图通过财政专项拨款对农村地区提供灵活性的需求服务。② 同时，美国政府于 2002 年实施的《不让一个孩子掉队》法案，对美国小规模学校产生了广泛而深远的影响。自 2002 年起，联邦政府开始累计拨款 4.98 亿美元，用于支持和推进小规模学校的发展。各州也出台相关法案保障小规模学校健康发展，佛罗里达州于 2000 年颁布的《小规模学校需求》法案便是例证。③

三、美国小规模学校存在之现实需求

（1）合并农村学校带来了诸多弊端。第一，对农村小规模学校进行合并不利于农村社区的生存与发展。农村学校除了承担着基本的教育功能外，还充任着文化中心的角色，对农村社区发展发挥着关键作用。有人不禁感叹，“终止了农村小规模学校也就终止了农村社区”。④ 第二，合并学校带来了学生成绩的下降。合并学校带来的直接问题就是学生要长时间坐校车上下学。鲁瑶琪（Lu Yaoqi）与卢瑟·特威坦恩（Luther Tweeten）通过实证研究表明，乘校车时间过长会导致学生成绩下降，如每天乘坐校车 1 小时的小学生比不乘坐校车的小学生平均成绩低 2.6 分；每天乘坐校车 1 小时的高中生比不乘坐校车的高中生平均成绩低

---

① 廖英丽. 20 世纪美国农村学校合并历程及其影响因素研究［J］. 基础教育，2009，3：12－17.

② Betty Jo Simmons. Recruiting Teachers for Rural Schools［J］. Pincipal Leadership，Vol. 5，No. 5，2005.

③ “United States Government Accountability Office. No Child Left Behind Additional Assistance and Research on Effective Strategies Would Help Small Rural District［EB/OL］. http：//www. gao. government. items/d04909. pdf. 2010－10－02.

④ Lionel J，Robert Gibbs. The Role of Education Promoting the Economic Social Vitality of Rural America［EB/OL］. 2009－04－02. http：//www. eric. ed. gov/ERICDocs/data/ericdocs2sql/content_storage_01/0000019b/80/1b/ea/0e. pdf.

0.5 分。[①] 第三，合并学校带来了学生的身体健康隐患。美国学者通过研究表明，大约20%的校车需要在未铺平的崎岖小道上行驶，坐校车上下学的儿童比在外玩耍的儿童会多呼吸5~15倍的烟尘颗粒。因此，学生长时间乘坐校车，吸入的柴油废气与二氧化碳等有害气体可能会对学生正在生长发育的身体造成生理危害。

（2）小规模学校有利于提高教学质量。爱伯特（Ebert）、克霍华（Kehowa）与斯通（Stone）的研究发现，学生成绩主要取决于其所处的社会经济背景，小规模学校尤其有利于黑人学生。李·斯密思采用多层线性模型探索高中学校规模与学生学习之间的关系，发现小规模学校更有利于促进学生学习的平等性。[②] 凯思琳·科顿（Kathleen Cotton）在研究了大规模学校与小规模学校在课程质量、学生出勤率、辍学率、教师态度等方面的差异后得出结论，即学校规模与学校的成绩并无明显的相关性，小规模学校的学生反而更容易获得较好的学业成就。[③]

（3）小规模学校比大规模学校的出勤率更高。从大规模学校转学到小规模学校的学生，通常表现出高出勤率，同时参与课程的积极性也更高。尽管大规模学校能够提供一系列多样化的课程与课外活动，但是大规模学校的学生更容易出现两极分化，一部分学生积极参与课外活动，另外大部分学生则不参加任何课外活动，或者仅在活动中充当配角。而在小规模学校，很少出现有学生不参加任何课外活动的情况，并且小规模学校的学生更容易从课外活动的参与中获得满足感。事实上小规模学校能更为丰富地、更大程度地参与辅助课程，这是在有关学校规模研究中最为有益的发现。[④]

（4）小规模学校的教学更人性化。小规模学校由于人数少，教师可以完全照顾到所有学生，便于教师根据不同学生的不同特征进行分别教学，促进学生朝着个性化方向发展。同时小规模学校为师生提供了更为安全的学习环境：一方面学生具有较强的归属感，能够获得更多的关注，不容易被忽略或边缘化，这就有利于减少甚至消除学生之间的疏离感，并且能够积极地影响学生的自尊、自信、自我控制以及增强责任感；另一方面，学生、教师以及管理者之间的人际关系也更为融洽。[⑤]

（5）小规模学校的效益不一定低。斯芮费（Streifel）、费尔得斯（Foldesy）与霍尔曼（Holman）通过从经济效益角度研究农村小规模学校合并的成效，指

---

① 张源源，邬志辉．美国学校布局调整的标准、结果及其改进原则［J］．外国教育研究，2011，3：8－13.

②④⑤ 王娟娟．当代美国农村中小学合并研究［D］．西南大学，2013.

③ 范铭，郝文武．对农村学校布局调整三个目的的反思——以陕西为例［J］．北京大学教育评论，2011，2：178－187.

出农村小规模学校合并只在管理方面取得了经济效益，在其他方面经济效益并不显著。学校合并后要提高教师工资，聘请新教师、管理人员，增加交通费用，购置教学设备等反而导致学校成本上升。劳伦斯（Lawrence）从489所学校收集到的数据证明，小规模学校存在诸多教育效益，反驳了小规模学校成本过高的看法。①

四、美国支持小规模学校的重要举措②

美国近100年的小规模学校政策，由最初的合并、消除，转变为保留、扶持，其主要动因是“政府逐渐意识到小规模学校存在的价值，认识到小规模学校在学生成绩、经济效益等方面比大规模学校表现更好”。③ 美国国内大量研究表明，小规模学校无论在学生的学业成就、课外活动参与，还是在经济效益上，都比大规模学校有更好的表现。因此，当前美国许多州正在探索在财政投入、资金补助和师资配置等方面给予小规模学校更多的支持，让这些小规模学校同其他合并学校在教学环境和教学质量等方面享有同等的机会，从而促进基础教育均衡发展。

（1）在财政投入时对学生进行加权，分担小规模学校花费的较高成本。由于入学学生数量有限、较小的生师比、较高的公共成本、其他一些单位学生营运成本以及一些限制经济规模的因素，对小型学校而言，如果它们想和大型学校一样，为教育计划提供相似的广度和质量的话，这将不可避免地产生比较高的单位学生成本。长期以来，人们已经认识并广泛接受这样的观点：几乎每个州都有小规模学校，应该为它们提供额外的资金。直到最近，美国州立法机构——大多以农村地区为主体——已经设立相应的条款来保护小规模及教学成本昂贵的学校和学区。比较有代表性的是，在财政投入公式中进行加权，以便分担小规模学校学生花费的较高成本。他们认为，在决定应该提供多少额外资源和服务为所有学生（不论其个人或环境障碍）带来合理公平的教育计划时，对所有学生进行加权是最好的解决途径。例如，美国犹他州使用了一个为有必要继续存在的小规模学校提供额外收入的公式模型。这种公式反映的理念是：既然在学生较少的学校存在着额外的单位学生成本，那么为了给那些学生提供充分的教育，就应该为他们提供比正常规模学校更多的资源。在加权学生单位和日均在读学生数的基础上，该公式覆盖了所有不同等级的学校——从小学到六年制中学的教育计划。在小学阶

① 王娟娟．当代美国农村中小学合并研究［D］．西南大学，2013.

② 付卫东，董世华．当前美国支持小规模学校的重要举措及对我国的启示［J］．外国中小学教育，2011，7：40－42.

③ 杜屏，赵汝英．美国农村小规模学校政策变化分析［J］．教育发展研究，2010，3：66－69.

段，一所学校有1到10个学生时，日均注册学生将得到30个额外的加权学生单位，而当一所学校的学生数目达50人时，额外的加权学生单位将增加到54.805个。在这一点上，当日均在读学生逐步接近正常学校规模时，额外加权学生单位将逐渐减小，当学生数目为160的时候，额外的加权学生单位就不再继续变化。在1年或2年制的中学里，上述原则继续成立，在3年、4年或6年制的学校中也是如此。美国犹他州为小规模学校提供额外收入的公式模型，为小规模学校和偏远地区学生提供了充足的教育资源。事实上，根据《不让一个孩子掉队》法案，每个州都在考虑如何为那些不能达到所要求的成绩标准的儿童补充一个加权因素。因此，美国犹他州为小规模学校提供额外收入的公式模型也是美国其他各州竞相模仿的榜样。

（2）给予特殊的资金补助，满足小规模学校的特殊需要。如前所述，2000年12月，克林顿总统签署了一项专门针对农村教育的拨款方案——《农村教育成就项目》（Rural Education Achievement Program，REAP）。2002年1月，布什总统对REAP项目进行了重新授权。这个项目有利于缓解小规模贫困学区、学校的资金问题，并扩大其使用联邦拨款的自主权。REAP项目包括两个子项目：一是小型农村学校成就项目（Small Rural School Achievement，SRSA），二是农村低收入学校项目（Rural and Low-Income School Program，RLIS）。其中SRSA旨在帮助那些地处偏远的农村小规模学校，给予其资金使用更大的自主权。RLIS则向人口贫困指数在20%及以上的贫困农村学区提供附加资金，用于该地区教师专业发展、使用新教育技术等。美国佛罗里达州立法机关2000年通过《小规模学校需求》法案，该法案要求缩小学校规模，并要求学区教育设施新建计划和五年内学区设施建设计划都是关于小规模学校的。2001年2月，马里兰州一份法案要求将10%的财政拨款用于“优先资助地区”的学校建设，以满足特殊的学校规模限制；已经存在的并满足特殊需要的学校同样可以得到资助，用来修缮、更新和改造学校相关设施设备。美国纽约州立大学教育与政策协会（Institute for Education and Social Policy）的研究表明，小规模学校和大规模学校相比，有更高比例的需要特殊教育的孩子（8.3% ~4.1%）和贫困生（53.5% ~38.8%）。面对农村偏远地区小规模学校学生不少是贫困生的事实，美国对包括小规模学校在内的贫困儿童进行午餐项目资助。该项目要求学校和公共机构要提供免费食物给那些收入相当于贫困线的130%或更低的家庭的孩子，还要求向那些收入高于贫困线130%但低于185%的家庭的孩子提供打折的食物。对于符合条件的学生每份打折食物收取的费用不能超过24美分。不仅如此，美国为包括小规模学校在内的农村偏远学校提供校车服务或给予一定的交通补贴，满足这些学校的特殊需要，避免这些学校学生因距离的限制而辍学。

（3）采取特殊措施对教师进行奖励，吸引优秀年轻教师到小规模学校任教。

小规模学校的发展，教育质量的提高，师资是关键。美国很多学区在留住包括小规模学校在内的薄弱学校和农村偏远地区学校教师方面采取特殊的鼓励政策。例如，在教师资格认证方面：2004 年 3 月，教育部规定在某些情况下，延长农村教师资格条件的期限，允许农村学区教师在 3 年内达到任职要求。在资金补助和奖励方面：一是减免到贫困地区任教的大学生的贷款；二是对在偏远农村学校从事教育教学工作的教师给予物质奖励，包括提高工资待遇、发放奖金、提供安家补助、住房贷款、免费住房以及减免税收等。美国政府从 2006 年起设立教师奖励基金，密西西比州为农村教师提供进修奖学金、住房贷款和租房服务等。加利福尼亚的政策是，如果新教师愿意到包括小规模学校在内的薄弱学校和师资短缺的学校任教，从教后 4 年每年提供 3, 400 美元的奖励。一些州为在职进修新教师减免学费，并为提高学历后去农村学校任教的教师额外加薪。如阿肯色州和密西西比州，根据美国全国专业教学委员会制定的标准，已有 32 个州为获得该委员会认证的新教师加薪，有 300 多个学区在本州加薪幅度外追加经济奖励，加利福尼亚州和佛罗里达州对获得该委员会认证在师资短缺和薄弱学校任教的新教师予以额外的加薪和补贴。

五、对我国“农村中小学布局调整”的启示

新世纪伊始，我国为保障每一个适龄儿童享有相对均等的教育权利，举全国之力开始大规模撤并农村小规模学校，这与美国开展的“农村学校合并运动”如出一辙。文章上述已从美国“农村学校合并运动”的时代背景、发展阶段、争议等方面进行了较为全面的探究。以此关照我国开展的“农村中小学布局调整”，借鉴之处颇多，主要有理念层面与现实层面两方面的积极借鉴。

（一）理念层面的积极借鉴

第一，教育均衡发展应摆在首位。“百年大计，教育为本”，教育在我国社会主义现代化建设中具有基础性、先导性、全局性意义。实现科教兴国战略和人才强国战略就必然要求把教育摆在优先发展的战略地位。① 教育优先发展立足于教育均衡发展。所以，我国开展农村教育改革奠基于保障每一个适龄儿童享有相对均等的教育权利，与 19 世纪美国在“大就是好”的哲学观与“规模效益”理论占主导地位下开展的“农村学校合并运动”有本质区别。我们必须秉承教育均衡发展理念，保障每一个适龄儿童的受教育权神圣不容侵犯，将教育均衡发展落到实处，而非将其作为理论束之高阁，窃空其实质内容，沦为利益群体之间博弈的筹码。

---

① 王道俊，郭文安．教育学［M］．人民教育出版社，2009 年 5 月第 6 版，第 71 页。

第二，顺应农村教改之潮流，积极开展“农村中小学布局调整”。对农村中小学进行布局调整，是20世纪在全球掀起的农村教育改革浪潮，是实现城乡教育均衡发展的有效途径。保障“农村中小学布局调整”的开展绝不是依靠一纸“拆迁令”对农村学校进行行政命令式合并，而是要依据我国现实基础，在遵循教育规律、满足每一个适龄儿童求学要求的前提下开展，如果盲目开展“农村中小学布局调整”将对农村教育造成灾难性后果。笔者认为，在我国现如今社会，对“农村中小学布局调整”是不可抗拒的历史潮流，但为防止“农村中小学布局调整”过热，我们应颁布法律法规，用理性来代替非理性，用法律保障“农村中小学布局调整”的顺利开展。

第三，教育改革由权力本位转向教育发展自为。纵观我国“农村中小学布局调整”的整个历程，政策对教育的发展发挥着决定性作用，政策主导背后是权力本位的梦魇压迫着教育发展的自我生成。要实现教育改革由权力本位向教育发展的转变，首先，政府要由教育改革的操纵者转变为教育改革的引导者。社会政治制度规约着教育的发展，要推动教育改革发展政府应转变自身角色，放弃直接操纵教育的做法代之以教育改革引导者身份，从权力本位的牢笼中解放出教育的本性，政府高屋建瓴地规制教育发展。其次，要尊重教育的相对独立性。教育作为社会系统的特殊组成部分，因其自身的特点及规律具有区别于其他社会系统的相对独立性，但在我国教育改革中忽视教育自身特点、规律的现象不胜枚举。在今后的工作中，我们应切实尊重教育自身的特点与规律，使教育改革逐渐由自在走向自为。

第四，“一纲多目”式开展“农村中小学布局调整”。美国就是否应开展“农村学校合并运动”已经讨论了130多年，我国对“农村中小学布局调整”的讨论也伴随整个活动始末，争论问题的核心无非是“并”“不并”“‘并’与‘不并’兼而有之”3种情况。笔者认为“农村中小学布局调整”开展的两个最主要外在限制因素是地理环境与经济发展水平。就我国而言，我国国土面积广袤，如若片面要求全国用统一标准来衡量教育发展显然大错特错。因此，我们应遵循“一纲多目”的原则开展“农村中小学布局调整”，即“农村中小学布局调整”选取“‘并’与‘不并’兼而有之”的路径。“一纲”指以保障每一个适龄儿童享有相对均等的受教育权利神圣不受侵犯，“多目”指为保障每一个适龄儿童享有相对均等的教育权利目标的实现，要在深入考量当地地理环境与经济发展水平的前提下，采取拆、迁、建、并多种形式保障“农村中小学布局调整”顺利开展。

（二）现实层面的积极借鉴

第一，提高对农村小规模学校的资助，设立小规模学校专项拨款制度，同时鼓励社会力量参与办学，多方面筹集教育经费。① 教育投资占国民生产总值的比例是观照国家对教育重视程度的一项重要指标。从目前教育公共投入比例来看，我国教育投入远远落后于发达国家，且远远落后于发展中国家平均水平，比一些贫穷国家还要低。② 我国教育投入严重偏低，农村尤甚。实现教育均衡发展，农村教育是重点也是难点，加大对农村地区教育投入是实现教育均衡发展的不二法门。在此，我们建议成立专门的农村小规模学校发展委员会，专门负责扶持一定时期内无法消弭的小规模学校，同时积极鼓励私人资本注入农村教育，为农村教育发展提供动力。除此之外，加大社会第三方力量如 NGO 组织对教育的扶持，多方面为农村小规模学校发展筹集经费，为农村小规模学校发展提供强大动力。

第二，促进农村小规模学校的法制建设。首先，完善教育法律法规体系。改革开放以来，我国加紧了教育立法建设，先后颁布了《中华人民共和国义务教育法》《中华人民共和国教育法》等法律，但我们仍需认识到我国教育法律建设依然不完善，人民教育法律意识依然薄弱，加快社会主义教育法律体系的建设，保障教育活动开展的有章可依、有据可循显得尤为重要。其次，用法的形式规定在什么条件下，由什么部门来开展“农村中小学布局调整”，确定所引发的问题由谁来负责，对于不适宜进行“农村中小学布局调整”的地区，如何保证当地中小学教育质量应做出明文规定，以法律代替政策，树立法的权威，坚持违法必究、执法必严的法律信仰来代替政策变动的不稳定性。再次，针对目前不适宜进行“农村中小学布局调整”的地区，应为其范围内的小规模学校树立专项资助基金并予以法律保障，让小规模学校与进行撤并的学校在法的光辉照耀下携手并进。

第三，提高小规模学校的师资力量。首先，建立农村小学教师补充长效机制。相关调查显示，仅有 8.2% 的部属师范大学免费师范生愿意到农村地区学校任教，③ 他们的就业大多集中在城市和县城，没能有效补充农村，尤其是农村小规模学校师资。湖南省积极创新体制机制，通过设立“农村小学定向免费师范生”的方式，比较好地解决了农村小学教师补充困难问题，建立了农村小学教师补充的长效机制。2006 年，湖南省启动实施了“农村小学教师定向培养专项计划”，为农村乡镇及农村小规模学校免费定向培养初中起点 5 年制专科学历的多科型小学教师。2008 年，又在湖南第一师范学院开展了高中起点 4 年制本科小学教育专业师范生免费教育。公费定向培养的学生毕业后必须回到生源地所在的县、市、区以下农村学校从事教育教学工作不少于 8 年，定向培养的县、市、区

① 付卫东．董世华．当前美国支持小规模学校的重要举措及对我国的启示［J］．外国中小学教育，2011，7：40 –43.

② 王道俊，郭文安．教育学［M］．人民教育出版社，2009 年 5 月第 6 版，第 77 页。

③ 潘小春．首届免费师范生就业政策实施情况研究［J］. 教育理论与实践，2014（1）：27.

教育行政部门负责落实任教岗位和编制，实现定岗到校，从而优化农村教师年龄结构、专业结构和资源配置，长期定向为农村小学输送优质师资。①

其次，变革农村教师编制标准。按现有根据“生师比”确定学校教职工编制数的标准，即使满编配置农村学校教师，一个教师还是要同时负责好几个班级的教学工作，改变农村小规模学校教师配备标准十分必要。考虑到农村小规模学校的特殊性，可以根据学校的班级数量、不同班级的课程门数、教师的课时上限等，制定农村小规模学校的编制底线，保证基本的师资需求。同时，把教师编制从“生师比”变为“班师比”，按照1班配置1.5名教师的标准确定小规模学校的教师编制数。

再次，设立“农村学校教师特殊岗位津贴”。调查发现，91.2%的教师在“改善农村贫困地区教师生活状况的建议”中提到，要“提高教师收入，使教师付出和收入成正比”。农村小规模学校教师工作时间长、压力大，工资收入、福利待遇却十分有限。随着消费水平的持续上升，教师生活质量开始出现不同程度的下降，每年都有大量农村小规模学校教师因为收入过低而转行或通过各种渠道调入城镇学校，导致农村学校优秀师资流失严重。2013年，教育部、财政部印发《关于落实2013年中央1号文件要求对在连片特困地区工作的乡村教师给予生活补助的通知》，决定对连片特困地区义务教育乡、村学校和教学点工作的教师给予生活补助，这一政策有效提高了连片特困地区农村教师待遇，一定程度上缓解了连片特困地区教师的经济压力。建议在相关政策背景下，参考借鉴地方政府的有效举措，尽快将“乡村教师生活补助”覆盖的范围扩大到大量非连片特困地区的农村小规模学校，解决教师工资待遇偏低问题，保障教师基本生活所需。

最后，推动农村小规模学校教师的专业化发展：①落实职称倾斜政策，激发农村教师专业发展内驱力。职称晋升对于农村教师而言，不仅关系到工资待遇的提高，更关系到整个社会对自己所从事工作价值的认同，直接影响到教师工作的动力与专业发展的内驱力。当前农村小规模学校教师存在一定的职业怠倦，与职称晋升机会有限直接相关。②建立培训经费保障长效机制。由于小规模学校学生和教师人数较少，按照教育部、财政部规定，中小学每年要拿出学校生均公用经费的5%、教师工资总额的1.5%用于教师培训，这不足以满足小规模学校教师参与培训的经费需求。因此必须建立农村小规模学校教师培训经费保障的长效机制，建议在“国培”计划中单列一定指标用于小规模学校教师培训。省级或县级教育行政部门应该为小规模学校的教师提供专项的培训基金，使之与大规模学

---

① 詹小平，李茂平．六年制农村小学教师培养：我国免费师范教育的新探索［J］．高等教育研究，2011（12）：68－69.

校教师的培训标准相一致①。③增强教师培训对象的针对性。在偏远贫困的农村小规模学校，年轻教师和骨干教师是教育、教学工作的主力，也是维持农村教育可持续发展、改善农村教育质量的关键，应将优质的培训资源有针对性地向这部分人群倾斜，必须改变现有的“依次轮流”“无须标准，所有人都可以参加”的培训模式。年轻教师和骨干教师应当更多地“走出去”参加培训，去教育发达地区开阔眼界，打开思路，学习最先进的教育理念和教学方法。④提升教师培训内容的实效性。在培训内容和培训课程方面，教育行政主管部门必须考虑到农村小规模学校教师工作与教学的实际需求，在培训之前开展培训需求调研，提升培训内容的实效性。如新课程理念与教育改革的培训与实施、小规模学校教师复式教学的能力训练、“小学全科教师”的培训等。这样才能真正有效保障培训质量，为农村小规模学校教师教专业发展提供畅通的渠道。

附录 2　日本的农村小规模学校与复式教学

山田肖子*

一、序言

如今，参观日本学校的人们会惊讶地发现，即便是偏僻的农村学校也一定会配备游泳池、音乐教室以及实验器具齐备的实验室、家务培训教室、图书馆和计算机教室。虽然这些在一定程度上体现了日本的经济实力，但是这种对日本教育的理解是不够全面的。和许多国家一样，日本也长期存在城市和农村地域间的教育机会和教育质量的差距问题。即便是现在，虽然差距的形式发生了变化，但这种差距依然存在。针对这种情况，日本政府出台了相关政策。根据 1954 年实施的《偏僻地区教育振兴法》，日本教育部、都道府县、市乡村等各级行政机关对于偏僻地区教育的振兴都负有明确的责任。

本部分首先通过着重介绍《偏僻地区教育振兴法》来概述第二次世界大战

① 刘善槐，史宁中．农村小规模学校学生学业成绩问题研究——以西南某县为例［J］．中国教育学刊，2011（04）：19－20.

* 山田肖子，日本名古屋大学教授。本文系作者在 2013 年 12 月 5 日“发现美丽乡村教育”高峰论坛发言基础上修改完善而成。感谢刘靖博士的翻译！

后日本偏僻地区教育的发展情况。然后，通过实例分析来讨论作为日本现代农村教育课题的小规模班级和复式教育的现状。

从20世纪70年代进入经济高速发展阶段后，日本城乡之间的人口移动出现常态化。老年人被留在农村地区，拥有学龄儿童的家庭数量迅速减少。在这种背景下，即便是拥有根据《偏僻地区教育振兴法》所规定的特别措施，在学生数量很少的农村学校，如何确保教育质量依然成了棘手的问题。如今小规模学校的教师、研究学者以及地方政府正在尝试如何将小规模学校学生数量不足的弱势转化成为可以在教育中更多关注每个孩子的优势。这种尝试再次受到社会各界的关注。在日本农村教育研究中，人们把一位教师同时教授人数不多的多个年级学生的教学方式称作复式教学法。通过本部分笔者将介绍该教学法以及年级运营的方法。

二、日本偏僻地区教育的发展

1954年制定实施的《偏僻地区教育振兴法》是一部由9条条文组成的较短的法律条文。其第一条明确规定该法律的目的意在振兴偏僻地区教育，提高偏僻地区教育水平。并且明确规定了国家以及地方公共团体的作用。尽管如此，与国家的作用相比，此法律设立的一个特点更多地取决于在偏僻地区学校工作的教师们所发起的一系列相关运动。来自全国各偏僻地区的教师召开全国大会。大会发表了决议书。决议书中明确提出，"偏僻地区学校能否成功运营是评价日本教育的一个重要指标。"。引起这些运动的背景在于教师和相关人员强烈地意识到偏僻地区教育的各种问题不能通过局部的措施得到解决。解决这些问题需要根本和全面的政策措施。

1960年前后，中小学校共计48,000余名教师约合8.5%的中小学教师人口在偏僻地区从教。偏僻地区学校的女性教师比率要比其他类学校低。在一般公立学校女性教师的比率在小学和中学分别占到45.8%和16.9%。而这个比率在偏僻地区学校是32.3%和16.9%。另外，偏僻地区学校中年轻教师和50岁以上的高龄教师的比例较高。大多数年轻教师只是持有临时教师资格，缺少经验。经济文化生活各方面的困难以及偏僻地区教师能力低的广泛共识导致中青年有经验教师不愿去偏僻地区从教。正是由于希望尽量改变这种认识和困难状况，在偏僻地区从教的教师们才组织了上文提到的一系列运动。

《偏僻地区教育振兴法》第五条规定，中央政府有责任实施偏僻地区教育相关研究调查，通过国库资金支持这些地区教师住宅以及集会场所的建设，并对偏僻地区学校职员的培训设施、运营费用给予支持。该法第四条规定：第一，地方政府有责任对偏僻地区学校的教育学习给予指导，实施教材教具相关调查研究，给予市乡村相关机构适当的指导和援助并确保偏僻地区教师有足够的培训机会。

第二，在必要情况下设置偏僻地区学校教师培养设施。第三，对偏僻地区从教人员支付特殊勤务补助，给予他们特别考虑。第四，对偏僻地区学校从教人员人数给予特别考虑，对职员雇用给出指导、建议和帮助。该法第三条规定：第一，市乡村级政府有责任采取措施以确保偏僻地区学校教材教具的配置以及充实偏僻地区学校教职员工的教育内容。第二，市乡村级政府负责偏僻地区教师的住宅建设和劳动争议协调等生活福利保障的配置。第三，市乡村级政府有责任负责偏僻地区集会场所的配置（包括体育、音乐课程以及提供社会教育）。第四，市乡村级政府有责任实施对偏僻地区学校教职员和学生的健康管理以及为学生上学提供便利措施。除了规定教材开发、调查研究、教师培训以及教育设施的具体责任外，该法还对确保偏僻地区学校的教师数量以及相关福利保障给予了更多的关注。该法第五条第二款规定：应向在偏僻地区从教的教师支付和偏僻地区等级相当的生活补助。

该法第二条规定：偏僻地区学校是指交通、自然、经济、文化各方面条件都较落后的在山地和岛屿上的学校。根据距离医院和各省级政府所在地的距离和交通通信手段的有无，偏僻地区可被认定为 5 个等级。偏僻地区的等级随着时代而变化，每十几年要修改一次。

如今，日本社会上不再有对于在偏僻地区工作教师的偏见。其中的一个原因在于各省级政府会让通过考试录用的正规教师在规定的教育区域内轮岗。这些教育区域的学校由城市学校和被认定为偏僻地区的学校组成。这种轮岗制度可以避免教师受到在偏僻地区长期从事教育工作的问题发生。都市出身的教师在被分配到海岛去工作的时候所出现的问题一直存在，但根据《偏僻地区教育振兴法》，针对偏僻地区从事教育工作的教师的补助以及住宅费用都已经得到了妥善解决，而且偏僻地区学校的设施也都得到了大幅改善。为了解决偏远地区孩子的上学问题，有些地方还配备了校车。在电视、网络、电子游戏等普及的当下，虽然说偏僻地区孩子接触的信息和娱乐内容等已经和城市的孩子之间的差距变得很小，但由于日常接触的同龄孩子的数量有限，孩子的社交能力以及学生间通过竞争所养成的向上进取的意识不足等问题依旧存在。而且，如后文所述，在国家配置教师标准（一个学年最少 16 名学生）不能被满足的情况下，通过特别措施由各级政府雇用的增配教师并非正规教师而是按年更新合同的合约制教师。虽然合约制教师也是通过大学课程取得国家颁发的教师资格的教师，但都没有通过各级政府的录用考试，年龄较年轻，且从事教学工作的经验不足。

教育部 2008 年实施的学校基本调查显示，拥有被认定为偏僻地区学校数量较多的省份依次为，北海道（650 所）、鹿儿岛（290 所）、长崎（133 所）、新潟（126 所）、岩手（124 所）、高知（123 所）、冲绳（102 所）。这些地区的特点在于像鹿儿岛、长崎、冲绳等省份拥有很多偏僻岛屿，而还有许多省份是拥有广阔土地的农业省份（藤岗 2010，155 页引用）。这些被认定的偏僻地区学校普遍存在人口减少、学校小规模化的现象。这些现象导致这些学校不能确保足够数量的学生以达到国家和地方政府规定的一间教室容纳学生的数量标准以及一个年级的学生数量标准。这也导致这类学校不得不实施被称为“复式教育”，即一名教师同时教授数个年级学生的教学模式。随着偏僻地区和都市之间人口差距的逐渐加大，如今，在和第二次世界大战后截然不同的背景下，复式教育问题再次受到教育界的关注。下一部分主要介绍日本复式教育年级的编制制度和复式学级等内容。

三、年级编制制度以及复式学级

就整体背景而言，日本社会早已出现少子化现象，学龄前儿童减少，并存在严重的老龄化问题。随着城镇化的加剧，越来越多的人从农村转移到城市生活，农村剩余的大多为 60 岁以上的老年人口。为了更好地、有效地治理和管理农村地区，日本政府提出促进农村村镇合并，其结果便是很多农村小学不得不扩大服务面积，并且在合并冲击中失去了自己的特色和文化。日本农村教育面临的一个现实就是农村学校规模越来越小，且数量逐年减少。表 1 中展示的是第二次世界大战以后日本复式教育在农村地区的班级数量和学生数量的变化。可以看到，实施复式教育的班级数量和学生人数整体而言是在下降的。2010 年，有 4.7 万多名小学生在农村接受复式教育，在中学有 1,183 名学生在接受复式教育，这两部分的学生数量只占到整个初等教育和中等教育人口总数的不到 1%。但随着日本社会越来越重视复式教育，复式教育在农村教育里也成了一个越来越重要的话题。

表 1　复式教育班级数量及其学生数量

小学								
项目＼年份	1959	1964	1969	1974	1980	1993	2001	2010
复式教育班级数量/个	11,726	10,136	10,428	10,101	8,806	7,047	7,032	5,804
在籍学生数/人	301,354	175,784	139,925	107,711	80,370	59,929	55,416	47,285
中学								
项目＼年份	1959	1964	1969	1974	1980	1993	2001	2010
复式教育班级数量/个	674	384	318	268	322	286	247	200
在籍学生数/人	15,688	7,419	4,504	2,061	2,336	1,760	1,449	1,183

数据来源：日本文部科学省（2014b）。

日本《学校教育法》第一章中规定了复式教学班的构成标准：在小学，包括一年级学生在内的两个连续年级的学生数少于8人，或者不包括一年级学生在内的两个连续年级的学生数少于16人时（由于一年级作为学生接受学校教育起始阶段的特殊性，所以人数限额较低），这样的年级就会被规定为实施复式教学的年级。根据这样的标准，政府会分配一位老师到两个年级进行教学任务。与以上学校基本法的年级编制标准对照，为了保证《偏僻地区教育振兴法》的实施和贯彻，各级政府通过采取小于国家标准的标准来配置教师的政策来缩小偏僻地区与城市之间存在的城乡教育差距。下文，通过一个山区学校的实例来介绍增加教师配置的具体做法。

笔者每年都会去日本长野县（日本的“县”相当于中国概念中的“省”）清内路小学（Seinaiji Primary School，Nagano Prefecture）调研。这所小学2011学年度各年级的学生人数情况如此：一年级3名，二年级4名，三年级7名，四年级4名，五年级5名，六年级8名。一、二年级的学生人数加起来是7名，也就是不到8人，因此，根据前面所述日本的国家标准，这两个年级就只能配备一位老师实施复式教学，而非每个年级各一位。类似地，三、四年级加起来是11名，五、六年级加起来是13名，均低于16人的国家标准，因此每个年级不能各自分别配备一位老师，也只能两个年级在一起实施复式教学。

在这种情况下，为了保持良好的教育环境，长野县在配置额外教师的标准上较国家标准更为宽松，会在省级预算中提供一些资助，为每个复式年级额外配备1位老师，以缓解复式教学中教师负担过重的问题。根据长野县教育委员会制定的教育政策，两个连续年级学生数多于8人或者两个不连续的年级学生数多于4人时配置1位教师。如此，三、四年级和五、六年级在省级财政支持下，可以额外配置1位教师；而一、二年级的学生数量既达不到国家标准，也达不到省级标准，在这种情况下，由村级财政来负担增加1位老师的费用。

表2中是清内路小学学生构成和班级数量的变化与预测。可以看到，2010年它每个年级都分配有老师，这是根据日本国家标准和县级标准所配置的老师；随着学生数量的减少，到了2013年，如一年级有6名学生，二年级有2名学生，两个年级的学生数加在一起不符合国家标准和长野县标准，要避免复式教学，配备老师的资金缺口就需由村级财政来解决；到2014、2015和2016年，由于少子化问题的影响，学龄儿童数量继续减少，从而影响教师配置结果。

表 2　清内路小学未来班级构成　　人

年度		2010		2011		2012		2013		2014		2015		2016	
班级构成		学生	教师	学生	教师	学生	教师	学生	教师	学生	教师	学生	教师	学生	教师
年级	1	4	1	3	1	2	1	6	1	1	1	3	1	2	1
	2	7	1	4		3		2		6		1		3	
	3	4	1	7	1	4	1	3	1	2	1	6	1	1	1
	4	5	1	4	1	7	1	4		3		2		6	
	5	8	1	5	1	4	1	7	1	4	1	3	1	2	1
	6	8	1	8	1	5	1	4	1	7	1	4		3	
合计		36	6	31	5	25	5	26	4	23	4	19	3	17	3

注：} 按国家标准分配的复式班级

1 由县政府额外配置的教师

1 复式班级原有教师

数据来源：长野县阿智村立清内路小学校。

四、日本关于小规模学校管理的研究

日本在第二次世界大战前就已经开展了关于小规模学校的研究。从 1954 年《偏僻地区教育振兴法》制定后，国家和地方政府有义务开展关于偏僻地区学校的教学指导、教材以及教育的调查研究工作。根据这个方针，日本的文部省（现日本文部科学省）设置了实施偏僻地教育研究的指定学校，实施了偏僻地区教育指导者讲座，召开了全国性偏僻地区教育研究大会，制作复试学级学习指导计划案例，并发行了《偏僻地区教育》杂志。

1954 年，被指定接受偏僻地区教育研究的学校数量只有 20 所左右，之后扩大到各省 1 校。这类指定学校可以分配到一定数量的预算，作为一个地区的核心开展偏僻地区教育研究工作。1958 年实施的指导者讲座，每年为来自全国偏僻地区 2 ~ 3 个省的约 300 所学校的老师举行为期 3 天的讲座。全国研究大会的第一届会议是在全国偏僻地区教育研究联盟创始地——北海道召开的。至今每年召开。20 世纪 60 年代，虽然复试学级用的教科书问世，但由于需求下降，随着发行出版社的消失，20 世纪 70 年代此类教科书也销声匿迹。最后，有关偏僻地区教育问题的专门杂志——《偏僻地区教育》从 1959 年到 1971 年期间发行。此杂志介绍与偏僻地区学校的运营、学习指导等问题相关的论文、解说以及研究事例。期间，日本还发行了《全国偏僻地区学校新闻》周刊。

20 世纪 50 年代有 10 所大学的教育学部的附属中小学开展围绕复式学级的学习指导的相关实验研究和教育实习（藤枝 1996，100 ~ 112）。类似的研究、经验共享以及教材开发的尝试在 20 世纪 70 年代后也开始大幅减少。但是，可以说正是通过这类以指定学校为中心的教授法的讨论和教师之间的互相学习，全国偏僻地区教育联盟的相关活动才充分体现了在教育方面日本通过现职教师发现问题，解决问题从而改善教育的特点。

再有，从 20 世纪 50 年代开始，北海道大学和北海道教育大学作为研究主体一直从事日本偏僻地区的教育的相关研究工作。如今，这些积累的研究成果的重要意义越来越受到重视。1953 年由北海道大学创刊的《偏僻地区教育研究》目前已经发行了 68 期。杂志的内容覆盖了偏僻地区学校的运营、教材、教师待遇、各学科的教授方法、学校和社区的关系等各种各样的课题。近些年，杂志更是刊登了一些有关中国和非洲等国家的偏僻地区教育的实例介绍和比较分析的文章。此举也是意义深远的。

五、复式学级教学法：将小规模学校变弊为利的尝试

农村小规模学校中存在的挑战包括：首先，小班级、小规模的教学造成学生缺乏在多人数群体中进行交际的能力和交流的机会，当学生进入人数较多的中学后可能会遇到问题；并且，小规模教学班会造成学生习惯于与教师单一的交流，而忽略了与同学之间的交流，以至于影响同学关系的培养和发展。其次，对于复式班级而言，教师可能会面临多个班级的教学，如何平均直接教学是非常重要的问题，可能存在学生接受教师亲自指导机会不足的问题。不仅如此，复式班级的成员构成会随着每年复式学级的变化而变化，教师也可能发生变化。这就造成了整个复式教学班的不稳定，而师生间的适应是需要时间来调整的。此外，指导处于不同成长阶段和不同知识水平的学生对教师要求较高，可能会导致教学质量不理想。那么，小规模学校如何变弊为利呢？人们说，“小规模学校让我们重新回到教育的源点。”这是什么意思呢？如果你要在有限的条件下维持教育质量，就必须更有创造性，需要重新思考我们教育的目的和最终带来的效果是什么，考虑什么可以妥协，考虑如何调整教学方法从而实现不同学科、不同年级的教学目标。这是整个小规模教学一个重要的课题。那么如何有效地将直接指导方法与间接指导方法相结合呢？日本目前有两种复式教学指导模式：一种是分级指导，如把三、四年级分开去教；还有一种模式叫作“同单元指导”，即在一些学科里找一些类似的教学内容分别去教不同年级的学生（表 3）。

表 3　不同指导模式的特点

项目		优势	注意事项	举例
分级指导		——适于学生发展的不同阶段，学习内容可逐年进展 ——转校时产生的问题较少	——需确保学生理解在教师教导其他群体时自主学习的程序与方法	
同单元指导	相似内容	——培养两个年级学生间合作学习的能力 ——更多的学生能一起讨论、学习	——备课时需考虑不同年级的不同知识水平与发展阶段 ——需确保每个年级的学生达到学习目标	——体育 ——音乐 ——社会环境
	相同内容	——教师能够组织跨年级共同讨论，创造共同学习的环境		——数学 除法（5 年级） 分数除法（6 年级）

资料来源：北海道教育大学（2012）。

教师如何在一节课上使用两种模式，同时给两个年级的学生进行指导呢？日本复式教学将高、低两个年级的整个教育过程分别分成 4 个阶段（如图 1），一部分是教师指导，一部分是学生自主学习，教师穿梭在两个年级之间进行错开式指导和跨学年直接指导。例如，在把新的课题和如何进行自我学习的知识介绍给一年级学生以后，老师会来给二年级学生介绍新的课题，这个过程里一年级学生会进行自主学习，老师是活动在两个年级之间的。总体而言，通过复式学级的学生一起学习，鼓励高年级学生帮助照顾低年级学生；通过任命自主学习带头人，培养学生的互助精神和领袖意识，在传授学习内容的同时促进学生自主学习。

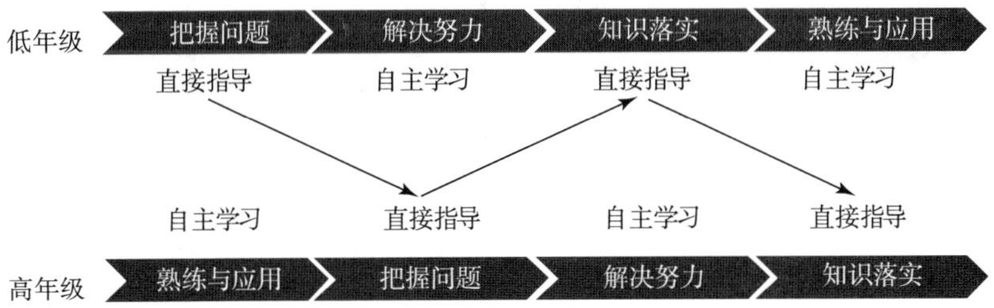

图 1　两个年级同时指导法

资料来源：士别市中士别小学编（2007）。

图 2 是教师一堂课上如何分配在低年级和高年级之间的教学时间的示例。上面一种情况时间分配相对平均，下一种情况给低年级学生的时间多一些。指导方式要根据科目内容和每组对象的接受程度进行适度调整。这要求教师对每个年级

和科目的教育目标有非常清楚的认识。图 3 和图 4 为日本复式教学班级中常见的一些情形。

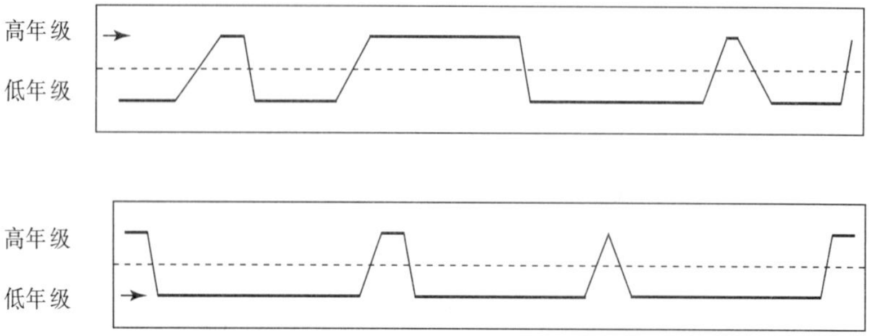

图 2　跨学年指导的不同方式

图 3　岐阜县小川小学五六年级数学课堂的错开式指导

图 4　一间教室前后有两块黑板

除课堂教学以外，日本复式教学学校还经常组织多年级一起参加的活动，让学生得到更多社交机会，并经常和一些社区居民进行合作，比如，学习一些地方传统的音乐技能、参加社区安全监督等活动，并通过和其他学校学生交流来扩大学生的社交范围。图 5 为长野县清内路小学的学生们在进行社区服务。图 6 为学生们在学习传统击鼓演奏。

图5 长野县清内路小学社区服务

图6 学习地方传统击鼓演奏

六、结语

本章在回顾日本偏僻地区教育发展历史的同时，介绍了日本中央政府、各地方公共团体、学校和教师通过努力合作解决问题以减小城市和农村教育差距的做法。如今日本偏僻地区的教育问题与偏僻地区教育改善受到重视的20世纪50—70年代相比发生了本质改变。过去，地理上的隔绝被等同为文化经济上的落后，教师不愿去偏僻地区工作，这些地区学校的设施状况也不佳。但通过中央和地方政府为振兴偏僻地区教育所作的努力，目前无论哪里的农村学校都配备有齐全的设施，还通过特别措施增加了教师数量。从新自由主义经济理论的角度出发，在交通便利的现代社会，对于国土面积小的国家来说，继续维持小规模学校是没有效率的行为。但另一方面，与存在欺负、凌辱行为和学习竞争激烈的城市学校相比，城市的家长和孩子认为，被大自然环抱的偏僻地区的小规模学校更具魅力，从都市转学到农村小规模学校就学的案例也屡见不鲜。在上文介绍的清内路小学，30名学生当中，通过搬家从都市转学到该校就读的学生人数虽然还少，但在逐年增加。另外，在这所学校旁边，以前由于学生数量较少而被关闭的清内路中学的校舍，从2014年开始将被再利用，成为接收以都市孩子为对象的寄宿制私立小学。

如何把偏僻地区学校的制约性转变为其特色，可能会成为21世纪偏僻地区教育再生的方向。实现这种转变的关键在于不迷失教育本来的目的。同时，这还需要教师的创造力以及能服务于这种创造力的高超的专业能力。教师们将通过这些能力去尝试不同于通常教室中使用的教学方法。同时，地方社会和政府对于教师在教学中付出的努力所给予的支持也是十分重要的。

在日本，小规模学校和复式学级出现的理由随着时代变迁而发生着变化。日本的经验直接被其他国家利用也是不现实的。然而，虽然引发这些现象的理由不同，但由于教师们在现实中面对着许多共通的问题，如何把不同情况下的经验结合起来进行研究和学习是很重要的。将日本偏僻地区教育以及复式学级的研究和经验通过可能的形式与非洲和亚洲的发展中国家分享时常成为被议论的话题。笔者真切希望这种相互学习可以在中日两国间取得进展。

附录3　亚太地区发展中国家改善农村、边远地区教育的策略与方法

马培芳*

亚太地区发展中国家的农村教育经历了与我国大致相同的道路。从普及初等教育开始，逐步发展，不断推进。共同的难点在边远地区、山区、少数民族地区，各国为此都采取了特殊政策和办法。本文着重就此介绍一些情况，以为研究我国正在变化中的农村和农村教育提供参考。所谓农村教育，简言之，是发生在农村的教育，或者说是指在农村中进行的，以农村人口为对象的，包括学前教育、中小学教育、成人教育和各类职业技术教育在内的教育。农村教育的主体是中小学，基础是小学，直接服务于农民、农业和农村发展的则是各类职业技术教育，其受益群体多属成人。20 世纪末，农村中贫困现象的存在和在一些地区的加剧，曾引起了广泛的关注。身居发展中国家的教育工作者，痛切感受到贫困对经济社会和教育发展带来的阻力是何等之大，而摆脱贫困又是何等艰难。发展中国家的历史经验证明，兴办教育，提高劳动力文化科技素质，切断“经济——教育”恶性循环的链条，走科教兴农之路，是农村发展的必由之路，也是振兴农村教育之希望所在。

一、初等教育居于优先发展的地位

20 世纪末，亚太各国的农村教育仍处在艰难的发展阶段，教育为本的思想已经被越来越多的国家作为普及教育的指导思想，纳入其国家计划、法律之中。各国政府不断发布新政策、制定新条例，将初等教育放在国家发展的优先地位。同时，各国政府也都考虑到境内地域上的差别，花大力气制定不同的优惠政策，以促进贫困、边远地区初等教育的发展。例如，孟加拉国政府就曾作出决定，对 1 ~8 年级的女学生免除学费；马来西亚政府为家庭贫困的学生提供免费、借读

* 马培芳，甘肃省联合国教科文组织协会会长，原甘肃省教育厅副厅长。

课本；尼泊尔政府要求每一所小学必须配备1名女教师，并给5%的贫困家庭女学生提供奖学金和校服；全国女性学龄儿童可以享受1～3年级免费教科书，如果身处边远地区，时间还可延长至5年。中国在办学条件较差的农村、贫困地区，广泛实行集资办学政策，由社区群众为学校建设投工献料，排危解困，为解决办学所需而开展捐资助学活动；政府将农村的“民办”教师转为公办，由国家负担教师薪水；国内外的慈善机构在农村中建立了不少“希望小学”，等等。其目的都是尽可能保证适龄儿童有机会接受初等教育，提高适龄儿童入学率，避免新文盲的产生，以为农村各类教育打好基础。

二、教育质量越来越成为人们关注的焦点

到了20世纪90年代后，亚太地区对教育质量的重视程度达到了空前的高度。1991年11月，联合国教科文组织亚太地区办事处与东南亚教育部长组织“教育革新与技术中心”等国际组织联合召开“普及质量”的国际教育大会，25个国家和12个国际组织的代表共同认为“普及质量是国际教育发展的大趋势”。联合国教科文组织的基础教育专家奥尔多纳茨博士在报告中说：“人们通常依据入学率、留级率和巩固率的高低来衡量教育。但据留级率高的15个国家的研究分析表明，入学率和巩固率低，除了受学费高、办学效率底等原因影响外，还受教育质量的影响。而教育质量除受学校自身的因素外，还受到经济贫困和其他社会因素的影响。”他同时指出：“提高教育质量的策略可分为追求内涵发展的措施和改善整体教育环境的综合措施两类。前者强调最大限度的教育投入，而忽视课外因素对学习的影响，忽视教育环境的改善。近年来，这种情况正在改变。如何在特定环境下改善和补偿校外不利因素的影响，中国甘肃的社区支持学校，如马里的食品救助及沙特的学前教育等，已向所有愿意显著提高入学率和巩固率的国家做出了榜样。提高巩固率的重要性怎么强调也不过分，因为对于发展中国家的一个家庭而言，其财力的一半都被用于孩子的教育，你让他辍学复盲，那就意味着一半社会资源的浪费！”

在解决数量和质量的矛盾方面，印度有过教训。印度曾一度只重视数量的提高，而忽视了质量，结果是学生的按时学完率很低，留级率、辍学率居高不下，毕业生的质量很差，不能满足社区、家长的需求。印度尼西亚教育专家的研究说明：留级问题不仅造成教育成本的浪费，更重要的是导致儿童理想的破灭和失去学习的兴趣和自尊，从而形成一批未来学习处境不利者，影响孩子们的终身发展。因此，对教育质量问题，各国政府和教育部门都给予了越来越多的关注，如中国、巴基斯坦、孟加拉国、尼泊尔、泰国等，它们的国家政策就明确了一手抓数量，以实现普及初等教育；一手抓质量，以使教育得以稳步发展，有理想的效益。

为此，在21世纪之初，亚太地区各国，在联合国教科文组织的协调支持下，通过多边合作，共同回顾了各自的教育实践，总结了成功经验，并针对面临的问题，探索了本地区初等教育提高入学率、巩固率，扩大数量，同时降低留级率、辍学率，提高质量的办法和途径。这些办法的核心和要领是：

（1）提高教育人员的专业素质。

（2）改善学校的教育内容和教学方法，提高教育过程的有效性。

（3）增进社区、家长对学校活动的参与。

（4）加强儿童的启蒙教育，使他们接受必要的学前准备。

（5）缩小区域性差距，保证每个学校最基本的办学条件。

以上5条被亚太地区国家认为是提高小学教育教学质量及小学生学业水平的关键因素。许多提高教学质量的教学方法和干预措施都从这里得到启示。不少国家过去十分强调最大限度发挥各项教育投入（如教室、实验设备、教学图书资料、课程、学时、授课语言、师资等）的效能，然而，这种传统的追求质量的模式并不能达到预期的效果。因为这些国家都比较注重课本，而忽视教学效果；重视课堂，而忽视课外因素对学习的影响；重视教师的作用，而忽视鼓励教师、争取家长和社会力量参与改善教育环境，因而不利于教育质量的提高和巩固。

目前，许多国家已开始转变传统的质量观，不仅注意教育的投入，而且关注学习过程。比如，提高儿童的人际交流能力，培养他们的参与意识，并进行相应的班级和学校管理模式的变革，使教育的小环境（学校）和大环境（社会）都得到优化，以达到提高教育质量的目的。因为高质量的基础教育不仅要培养学生读、写、算等方面的技能，还要帮助他们掌握一定的生活常识与技能，培养他们良好的学习习惯和对于新思想、新方法的掌握能力。帮助学习者获取并保持这些基本技能、知识和态度，并能有效地继续学习，参与社会发展和改善自身生活条件是教育的目的所在。在这种新理念的践行中，亚太地区发展中国家已经涌现了一些好的范例，以高年级学生辅导低年级学生，建立联校群，开展预防辍学的学前教育，聘请社区成员参与学校管理等，都有利于提高巩固率，降低辍学率，全面提高教育质量和效率。

三、泰国北部山区对小规模学校（教学点）的扶助和建设

小规模学校的存在是亚太地区发展中国家的普遍现象，其原因主要有两条：一是居民居住分散，学生大多来自边远山区、牧区、渔岛和林区，为了孩子们能就近入学，就必须开办小规模学校或教学点；二是农村城镇化进程中，居民迁居城镇，原有农村学校的学生来源逐年减少，本来规模较大的学校变成了小规模学校和教学点。这种小规模学校在泰国北部山区，主要是清迈府和清莱府的所属农

村、林区十分普遍。

泰国地处热带、亚热带地区，国土面积为50万平方公里，人口5,500多万人，是发展中国家。为了普及初等教育，面对80%的中小学坐落在农村和边远山区的不利条件，泰国进行了不懈的努力。1980年教育部专门成立了全国初等教育委员会（ONPEC），结束了多年来初等教育受多个部门管理而最终无人负责的局面。同时，各府、各区、各联校都建立了对初等教育委员会负责的相应机构，全权负责为小学和学龄前儿童提供教育。由于许多学校面临经费不足、地理条件差、社区贫寒、学生家庭收入甚微、无法资助孩子等困难，全国初等教育委员会在政府拨款外，还多方集资，启动了一系列全国性计划和国际合作项目，制定了相应的特殊政策，扶助和支持小规模学校的发展和建设。这些举措主要如下。

（一）全国性计划

——“为学生提供午餐计划”。1952年开始实行，至今仍在坚持，经费来自政府专项拨款和多方集资。在1987年泰国国王60寿辰时，泰国提出口号：“在国王60寿辰之日，不再使小学生忍受饥饿之苦。”各级政府与社区友好合作，使该计划坚持下来，并越来越受学生、家长及社区的欢迎。

——“为学生出借课本计划”。泰国每在新的大纲实行之后，就会有大量的新教科书、教师手册和教学图书、资料问世。为了解决边远山区、农村缺乏教科书，有的孩子买不起教科书的问题，泰国由国家投入巨额资金，开展了“为学生出借课本计划”，为全国4,000多万个联校中心提供各种教科书、教学参考书、教师手册、教学用图片资料及其他教学设备，供每个联校群的各个成员学校共同使用。与之相适应，有的学校也购置了一些教科书，借给特别困难的学生使用，每个学期结束时，学生将课本交还给学校，再借用下学期所用的课本，有时课本不够，也会出现两三个学生合借一本课本的情况。

——“为边远地区小学生出借自行车计划”。泰国边远山区有一部分学校只能提供小学四年教育。如果继续学习，学生就得步行很远的路去上学。为了使更多的孩子完成小学六年教育，泰国北部的匹查努洛克府率先发起了“出借自行车计划”，受到了社会大众的支持，并得到了泰国政府的专款扶持，这使得该计划的受益面扩大了很多。

——“雨水收集罐及掘井计划”。每到旱季，泰国边远山区农村地区的许多学校就无法给学生提供足够的卫生饮用水。为了学生的安全，政府每年要拿出一定的资金，为困难学校修建雨水收集罐或打造抽水井，即实行“雨水收集罐及掘井计划”，解决学生饮用水困难问题。

——“边远山区教师住房计划”。在泰国30%的小学地处交通不便的边远乡村、山区或岛域。在那里任教的教师多数不是本地人，住宿问题不好解决。许多教师只好以教室作为住房，或寄住在村民家中，这样的住宿条件无法让教师满意，会直接影响教师去那里任教的积极性。为了切实解决教师的后顾之忧，全国初等教育委员会每年都从有限的经费中划出一部分，为教师修建住房。

除了上述主要扶助计划外，还视小规模学校的实际情况，实施过“农村学校运动场建设计划”“农村学校玩具、游戏器具配给计划”等。

（二）国际双边、多边合作计划

泰国北部清莱府与缅甸、老挝接壤，号称“金三角”。这里山峦起伏，森林茂密，交通不便，居民居住分散。当地居民来自泰国、缅甸、老挝、柬埔寨和中国等多个国家，文化多元，经济相对贫困，教育发展存在特殊困难。在这里，泰国与德国合作开展了一项社会发展计划，把教育也列入其中。该计划支持学校开展种植、养殖、加工等生产经营活动，学生在接受初等教育的同时，也学习生产技能，培养勤劳习惯，创造了一部分办学所需的条件，深受学生和家长欢迎。

泰国与联合国教科文组织在教育方面的合作项目比较多。在初等教育领域，泰国率先加入 JIP 计划（亚太地区提高小学生学业水平计划），与印尼、马来西亚、中国、菲律宾和韩国等多个国家开展多边合作，探索处境不利地区初等教育发展改革之路，成效斐然。泰国的教育官员深有感触地说：“所有的国际合作项目的执行者、受益者都应明白，项目有期、时间有限，不是教他们怎么去做，而是要让他们认识到自己应该怎么去做并真正付诸行动。通过项目唤起一个学校、一个地区乃至一个国家或民族的教育自觉，这才是一切支持、援助和合作的最终目的。”

四、澳大利亚北澳地区的特殊办学形式

澳大利亚是一个比较发达的国家，初等教育普及在城市和人口集中的地区早已实现。为了全面普及义务教育，澳大利亚政府特别对边远地区、人烟稀少、居住分散的土著人的初等教育状况给予了高度重视，采取了不少特殊政策和措施。这些政策和措施我们可以从北澳地区教育发展的现状和办学特点中得到验证。

北澳地区是澳大利亚的一个特殊地区。该地区地域辽阔，人口稀少且居住分散，3 万多土著人占全区总人口（15 万）的 25%，但该地区 42% 的土地属土著人所有。该地区的首府是澳洲最北部的达尔文市，地处南纬 15°左右，热带气候，日平均气温 30℃，这里的居民不办工厂、不种庄稼，主要从事公务和商务。土著人靠卖土地和福利收入生活，他们没有自己的产业，打鱼、狩猎和制作手工艺品是林区、渔岛居民的主要营生。澳洲是移民国家，北澳 15 万人口中，真正出生在澳洲的并不多，每一个家庭至少有一个大人的母语不是英语。多元文化、多种民族和土著人特殊的生活习惯带来了教育问题的复杂性。在城镇化进程中，大

量人口集中在城镇，少数民族散居在乡村、海岛，教育必须延伸到有居民的各个角落，包括城镇、山区、海岛。不管集中办学还是远程教育，都必须使教育覆盖每一个受教育对象，必须杜绝任何一个受教育者因性别、肤色、宗教或身体残疾等因素遭受歧视，要保证所有受教育者都能在一视同仁的条件下接受教育。这是澳洲政府的主张。

为了加强边远地区的教育管理，北澳教育厅成立了边远地区教育管理处，直接管理北澳中等函授学校、凯瑟琳广播电视函授学校（或称空中学校）和艾丽斯普林斯空中学校，为学前和小学、中学的学生提供教学。

（1）小学。小学为 4 ~5 岁的儿童开设学前班。6 岁的儿童可进入小学接受 1 ~7 年初等教育。由于 1/4 的土著人不会讲英语，因而很多学校都开展“双语教学”。土著儿童先过母语关，再学英语。教材难度较低，内容多包括生活常识、卫生习惯、说话能力培养、“数”的概念等。小学里设有严格的留级制度，按年龄划分年级。学生对学习这个年级的某门功课感到困难时，可以转到另外的年级继续学习。学校还教授简单的生产、生活技能，因而教学管理、课程安排、教学评估等方面的灵活性就大一些，且教学的实用性、适应性增强了，学生自由选择的可能性也增大了。

（2）函授中学。主要进行 8 ~12 年级的教育，相当于初中到高中阶段。但是学生中，土著小学毕业生只占 16%，成年人占 65% 以上。建立函授中学的目的是满足居住分散的学龄儿童、城市文化水平低的成人和土著小学毕业生继续求学的需要。教学手段主要是录音带、录像带、无线广播、电话、文字课本等，或由教师乘小飞机去各点巡回面授、定期返校辅导的方式教学。

（3）凯瑟琳广播电视学校。提供幼儿园和小学（6 ~11 岁）两个层次的教育。因为有些牧民子弟、海岛渔民子弟、矿区职工子弟、宗教职业者子弟和驻外机构人员子弟跟随父母生活，因而流动性很大，无就学条件，往往被置于教育之外。举办凯瑟琳广播电视学校，采用录音、录像、广播、电话、无线对讲及课本、教学资料、分发教学信息等手段教学，可以保证这部分儿童能够接受教育。该校有 100 多名学生，分布在澳洲各个角落。这种学校需要较多的经费，而且开设体育、艺术、教学实践活动有很多困难，家长往往要陪读，这也带来不便。但是他们语、数双科的成绩往往高于普通小学的学生们的平均水平，陪孩子学习的低文化家长也可从中受益。而教师不接触学生，也减轻了教师的负担。教师在巡回辅导中可以去很多地方，积极性很高。这是边远地区小学教育的一种辅助手段，对提高入学率，防止新文盲的产生很有作用。

（4）柏启勒学院。这是一所主要为土著人培养教师的学院，同时也为土著人社区培养行政管理、电器、乡村公共卫生等社区服务方面的专业人员。澳洲南部的土著教师也来这里学习。因为澳大利亚的土著人宁愿放弃政府帮助他们集中住宿和给他们提供的生活、教育等方面的优惠条件，也强烈要求保留他们的文化、生活习俗并建立他们自己的特区，不受外来干扰。所以，土著人的教育、办学和教师培养，都要尊重土著人的习惯。在柏启勒学院上学的土著人，可以带着家眷上学，共同接触外来文化。由此可以看出，澳大利亚政府为土著人的教育作了很大的努力。让土著人既保持自己传统的文化习俗，也帮助他们学习外来文化而切忌把自己的意愿强加给土著人。有人形象地形容这是“淡水咸水混合计划”。

（5）北澳大学。这是北澳唯一的一所高等学校，建校仅25年。设有教育系、商业系、理化系、文科系、职业进修系、法律系，还有土著人班，为土著社区培养教师。北澳教育厅认为，这所大学只适应北澳的需要。教育系是从中等、高等到教师进修连续贯通的综合体，还附有教学研究的功能，完全适应北澳的实际。在澳大利亚仅此一所，这种追求综合效益的办学模式，在贫困、边远、少数民族地区有利于教育资源的整合和充分发挥综合效益。

五、泰、澳两国对处境不利地区教育政策的价值取向和办学模式

所谓处境不利是指教育的外部环境。泰、澳两国处境不利地区“处境不利”的主要表现是：

（1）文盲、半文盲和缺少文化知识的家长不愿送孩子上学，或者不能指导孩子学习，家庭教育不良。

（2）贫穷的居民，吃饭穿衣至上，置孩子的教育于脑后。

（3）居住分散、流动性大的人口和矿山工作者、宗教工作者、海岛渔民、牧民的子女及林区、山区等交通不便学校覆盖不到地区的儿童无法上学。

（4）民族习俗歧视妇女，大量女孩被弃之校门外。

（5）有些少数民族的落后习惯、语言障碍和宗教信仰影响着孩子的教育。如澳洲土著人语言有100多种，本民族部落间无法沟通，学英语难度大。泰国南部的苏林（YALQ）地区穆斯林使用马来语，不通泰语，教育发展缓慢。

（6）移民和流动人口子弟容易失去学习机会。

（7）儿童营养不良，健康状况不佳。

（8）弱智、残疾儿童教育缺乏关注。

（9）人口猛增，导致经济、社会对教育的承受能力下降。

（10）缺乏足够的教师。

（11）缺乏适应学生特点的教师、教材、教学参考书和相应的教学大纲。

（12）城市里的超大班额和农村、山区的超小学校，都给教学增加了难度，影响教学质量。

（13）继续教育跟不上，不合格的小学毕业生、辍学生、无法升入初中的学生，往往成为文盲、半文盲的后备大军和重要来源。

以上各种表现，既是经济落后的表现，也是教育处境不利的表现。国家的教育政策要把教育内部的师资培养、培训，教材、教育方法以及学校管理改革等与改善教育外部的环境结合起来，才能有效地提高入学率、巩固率和合格率，求得经济社会与教育协调发展。

为此，澳大利亚在政策上尤为重视两个问题。

（1）开设文化交叉课程。鼓励学生用英语以外的一种语言进行交流，即除英语外，鼓励学生再掌握一门语言。如印尼语、汉语、土著语、日语、希腊语、意大利语等。为此，北澳政府设立了跨国教师、学生交换项目，给教师设立了专业进修奖学金，支持鼓励他们去亚洲学习，增强语言课程的有效性，也提高他们培养土著儿童学习语言的教学能力。

（2）对不同民族文化的人口保证其教育机会均等。特别关注边远地区孩子们的受教育情况，最大限度地让学生们，特别是女学生们选择自己喜欢的学科、专业，并保证课程设置的科学性、实用性。

北澳教育厅的课程管理处把正规的行政职能贯穿到每一个学校，包括管理学校的董事会，为下属学校提供课程服务，监督全区的教育平衡、课程质量、教学评估，审定设立新课程等。这个管理处的工作人员还经常到各地、各学校了解情况，巡回指导，开会议事，进行教师专业培训，开展业务指导及进修活动等，使国家教育计划、政策得以贯彻落实。

泰国针对边远山区、处境不利地区的教育状况，在教育政策上充分体现了更大的灵活性和实效性，具体如下。

（1）乡村社区开设文化图书室。开设文化图书室对提高村民文化科学素质、巩固教育成果、传播知识信息、开化村民脑筋、进行继续教育以及活跃枯燥的乡村娱乐生活都有好处。这些图书室大都采取“民办公助”的形式，家长和村民都可从中受益，而良好的家庭教育又可有效促进学校教育。

（2）非正规教育中心。为改善乡村教育发挥了重要作用，泰国教育部的非正规教育厅一直延伸到各府，主要任务是为小学及不能升学而就业的人提供文化、技术培训与专业指导，也为分散在乡村的扫盲教师提供进修、培训与业务支持。

（3）学校对家长开放。家长可了解学校教育也可了解自己的孩子在学什么，怎么学的，同时还可了解学校需要家长做什么支持和配合的工作。这样就可使家庭教育与学校教育有效衔接起来，家长也可从中得到教育。学校开放的形式多种多样，如开放日、家访、家长听课、开会座谈，等等。

（4）学校成立董事会或家长委员会。吸收社区贤士、家长及社区企事业单位的负责人组成董事会或家长委员会，以协调学校与社区的关系，动员社区各种力量支持学校，为学校的发展提供帮助，并决定学校建设的重大问题。这些对改善学校教育环境起了重要作用。比如，动员社区居民重视教育；为学校筹措社会捐赠；协调社区机关、团体、企业与学校的关系；决定校长、教师的聘任；使学校教学活动与社区居民生产、生活的实际需要紧密结合，等等。

（5）小学教育与成人职业教育、扫盲教育、社区文化活动相结合。这项措施有利于发挥教育资源的综合效益，提高社区居民的文化、科技素养，改善教育的生态环境，求得扫盲的可持续发展。

（6）课程设置、教材内容从处境不利地区的社会经济发展的实际出发，开发运用实用性强的地方教材。泰国小学教学大纲把课程分为 4 类，即基础知识、基本技能、道德规划和行为举止。这些政策、办法和课程充分体现了教育与社会经济发展水平相适应的指导思想与价值取向。

澳大利亚北澳地区教育部制定的小学教学大纲中设置了 7 门课程，即英语、美术、科学、社会文化、卫生与体育、艺术和电子计算机。在高年级则增加了生活和工作技能课。对小学毕业生的基本要求是：

（1）掌握一定的英语听、说、读、写技能和良好的语言交际能力。

（2）掌握一定的算术运算能力。

（3）了解和热爱澳大利亚和北澳。

（4）对学习有正确认识和期望。

（5）具有好学上进的意识。

（6）养成良好的运用时间的习惯。

（7）对自己的语言、文化和其他语言、文化有正确的认识和包容心。

（8）具有一定的创造能力。

（9）具有能为别人接受的社会交往能力。

（10）养成不耻下问的习惯。

（11）具有一定的接受不同意见及与不太投机者相处的能力。

（12）具有一定的应付变化的信心和能力。

（13）具有一定的修理技能。

（14）掌握一定的保证健康的生理知识和技能。

泰、澳两国小学的教学大纲具有相同之处，也有不同之处。相同之处主要有：强调对学生语言、算术和生活技能的培养和发展；强调热爱祖国和道德行为的教育；注重对学生良好生活习惯的培养，重视与职业技术教育的结合渗透；重视对学生自主创新能力的培养和发展。

六、边远贫困、人口居住分散地区小学教育特殊的方法与措施

（一）为不同的学生编写内容及深浅程度不同的教科书及课外读物

泰国有统编教材，由教育部学术厅教材发展中心经营。同时泰国还鼓励支持

有经验的教师和教育工作者编写教材和教学辅助材料，经审查后可印刷发行。除了这些主渠道外，各联校、各学校也会编写一些适合本地的教学用书、阅读材料，供教师、学生使用。

澳大利亚会给教师推荐有用的教学、教辅材料，而具体用什么作教材，则由教师自己决定。政府给土著人编写了成套的“双语”教材，浅显易懂，图文并茂，内容以常识、故事、诗歌为主，大多与土著的民族文化有关，相当于启蒙和扫盲教育的教材。

（二）多形式与多渠道的教师培训

泰国的36所师范院校承担着全国教师的职前培养工作。对于毕业后愿返回家乡任教的学生，政府会发给奖学金予以鼓励。泰国的师范教育除了重视学生学业水平和教师的特种素质培养外，还特别重视学生适应社会经济发展变化能力的培养，使学生既能教书育人，又能为发展农村经济做贡献。因此，他们要学习开展社会调查、调整课程设置、开发新教材、开展教学研究，并能运用新知识装备自己，以便毕业后能适应农村教育和农村发展之需要。教师的在职培训通常通过校内、校外两个渠道进行，也就是在职培训和离岗培训相结合。目前小学教师中有54%已获得学士学位，31%达到同等学力，还有11.9%已获得教师证书。

澳大利亚教师培训的主要机构是大学，现有小学教师全是大学毕业生。在职培训、进修主要通过函授、交流录像和录音带、短期集中培训、督导、国际交流和教师协会提供帮助等形式进行。如果你没有3年以上的教龄，要加入教师协会，必须经过一个学期的见习期，方能被接纳为会员。如果小学校长或巡导官员不是教师，必须先帮助他们加入教师协会，使他们具备相应的能力和水平。

（三）重视儿童入学前的准备，发展学前教育

泰国小学普遍设有学前班，也有独立的幼儿园，还会在一个大区内设立“学前教育中心”，为指导教学、培训师资、交流学习提供服务。澳大利亚没有独立的幼儿园，全部学前教育（4~5岁）都附设在小学，为提高小学教育质量奠定了良好的基础。

（四）支持私立学校、发展小规模学校，开展非正规教育

在贫困山区、人口居住分散的乡村，只靠正规的学校是不够的。泰、澳两国都采取了一些特殊的做法。

泰国积极鼓励私人办学。国家出台私人办学条例，每年拿出专款支持私立学校，主要用于支付私立学校的教师工资，以降低私立学校的成本投入。私立学校大体提供3种教育：正规教育、非正规教育和特殊教育。在边远山区还有一部分

不完全学校（即初等教育低年级阶段），这类学校大都是小规模，甚至是“一教师”学校或教学点。在清莱府有 718 所小学，其中“一教师”学校就有 40 所。泰国很重视发展非正规教育，早在 1940 年全国人口普查发现 68% 的人口是文盲时，政府便对学校以外的人口教育问题格外重视。几十年来，非正规教育不但发挥了巨大作用，而且已形成独立于正规教育之外的一个教育系统，与正规教育互为依存，互相补充，每年除提供扫盲教育外，还为 14 ~ 50 岁的 15 万 ~ 20 万人提供扫盲后的教育。

澳大利亚北澳地区同样重视私人办学。私立学校的招生人数约占全年招生总数的 15% 左右。复式教学是北澳地区的一种重要教学手段。“一教师”学校在这块土地上有着更长的历史，它为发展北澳的初等教育，起到了非常重要的作用。20 世纪 80 年代澳大利亚全国有 17% 的学校招生人数在 36 名以下，至今这类学校都在实行复式教学。除此之外，北澳的远程教育覆盖面很广，服务于各类人群，实行高、中、低各类教育。

（五）创造轻松愉快的课堂教学环境与气氛

在小学生的课堂上创造一种欢乐、愉快、轻松的气氛，可以提高学生的学习兴趣，帮助他们发展个人的才能。城乡小学虽然在教学设备的配备上有差别，但都可以创造轻松、愉快的学习气氛。教室里既有教师制作的玩教具，学生们称之为“万宝箱”，也摆满了学生们的各种手工作品，丰富多彩，形象生动。小组围坐与圆圈讨论自由结合，排座不拘一格，随课程教学的需要而变化，自由度很大。小组长起着重要的引领作用，老师对差生的辅导可随时进行，课堂是个亲密无间的大家庭、轻松愉快的游乐场，也是丰富多彩的博览会。班级是一个互教互学、互帮互助的学习共同体，课余、课后孩子们不必为作业操心，因为在课堂上就已完成了。教师是这个小群体的引领者、服务者，也是大家的知心朋友。

（六）寻求家长、社会对学校教育的有效支持和参与

家长、社会的有效支持和参与源于社会尊师重教的良好氛围。泰国在 1940 年举行的两次大规模扫盲运动，把社会重视教育的根基夯实了。随后国家又相继推出了“改善生活水平和社会状况出书计划”“教育为农村发展服务计划”“乡、镇长培训计划”等，把经济与教育紧密结合在一起，共推动社会发展进步，成效显著。

在澳大利亚，大到汽车、电子琴，小到玩教具，不少小学物资都是社会募捐来的，或财团、老板赠予的，也有学校为企业做广告换来的。在澳大利亚家长参与学校教育的形式主要有 4 种：一是家长自由进入课堂听课，督促学生帮助老师；二是通过学校董事会、家长委员会等组织，参与学校管理；三是家长向学校

捐资助学；四是家长参加学校的各种家长会议、学习班，接受教育，以指导自己给孩子提供更好的家庭教育，促使家庭教育与学校教育有效衔接和配合。

（七）把女童作为教育优先关注的对象

在亚太地区发展中国家的农村、山区、牧区、海岛、林区及少数民族地区的处境不利儿童中，女童往往占较大比例，她们没有入学机会，学不完小学课程，巩固率、毕业率很低。在尼泊尔、印度、巴基斯坦、孟加拉国等国家这种状况尤为严重，文盲人口中，女性也占多数。

亚太地区各国早已认识到问题的严重性及其对社会经济发展带来的不良后果，并在女童教育方面采取了一系列措施，通过正规和非正规教育，提高她们接受小学教育的入学率、巩固率和毕业率。孟加拉国为1～8年级的女学生免除学费；马来西亚为家境贫困的女学生提供免费课本；尼泊尔政府要求每一所小学必须配备一名女教师，并给5%的贫困家庭提供奖学金和校服，全国女童享受1～3年免费教科书，在边远山区可延长到15年，同时在课程改革、教师培训、学校管理、关心资助、检查评估、教学方法等各方面都照顾女童的特点和需求，体现更多的关心、照顾、支持和帮助，收到了很好的效果。

附录4　中国台湾偏乡教育改进计划经验分享

甄晓兰*

在台湾，所谓的“小校”是指12个班级以下的学校。以小学为例，就是1个年级两个班。台湾的教师人员编制按照班级数量算，基本比例为1∶1.5，也就是1个班级有1.5个人员编制。因此，偏乡小校专科教师不足及师资流动这样的问题，或许与大陆是相近的。本文在此分享的是台湾偏乡教育改进计划进行的整个过程，介绍了团队如何从实际开始研究偏乡教育问题，并进行发展、反思，自下而上地推动了一些计划，进而影响到政策层面。

---

* 甄晓兰，台湾师范大学教授，偏乡计划总召集人。本文根据2013年12月5日甄晓兰教授在“发现美丽乡村教育”高峰论坛上的主题发言整理而成。

一、我们从哪些层面分析偏乡教育现状

2004—2006 年，我们进行了偏远地区的课程实践生态与教育机会现状调查研究。此次调研以国民中学（即大陆的“初中”，简称“国中”）为主，我们调查了 225 所国中。小班小校的情况实际上是在小学阶段较多，台湾小学中约有 700 多所是偏乡小校。调研分析的重点包括：学校脉络环境；人力环境，即学校师资结构、学生的组成与学习状况；教育环境，也就是整个课程规划；以及资源环境。

以人力环境中的学生组成为例，通常将偏乡跟一般学校做比较时，能看到很大的落差，如原住民、低收入户等所占的比例较大。我们知道，教育的问题不只是输出，还有过程的问题。当考察过程的均等、站在学生的学习条件来看时，会发现并不是齐头式的平等，而是立足点的平等。所以，必须掌握学生结构，才能更好地评估课程、过程恰不恰当。

台湾的偏乡学校，就资源环境而言，分为山区学校（偏乡学校中山区占 15. 8%，很多是原住民学校）、离岛和兰屿地区学校（10%），还有平地学校（74. 2%）；从偏乡学校所处小区的类型来看，则又可分为农村社区学校（55. 19%）、复合型社区学校（24. 04%）、原住民社区学校（12. 02%）、渔村学校（7. 10%）和工业区学校（1. 64%）。如在渔村地区，父亲常年不在家，不同的社区类型，问题不太一样。

（一）偏远地区学校问题的特征与对偏乡政策方案的反思

通过调查研究，我们认为偏远地区学校问题主要存在一些特征，从中可以看出偏乡学校的需求。第一，学生家庭支持不足，单亲或失亲、寄养家庭、隔代教养、原住民子女的比例较高。具体如图 1 所示。第二，社区文化刺激不足，表现为文化资源、设施与活动缺乏，信息隔离或数字化落差严重，平均教育水平偏低等。其中，我觉得有一点需要再予以额外注意，即“数字化落差”的问题。在提倡“慕课”等数字化教育的今天，科技的导入无疑是很好的媒介，但所能照顾到的地区可能是有限的，因此可能造成更大的数字化落差，进而又造成教育机会均等等议题方面的挑战。第三，支持教育之人力、物力资源不足，包括软硬件设备、师资、教材、经费、社区人力及物力支持等。第四，心理性孤立，如教育动机与期望低落、缺乏意愿与行动改善社区等。这是较为严重的一个问题。怎样提高大家的社区意识，让大家关怀社区而不是往外迁移，是需要探讨和加强的。第五，弱势者教育补助政策失焦（特定教育补助的错乱）。常常会有这样的现象：有些人会喊，或者人际关系比较好，他的学校就比较有钱、支援就多，可是如果只是努力办学、默默地做，资源是进不来的。第六，学校无法独立解决教育

困境（社会福利政策支离破碎）。我们发现，偏乡教育政策隐藏在其他弱势群体的教育政策之下，关注不够，较不利于改进偏远地区教育状况。另外，提升偏远地区教育质量（及其他教育机会均等）问题过去多采用供给模式（Supply Model），也就是在偏远地区教育问题诊断以及问题解决策略上，较倾向补足缺乏。可是这很难解决文化刺激不足的问题，所以实际上应该避免"即兴式"的补助，可以通过营造社区氛围、文化来补助，可以走供给导向（设立学校、提供教材、增加师资、改进设备、提供营养午餐、补助学经费等）、需求导向（提升接受教育的动机或诱因，如就业保障、就业机会改善、教育价值改变等）或者绩效责任导向（关心"什么做法最有成效"，赋予地方政府或学校更多责任）等路子。总之，不同政策模式有各自的优缺点，我们需实地就现状做考量，妥善规划相关教育政策，不宜局限单一模式。

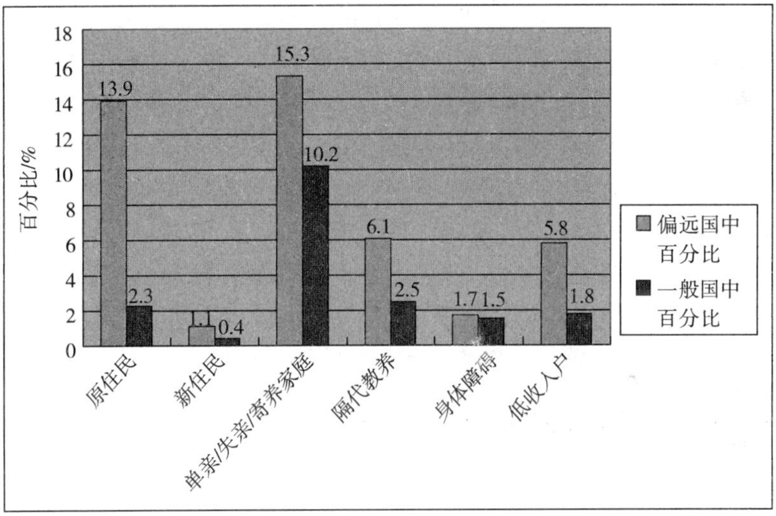

图1　偏远国中与一般国中弱势学生比率比较

（二）链接：来自偏乡国中校长的心声与呼吁

"对偏远地区学校的持续经费补助，应有一个使其继续前进的愿景。渐渐改变其学校'体质'，学生才会回流、学校才会茁壮。偏远地区经费补助，不应被视为一短暂性的弱势补助，仅以救急之用。"（2005/11/1）

"如有剩余经费或预算，主动询问弱势偏远学校之需求，学校报出需求后，教育部酌予'主动补助'。千万不要再'锦上添花'，已经是设备一流、经费充足的学校，不要再给予庞大的经费，搞些语言教室、新颖液晶计算机设备等，因许多偏远地区学校连基本的要求都达不到，如何谈优质呢？……应避免即兴式，想到才给的不佳施政与资助。"（2005/11/25）

“在不平等的教育现状下，应采取不平等的方式……常言道，‘社会现状起源于家庭，显现于学校，恶化于社会。’……建议以小区营造的方式进行补救，但为避免项目款项划拨不符合学校需求，应改为由小区提出申请，通过后全额补助的做法，并办理人文教育课程，除达到文化传承的目的，也为家长建立正确的教育观念。”（2006/3/20）

二、改进偏乡教育需要什么

爱心、热忱、专业、管理、支持系统，这些都是偏乡教育改进所需要的。最重要的是，我们是否掌握了足够的资讯？一旦问题被确认，政治急迫性便排山倒海而来，整个社会就忙着通过法案，等等；当大家一窝蜂忙着解决问题时，只有极为微弱的声音问了不能问的问题：“我们真的知道我们在做什么吗？我们真的具备有效的方案与技术，以补救教育不利的儿童（Disadvantage Students）吗?”改变世界的力量乃蕴藏在深厚的情感而非资讯背后，不过必须透过资讯引导这个力量，方能使世界朝正确的方向改变。

政策可以解决一部分教育不利的问题，也有一些基础工程是我们研究人员可以做的。我们发展教育指标，监测不利程度，观察落差到底在哪里，包括建立弱势者教育指标，诸如基本学力、识读能力、情绪智商等。举例来说，台湾有很多民间企业机构捐助，鼓励“一校一特色”，可是很多时候，校长会积极经营使学校有特色，但学生的基本识读素养被忽略了。此外，我们可以推动学校与家庭、社区、社会福利机构的整合，设定目标争取更多的公平。

（一）偏远地区教育现状研究的进展

2009—2011 年，我们进行了“偏远地区国民中小学教育资料建置与教育生态分析研究”，将小学也纳入了研究范围。因为我们要跟一般大众沟通，而很多学术研究报告中的统计普通人看不懂，所以我们就结合 GIS（地理信息系统）套叠分析与地理空间图示，将所有的指标叠图呈现，让人直观看到乡、镇、县、市的落差，并提供偏远地区教育问题与需求的客观评估，以避免重复投资，帮助人们了解缺漏在哪里；我们还有全省教育生态现状的调查图，分不同议题呈现不同图表。该调研还了解了偏远地区中小学学校教育条件与教育投资、学生学习机会与学习成效，了解了各县市偏远地区中小学学校教育生态及其教育需求，并建立了台湾偏远地区中小学教育数据库，以推动后续相关议题研究等。

我们还提了一个“偏乡学生学习支持系统”。学习支持系统是非常重要的。它的建置包括行政管理的层级，具体如怎样建构理念、给予经费补助、进行人员培训和督导执行等；评量检核的层级，以及教学辅导运作的层级，具体如在学校怎么规划教育方案、安置学生、进行有效的教学、评估成效等。要在运作层面、评量层面做完整的评估，就必须是校本的。

（二）推动偏乡教育改进计划的基础、挑战与需求

我们强调用以证据为基础的教育研究和评鉴来引领教育改进、提升教育质量，宗旨与目标明确是我们推进计划的基础之一。基础之二，便是推广策略。我们结合各领域的研究人力，培育教育研究与评鉴及课程与教学发展专业人才。这个计划是跨系所、跨学校去做的，有心理、特殊教育教授，还有数学、英语、语文等多个领域，还邀请了很多退休教师参与这个方案。我们的具体推广策略还包括提供教育评鉴研究、资料分析、学校发展等专业咨询服务；建立合作平台，促进理论与实务的联结；推广研究成果，提供政策建言，发挥社会影响力；定期发行当代教育研究季刊、电子报、专书与报告，促进知识分享与信息交流。

我们也发现很多挑战与需求。一是组建课业辅导教材、教法的研发团队，这需要推动学术传承与携手合作，鼓励学者与教师共同合作；二是将教学改进方案落实，扩大教育研究影响，即如何深化基础研究的价值，提供政策建言，促进实务改进；三是扩充项目计划的专任研究人员及退休实务工作者（教师、校长），以投入实际研发与教学辅导工作；四是争取多元资助来源，稳定研究经费。

（三）实务经验分享：弱势国中生补救教学方案的推广

补救弱势学生有很多人在努力，教育主管部门也投入了很多经费，台湾下一年度就会对低成就学生的教学投入 15 亿元，但其实很多时候我们的投资并不是有效投资，而有效投资是非常重要的，“钱要花在刀刃上”。那要怎么规划呢？要对学生的学习产生实质的关照。所以，我们研究团队发展指标来诊断学生的不利程度，调研他们的学习落差、研发弥补落差所需的补充材料，整合资源建立课辅支持系统——即便我们推动了行动研究的方法，但是偏远学校的老师们忙于事务，没有时间也没有专业能力来研发补救教学教材，所以我们向民间基金会募款来进行教材研发。

（1）内容。“偏远地区教育机会与质量提升计划”的内容包括学习诊断（了解学生识读能力与学习问题，对教学规划进行分级、分组）、研发材料（编写补救教学学习辅导教材、发展数字化教材）、支持系统整合（发展学校、家庭、小区合作伙伴关系，构建整合的支持系统）、学习成效评估和追踪辅导（评估学生学习成效，持续追踪辅导学生的升学发展），所以我们称之为“弱势国中学生学习辅导方案”。我们认为，一定要带动弱势学生的学习，让他们在学习上取得进步，看见自己的成功经验，建立起自信，从而为未来升学和工作做准备。该计划的特色与价值是：建立起大学、学校、政府、企业之间的教育合作关系，提供学校、家庭、小区、社会福利机构的整合服务，建立起推动网

络，扩大了教育效能与社会影响。

（2）基础。任何一个研究要都有基础，“偏远地区教育机会与质量提升计划”建立在我们之前的“学校全面改进计划”及前述“偏远地区国民中小学教育资料建置与教育生态分析能力研究”基础之上，以证据为基础，借助民间教育基金会投入的3年经费来做教材研发（其中重点是语文视读能力的提升和数学部分），然后申请经费将教材进行试用，再来推广。这是我们计划的基础与发展过程。现在计划已进入推广阶段，推广经费从县市政府、教育局导入。在经费方面，我们只取需要的部分，即便民间基金会多提供资金，我们也不要。因为我们认为，我们是研究人员、师资培育工作者，不是社会福利机构，有时候给学校太多经费，他们会坐享其成，或者说是县市政府坐享其成，应该尽的责任没有尽，所以我们用不同的方式来处理这个问题。

（3）模式。我们计划运作的模式如图2所示。我们是一个研究中心，组织进行资源整合、指标监测、教材研发、师资培训等工作；我们向民间基金会募款，以进行教材研发和数字化推广；然后我们去游说县市政府，请他们参与或直接补助学校。所以，我们本身发展的是大学跟中小学校和社区之间的合作伙伴关系。政府资助学校，推动学校层面和班级层面的教学改进、课业辅导、自我评估和发展，也补助我们中心开展在职教师进修研究计划——我们合作学校的教师研习经费由政府买单，毕竟这也是政府责任的一部分。民间基金会的资金也可以直接投入社区，补助社会福利机构，以加强亲职教育、社区网络，进行资源整合。通过各方共同努力来把弱势学生带起来，这是我们发展的模式。

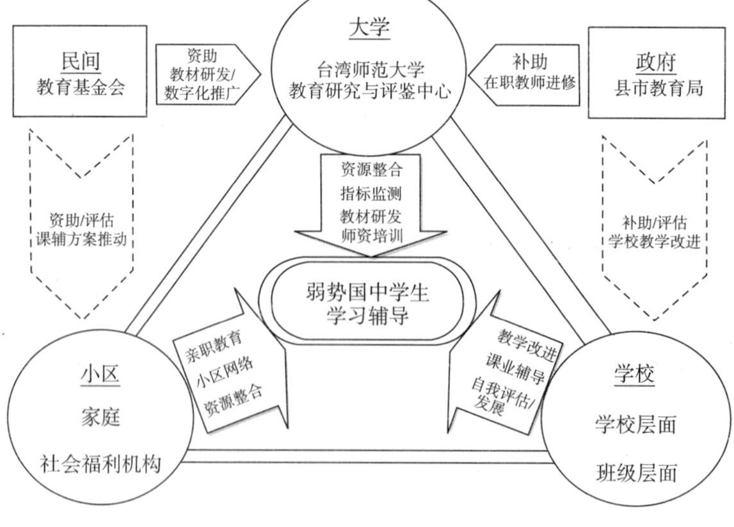

图2 计划运作模式

（4）过程。我们的任务分工较为明确，计划共分为研发、实验、试用、推广4个阶段。我们请的退休教师每个星期都来，他们以前是非常好的教师，也有研发经验，可是有的教师不知道偏乡地区的弱势学生学习水平低到什么程度，就好比在北京任教的教师不一定知道乡下孩子的程度，所以我们安排这些教师自己下去教，再开发教材，这是研发阶段。教师们还进行实验，回来后根据实际做出修正，然后再来试用。在试用时，我们邀请一般学校的教师一起参与试用，不限于研发团队范围，并请参与试用的教师提出意见，我们据此编制教师手册，然后提供给教师们，再进行推广。推广就是扩大师资培训。到2012学年度，我们计划的语文已推广到31所学校，数学推广到20所学校。为什么不研发英文呢？因为坊间已经有非常多不错的英文教材，所以就不做重复投资，只教教师如何选择就可以了。

（5）手段。前面提到，我们的一个特色是希望能够建立起学校、家庭、社区之间的合作伙伴关系，鼓励学校与社区合作，包括亲职教育、沟通等。我们最初从学校着手来做，可发现在学校层面有时换一个行政主任或者一位校长，成效就会大打折扣，因为新来的管理者可能理念不同；后来我们从社区切入，目前较多地是从社会福利团体切入。许多社会福利团体发现自己有心但在专业技能上不足，就会请我们进行协助，举办相关的教师研习活动。我们也建立了计划网站，把所有教材放到网站上，合作学校的教师接受培训后可以下载用来教授学生。网络利用为什么不是直接适用在学生身上呢？因为像可汗学院等提供的网络教育处理了“时间差”问题，但却没有解决“路径差”的问题。较为偏远的学校教师获得外出研习的机会比较少，所以我们通过网站进行远程师资培训，并提供相关咨询。目前，计划网站正在持续地拓展。

当然，我们也有举办实地的师资研习，主要采取“1+3”的模式。第一次是整体的教材与教法介绍，然后我们定期回来调查教师们碰到的实务问题，再给予辅导。这是很重要的，教师也需要支持系统来帮助他们继续走下去，知道碰到困难怎么解决。所以我们的研习培训系统不是一次性的。教育主管部门看到我们的研习很好，就请我们团队协助规划课程、举办研习。2011—2013年，我们承办的“国民中小学补救教学师资研习种子教师培训计划”共举办8个梯次，有1,300余人参加，900多位教师获合格认证——我们是有认证的，通过认证的“种子教师”（类似于大陆所说的“骨干教师”）回到各县市再去培训各县市的教师。我们下一步的计划是从这900多位种子教师中再邀请部分热心、有意愿的人，加上退休校长和教师，组成各区各科的补救教学的咨询辅导教师团队。他们可以到现场去实际示范、辅导其他教师如何辅导低成就学生的学习。

（6）经验。计划推进过程中，我认为其中的一个关键就是要整合资源，要协同合作。不管是在课程层面、发展层面、学校和社区关系层面，还是探讨层面，都一定要协同合作。有了获得支持的渠道，才能思考如何进行中心管理，将每一个步骤都实践好。我们要提供给学生的是能够滋养他们的教学模式，对教学进行革新的时候一定要有检讨、了解，进行计划后再执行。对此我感受很深刻。“革新”如同“转弯超车”，有捷足先登之效，但开大车不能急转弯，车子越大越不能急转弯，有时要转也需慢慢地转。因此，要改进教学，一定要有实地研究的基础，而且要有策略，有优先顺序，并有步骤和好的配套措施。我们有时说台湾教育主管部门推动的方案效果不好，可我们作为教育工作者，是有自己的责任的，我们可以在专业方面慢慢修正，好的研究基础可以影响政策。

教育机会均等、社会公平，是我们所追求的。但是，我们追求的是谁所定义的“公平”和“正义”？有一个关键点是，我们每个人都有热情和理念，可是很多时候是行销自己的想法，忘记我们要服务的对象的需求。回顾过去，台湾很多的改革理念都很好，可是常常把做的东西、要推动的方案当成是目的，其实那些都是手段。目的是什么？目的是学生的学习，目的是学生。所以，如果我们目的和手段弄不清楚，就会我们自己很热闹、很花哨，但是学生还是没有实质获益。我觉得我们要努力的是带好每一个孩子，这需要结合资源，大家一起努力。

后　记

本书系香港乐施会支持的“农村小规模学校恢复重建的研究和政策倡导”项目终期成果（项目编号：CHN－94588－01－1313A－K，时间为2013年9月至2014年4月），感谢香港乐施会对本项目的大力支持！

21世纪教育研究院长期以来十分关注农村教育，2011年出现的校车事件、营养餐、大班额、寄宿制学校等问题，充分暴露了撤点并校政策的实施带来的严重后果。2012年，21世纪教育研究院在全国范围内开展了有关农村撤点并校的讨论与调查，并于12月举办了“一切为了农村学生”的高峰论坛，对撤点并校政策进行了集中反思与评价。后来，这些讨论与调查集结成《农村教育向何处去——对农村撤点并校政策的评价与反思》一书。

在对农村教育做整体研究与观照后，我们发现以村小、教学点为主的农村小规模学校是农村学校最后的20%，是实现农村教育公平的关键。因此，我们在2012年农村学校布局调整政策研究的基础上开始重点关注“农村小规模学校”，进行跟踪性调研及政策倡导。2013年，我们对“后撤点并校时代”农村小规模学校恢复重建的案例进行了实地调研，并于2013年9月在湖北武汉召开了“农村小规模学校发展”研讨会，对案例进行了分享讨论；2013年11月，我们在“发现美丽乡村教育”高峰论坛上，发布了《农村小规模学校建设研究报告》，并对美国、日本、东南亚国家及我国台湾地区建设振兴农村小规模学校的实践进行了研讨。基于这些调研和研讨，我们最终集结形成本成果。

本书是团队智慧的结晶，杨东平院长对本书框架设计及内容编辑提出了许多宝贵建议。秦红宇、李东方、张旭等撰写并编辑了第1章，张雪艳、刘胡权、张旭撰写了第2章，艾巧珍、李东方撰写并编辑整理了第3章，艾巧珍、李东方、张旭等撰写并编辑了第4章，艾巧珍、张旭撰写并编辑了第5章，刘胡权、孙冬梅、刘叶、张旭等撰写并编辑了第6章，艾巧珍、刘胡权撰写并编辑了第7章。此外，感谢参与案例调研的吕超、李东方、李节仁、张瑾、任涛、张旭、秦怡萌、罗惠文、秦红宇、袁芳艳、刘叶等同事及志愿者，是他们的不辞劳苦为本书提供了丰富的案例材料。

十分感谢支持本项目研究的案例方，如河北丰宁县教育局、安徽金寨县教育局、湖南麻阳县教育局、吉林桦甸市教育局和甘肃临洮县教育局等；十分感谢支持本项目研究的公益组织及高校，如亿方公益基金会、北京市西部阳光农村发展基金会、陶行知教育基金会、阿什卡 E 基金、甘肃联合国教科文组织协会、兰州大学、日本名古屋大学以及我国台湾师范大学等。

编　者

2014 年 7 月 21 日